日本の国際経営の歴史と将来

―アジアとの交易・投資の通史と国際交流―

丹野　勲［著］

創成社

はしがき

本書は，アジアとの交易・投資を中心とした日本の国際経営・国際交流の歴史の通史，日本企業の海外進出の歴史と戦略，および，日本企業の国際経営の将来・未来の課題について，著者が理解しているところを平易に概説したものである。具体的には，日本の古代，中世，近代，江戸，明治維新から戦前昭和期，終戦後から現在までの交易と日本企業の海外進出について，東南アジアを中心としたアジアとの交易・投資に関する歴史，および国際経営に関する理論・戦略，さらに日本企業の国際経営の将来・未来に関して概説したものである。

本書は，通史ということもあり，深い分析はできなかった。興味のあるところがあれば，参考文献や拙著で補ってほしい。国際経営の基礎を最初に学びたい読者は，第３編を先に読み始めてほしい。ここでは，国際経営戦略の理論について概説したうえで，日本企業の国際経営の課題と将来について論じている。

本書は，日本の交易・海外投資の歴史を踏まえたまったく新しい形の「国際経営論」のテキストやゼミ教材としても意図して執筆した。特に，国際経営の基礎理論や国際経営戦略については，第３編において，詳しく論じている。

また，本書は，「日本の海外進出・国際交流の歴史の通史」としての歴史書としても意図して書かれている。この分野に関心のある歴史の専門家や一般読者の方に読んでいただければ幸いである。本書の特徴として，以下がある。

第１は，中世の沖縄交易から，近世の朱印船貿易・長崎貿易，明治維新から戦前昭和期，戦後から現在までの日本の交易・投資に関する歴史の通史として一貫して概説していることである。すなわち，本書は，主に日本の中世から現在まで，時代の空白がない通史として，日本の国際経営，特にアジアとの交易，国際交流を中心とした歴史の通史として記述・概説したものである。

第２は，日本の海外進出の歴史では，従来あまり触れていなかった「中世の琉球王国の交易」，および近世日本の「朱印船貿易」と「南洋の日本人町」について概説していることである。特に，南洋の日本人町は詳細に議論した。

第3は，今まで研究の乏しかった「明治維新期から戦前昭和期までの戦前期の国際経営」，特に戦前期の日本企業のアジア・南洋への投資・貿易の歴史と日本人南洋移民に関して詳しく概説していることである。

第4は，第2次大戦終結後のGHQ占領下から日本の貿易や海外投資が再開される時期までの国際経営に関して，第4章で詳細に分析していることである。

第5は，国際経営の歴史・理論・戦略について概説し，日本の国際経営の将来・未来に関して考察していることである。

著者は，本書を書き終えて，国際経営における歴史の重要性，およびアジアの国際経営環境の変化の速さを再認識した。国際経営では，目先の現象や出来事だけをみるのではなく，長い時間の歴史的視点，および地球という地域全体の視点でみるという，大局的見地の重要性である。

本書を読んで，読者が日本の国際経営・国際交流の歴史と将来・未来に関して関心を持ってもらえれば，著者として望外の幸せである。

なお，明治維新から戦前昭和期までの戦前期の日本企業の海外進出と日本人移民に関する詳しい著者の研究として，『日本企業の東南アジア進出のルーツと戦略—戦前期南洋での国際経営と日本人移民の歴史』(同文舘，2017年)，『戦前の南洋日本人移民の歴史—豪州，南洋群島，ニューギニア』(お茶の水書房，2018年) があるので，関心のある読者は読んでいただけると幸いである。

日頃からご指導をいただいている経営行動研究学会をはじめとする諸学会の諸先生に感謝したい。私の研究を支えてくれた家族 (妻と長男) にも感謝したい。

本書の執筆を始めてから，書き終えるまで，8年近い歳月を要してしまった。その間，私事であるが病気，入院などのため，何度も本書の完成をあきらめかけた。また，私の怠惰と遅筆などのため，本書の完成が大幅に遅れてしまった。出版事情が厳しい中で，長い間，寛容に見守っていただき，出版を快諾いただいた創成社社長の塚田尚寛氏，および暖かい励ましと有益なアドバイスをいただいた出版部課長の西田徹氏にも深く感謝申し上げたい。

2021年3月22日　玉川学園の自宅にて

丹野　勲

目　次

第2編　第2次大戦後から現在までの日本の国際経営の歴史
―アジア進出を中心として―

第3編　日本の国際経営の将来・未来

第１編

古代から戦前昭和期までの日本の国際経営の歴史

第1章

日本のアジア交易の歴史序説
—中世の交易と琉球交易—

はじめに

本章では，中世までの日本の交易・貿易の歴史を概説する。**古代，中世の日本の交易**，および**琉球交易**を中心として論述する。本書は，「**アジアとの交易・投資の歴史と国際経営・国際交流**」をテーマとしており，第1章はその序説的考察として概説したものである。

日本のアジア交易は長い歴史を持ち，多くの側面があるが，本章では，日本が本格的に東南アジアと交易を始める16世紀末頃までの時期，日本のアジア交易で歴史的に重要と思われる，**日宋貿易**，**日明貿易**，**琉球交易**を中心として論じていきたい。なお，当時，琉球は独立国家（琉球王国）であったが，日本との関係が深く，14世紀後半から16世紀半ば頃まで，東南アジア，日本，中国との中継貿易を行い，「**琉球の大交易時代**」とよばれる時期であった。

第1節　古代から中世までの日本の海外との交易関係

日本の海外貿易の歴史を遡ると，日本と中国などの**東アジアとの交易関係**が重要である。日中間を中心としたアジア交易の歴史についてまず概観してみよう。

日本と中国の正式な国交・交流は，1，2世紀の**倭国王らの後漢への派遣**，3世紀の**邪馬台国女王らの魏および西晋への遣使**，4世紀末から5世紀末までの**倭の五王たちの宋への派遣**などがある[1)]。その後，7世紀末からの**遣隋使・遣唐使**の時代，15世紀初めから150年ほどの**日明貿易**の時代となる。正式な国交がなかったからといっても，東アジアとさまざまな交流があったことも確かである。

古代における日本の交易において，海外から日本に来た**国家使節**（**蕃客**），**商人**，**帰化人**などの存在も重要である。

「**遣隋使**」は，600年の第1回遣隋使に始まり，僅か4回の派遣で終わった[2)]。607年の第2次遣隋使には，歴史上有名な**小野妹子**がいる。その後，遣唐使は，630年から894年頃まで，およそ250年間に18回であり，そのうち中止されたものが3回ある。およそ20年に1回程度，遣唐使が中国に渡った。日唐関係の担い手は，遣唐使とそれに付従した留学生・学問僧である[3)]。

「**遣唐使**」の船は，大木を角材として接合した大型の木造船で，帆走と櫓漕（ろこぎ）が併用され，初期は120人程度，その後は160－170人程度の乗員で，千石（1石は10立方尺で約0.278立方メートルにあたる）余りの貨物を搭載できる大きな船体であった。帆装は，少なくとも2本の帆柱を有していた。遣唐使船の建造地は，日本の安芸（今の広島県），近江，丹波，播磨，備中などであった[4)]。遣唐使船は，船体が大きかったため，風や波のあたりが大きく，波浪がひどければ，接合部分が分離するなどして，海難事故もたびたびあった[5)]。遣唐使は命がけの旅であった。

遣唐使は，日本が何と引き換えに唐の文物を取り入れたのであろうか。日本からの輸出品「**朝貢品**」は何であったのだろうか。唐への朝貢品は，①生糸・真綿などの絹製品，麻布，②銀，鉱物製品，③油，樹脂，植物性甘味料，などであったとされる[6)]。絹製品，麻布は，ほとんど全て当時の税として課された品である。古代の税制では，各地の実情に応じ，繊維製品や海産物を現物で**貢納品**（こうのうひん）として徴収した。銀，鉱物製品については，銀は一般的な税物ではないが，朝廷が，対馬から貢納させた品である。唐代の遺跡からは，日本産の**和同開称**の銀銭が出土しており，実際にこの形で渡ったことも考えられる。油，樹脂，植物性甘味料は，具体的には海石榴（つばき）油，金漆（こしあぶら），甘葛汁（あまずらのしる），木綿（ゆう）などである。日本の唐への輸出品は，貢納制度で徴収される品が中心であった。後期になると紙，砂金，筆墨などが輸出された。

一方，**唐から日本に輸入**されたものは，①漢籍と呼ばれる中国の思想・制度・歴史・文学に関する書物・書籍と仏教経典，②仏像などを含む美術工芸品，③薬物・香料と動植物，などであった。特に漢籍と仏典の輸入は多く，日本の歴史上大きな影響をもたらした。

唐から日本にくる「**唐商船**」もたびたび来航した。朝廷は当初は唐商人の一行を博多の大宰府の**鴻臚館**（こうろかん）などに宿泊させ，その滞在費を負担するなどの受け入れ策を行った。しかし，894（寛平6）年遣唐使廃止以降，朝廷は唐との交易を制限する政策に転換した。911（延喜11）年，唐商船の来航は3年間に1度という制限を設けた。また，日本人に対しても海外渡航を禁止し，もし禁令に反して渡航すれば「遠流（おんる）の刑」などに処した[7)]。

1　日宋貿易

日宋貿易は，中国の「**宋商人**」により担われたものであるが，日本と中国との本格的な交易であり，日宋貿易により東南アジアなどとの交易の道が開かれた点で重要である。また，九州の「**博多**」は，日宋貿易の中心的な港町であった。

10世紀後半（960年）に中国では「**宋**」の時代となるが，宋と日本との国家間における公的な関係は存在しなかったが，**宋の商船**が日本にたびたび来航した。朝廷は中国船の来航に制限を加えた。来航の年紀は少なくとも2年以上について1度という規定であった。中国商船の来航については，規定に違って入港した船には通商を許可せず，即時帰国させることを原則とした。宋商船に対しては，「**博多**」一港だけが通商貿易の場として開かれ，敦賀その他の地に入港したものは博多に廻航させることになっていた。中国船が博多に入港すると，朝廷は来航制限規定に照らして審議したうえで貿易の許可を決定し，宋商人を「**大宰府**」の「**鴻臚館**」（こうろかん：福岡城内にあったことがわかっている）に宿泊させ，先買権を行使して朝廷が優先的にその舶載品を買上げ，それが終ってから民間との取引を許した。鴻臚館は，当時，大宰府政庁の外港として外交・貿易を担当し，外国の使節や渡海僧らの宿泊所を兼ねた施設である。その前身は「**筑紫館**」（つくしのむろつみ）と呼ばれた迎賓館である[8)]。しかし実際には，**宋商人**はこのような制限規定を無視して日本に来航していた[9)]。宋商人は，貴族・社寺などの荘園領主と密接な関係を結び，大宰府の管理貿易を嫌い，しだいに荘園地帯の港に来航するようになった。このように，**荘園領主と宋商人の密貿易**が行われるようになった。このような博多などの交易は，宋商人による中国との交易のほか，**ベトナム（安南），タイ（シャム）などの東南アジアとの交易**の窓口にもなっていた[10)]。

11世紀半ばから日本側から積極的に海外に船を出して貿易しようとする気運が生まれた。「博多の豪商や荘園領主」で朝鮮の高麗方面に**日本の貿易船**を派遣するものがあらわれ，12世紀南宋朝の始まる頃からは，それが発展して中国にまで至るようになった。南宋では揚子江河口に近い**明州（寧波**：ニンポー）を日本との貿易港に指定したので，日本船は頻繁に明州に入港するようになり，日本船の貿易は私的な自由貿易というべき性格のものであった[11)]。

12世紀後半になると，「**平清盛**」がでて貿易振興策を採り，**日宋貿易**がさかんとなった。宋から日本に輸入されたもので重要なのは「**宋銭**」である。**平安時代**末期からの時期に宋銭の大量輸入があった。日本国内においては奈良朝の初期708（和銅元）年に**和同開珎**が鋳造発行され，その後平安時代中期までに12種の銅銭が鋳造されたが，その流通はあまり進まなかった。しかし，平安時代末期から，宋銭のような**中国銭**が**室町時代・戦国時代**を経て，織田・豊臣時代に統一通貨が出現するまで，流通貨幣の主流となった[12)]。日宋貿易では**大宰府**の外港であった**博多**がその中心地であった。

日宋貿易の輸入品としては，唐織物，木綿，香料，竹木類，異鳥珍獣，書籍，陶磁器，顔料，薬品，銅銭などがある。12世紀中葉から宋の**銅銭**が多量に輸入され，日本国内の貨幣流通を促進させた。**日本からの輸出品**は，金，銀，珠子，薬珠（薬用真珠），水銀，硫黄，木材，美術工芸品（螺鈿（らでん）・蒔絵（まきえ），扇，屏風，刀剣等）などであった[13)]。

2　日元貿易と日明貿易，ポルトガル船の来航，銀の輸出

13世紀（1271年）に中国では「**元**」の時代になり，日本とは**元寇**（1274年と1281年の蒙古の元の襲来）などがあったが，日本と元で主に民間貿易者の間で「**日元貿易**」が続けられた。

14世紀後半（1367年）中国では「**明**」の時代（1644年まで）となり，明と日

本の間で公式な国交・交易としての「**冊封（さくほう）関係**」が成立した。足利義満の対明外交開始以後，明との間には約一世紀半に19次にわたる「**遣明船**」の派遣があった[14)]。**明との交易**では，正式な遣使船であることを証明し，かつ船数を制限するために明が正式に発行した渡航許可証である「**勘合符**」（かんごうふ）の制度があった。勘合符とは，往路には本字号勘合符を持参して明の官史がそれを本字号底簿と引き合わせ，帰路には日字号勘合符を受けてこれを持ち帰り，幕府備え付けの底簿と引き合わせて，貿易船の真偽を鑑別する制度である[15)]。勘合制度は，正式な日本国王の承認を得た通交者としての朝貢船と倭寇などの海賊船とを区別するうえで重要な役割を果たすものである。室町時代の遣明船では，航海術が進歩し，船磁石が使用されるようになった[16)]。

日明貿易では，「**進貢（しんこう）貿易**」とそれに付随した「**公貿易**」ならびに「**私貿易**」の三種があった。明からの輸入品としては，銅銭，生糸，絹織物，糸綿，布，薬草，砂糖，陶磁器，書籍，書画，紅線，銅器，器などであった。輸出品としては，刀剣，硫黄，銅，蘇木，漆器，屏風，硯などである。硫黄や銅などの鉱産物が多く，刀剣が増加したのは遣明船貿易の特色である。特に興味深いのは**刀剣**の輸出で，1465（寛正6）年度の遣明船では，実に3万余把（たば）の刀剣が銭3万貫余で取引された。「**銅の輸出**」は，1432（永享4）年度の遣明船から始まり，1451（宝徳3）年度の遣明船は9隻で15万4,500万斤（きん：1斤は約600グラム），1538（天文7）年の船は3隻で29万8,500斤と大量に送っている。日明貿易に日本の出発港は，はじめは兵庫であったが，その後大阪の堺となり，「**堺商人**」が海外貿易に積極的に参加していった[17)]。商都の堺は，遣明貿易船の発航地としても栄えたのである。

明朝は，対外政策として実施した「**朝貢政策**」と，国内政策として「**海禁政策**」を実施した。海禁政策は，**倭寇**などの海賊の横行を防ぐという目的から施行されたものであるが，明政府の独占貿易を維持するという目的もあった。明のおよそ200年にわたる海禁の時代に，公許（こうきょ）を得られない私貿易すなわち**密貿易**は執拗に繰り返され，15，16世紀になると貿易の主流はこの密貿易に移ってしまった観さえ呈した[18)]。

遣明勘合船の廃絶後，「**銀**」は日本から輸出した最も重要なものであった。

当時東アジアの経済市場を支配したものは銀であったが，**戦国時代**における日本国内の銀産出額の急増がこれに対応した。それは，戦国大名の熱心な施策によるところが大きかった。それまでの日本は，「**金**」輸出国であり，「**銀**」は輸入することが多かったが，それが一変して，大量の銀が海外に輸出されるようになった。**室町時代の末期（16 世紀後半），日本が産出する銀は，全世界の銀産出の三分の一**を占めるに至ったという[19]。

「**ポルトガル船の日本来航**」もその主目的は，日本の銀の輸入にあった[20]。このように，**南蛮貿易**の実態は，外国商人による日本銀と東アジア商品の仲介貿易にほかならないとさえいわれる。日本は「**銀の輸出**」によって，「**大航海時代**」の世界史に参加することになるのである。

第２節　中世の琉球交易

1　琉球と中国との冊封関係による進貢貿易・朝貢貿易

どの時代でも海は，人と人，国と国を結び付ける文化や経済の大動脈である。**琉球王国**の誕生と発展は，船による外国との交易や政治・文化交流によるところが大きかった。

「**琉球（沖縄）史**」では，12 世紀から 14 世紀後半までを「**グスク時代**」とよばれ，各地に海を見渡すことのできる小高い丘に石垣をめぐらし，豪族の城であり，祭祀施設でもあるグスクが多く作られた（現在，今帰仁（なかじん）城跡，中城（なかずすく）城跡，勝連城跡，座喜味城跡などが残っており，「世界遺産」となっている）。この時期，琉球において外国との交易が盛んに行われていたと考えられている。14 世紀から 16 世紀になると，琉球は中国・朝鮮・東南アジア諸国・日本との仲介・中継貿易が本格的に始まり，利益を上げた。特に 15 世紀，琉球の統一王朝である第一尚氏時代から第二尚氏時代の初期にかけて，中国の明との間で外交において「**冊封（さくほう）関係**」を結び，「**進貢（しんこう）貿易・朝貢（ちょうこう）貿易**」を中心とした活発な海外貿易を展開した。

1368 年に成立した中国の**明王朝**は，諸外国に対して冊封・進貢政策をとった。「**冊封**」とは，中国の明の皇帝がその権威において外国の王（ここでは琉球王ということになる）の地位を認めることをいう。具体的には，冊封というのは，朝貢の礼に対し，その国王に「なんじを封（ほう）じて国王とする」という勅書を与えることである。「**進貢・朝貢**」とは，冊封をうけた外国の王は文書・貢物を使者に持たせ中国の皇帝へ献上し，皇帝への忠節，恭順を示す外交関係である。冊封関係を結ぶことによって中国との正式な貿易が許された。これが進貢貿易・朝貢貿易である。この冊封関係は，琉球のみならず，日本，朝鮮，東南アジアとシルクロード沿いのオアシス国家や遊牧国家の一部諸国にも存在した。こうした従属関係により，中国皇帝を頂点とする前近代アジアにおける国際秩序・外交関係，すなわち冊封関係づくりをめざしたのである。

「**進貢船**」は，通常，秋（旧暦8－11月）に行って，春（3－4月）に帰ってきた。明朝は，国ごとに入域港を指定し，「**市舶司**」（しはくし）とよばれる入関機関を置き，琉球は福建省の**泉州**が指定港となった。福建省の泉州は，当時中国の重要な海外貿易の窓口であった。**福建省**は，伝統的に海外貿易が盛んな土地であり，東南アジア中心に活躍していた多くの**華僑**の出身省であった。

また，明朝は，「**貢年・貢期（こうき）**」という制度を設けた。中国への渡航頻度を国ごとに指定したもので，琉球は1年に1度（年によっては1年2貢），安南（ベトナム）やジャワは3年に1度（3年1貢），10年に1度（10年1貢）といったもので，自由に中国に出かけることはできなかった[21)]。

琉球では，察度の子である中山王「武寧」（ぶねい）のとき（1404年），初めて中国の冊封を受けた。琉球は，中国とのこのような冊封関係により，1404年の中山王武寧から1866年の最後の「王尚泰」（しょうたい）までの約460年間の間に，21回の中国からの「**冊封使**」を受け入れた。冊封使とは，中国皇帝の命を受けて中国から海を越えて琉球に赴いた使者のことである。琉球において王が死去し，後継者が新たに即位することになった場合，琉球から中国皇帝に対して冊封の要請（「**請封**」という）が行われ，冊封使が琉球の新しい国王の即位式典に参加する。正使や副使に率いられた冊封使一行は，総勢で4,500人程度の大規模なこともあったようで，中国から海を越え，那覇港に着いた[22)]。冊封使は，先代の国王の霊を慰める儀礼と，その後継者たる新国王に封ずる儀礼（冊封）という，2つの重要なセレモニーを執行した。冊封使は，中華帝国の伝統的な中国を中心とした国際秩序を目指す「**華夷（かい）思想**」

にもとづく冊封体制を支える外交官としての役割を担っていたといえる[23)]。

中国（明）との貿易は，1372年**琉球の3山**の一つ**中山王**の察度（さっと）の進貢・朝貢貿易が始まった。察度王は，貿易のみならず，留学生の派遣，中国人帰化人の受け入れなどを行った[24)]。こうして琉球の中山と明との公式貿易が開始され，それ以降察度王は，毎年のように貢物を奉る進貢使を派遣した[25)]。その後，中山王にならい，1380年に**南山王**，1380年に**北山王**が明への進貢貿易を始めた。当時の中国は，臣下（家来）として貢物をもってくる国としか貿易を行わなかった。3山がほぼ時期を同じくして明に朝貢したのは，中国に明という大国の権威を背景に勢力を張り，さらにそれを利用して貿易の利をおさえて，富強になるためであった。その朝貢は中山が3山を統一したとする1429年（永享元年）までに，中山42回，南山24回，北山11回に及んでいる。

3山の王をはじめ，**統一王朝の尚巴志**（しょうはし：1422－41年）以後の王たちも貢物をもって中国との貿易にあたる**進貢貿易**を行った。1372年の中山王察度以降約500年間，琉球は中国との進貢貿易が続いたのである。14世紀後半，琉球から海外へ積極的に出ていく動きが本格化する。それを可能にしたのは**大型船の保有**であり，朝貢の便宜をはかるという名目で明から琉球に**大型ジャンク船**が賜与された。すなわち，かなりの数の大型のジャンク船が無償で明から支給され，また，大船の操縦や航海などを有する人材が琉球に送られた[26)]。

明国は，日本にも入貢と倭寇の禁止を求めてきた。南北朝が統一された後，室町幕府の足利義満が入貢に応じ，1401年，勘合貿易による正式な日中貿易をはじめ，倭寇の取締りを強化した。

明帝国の史料『明史』外国伝によると，明代270年間アジア各国から行われた「**進貢回数**」は，**安南**（ベトナム）が89回で2位，**シャム**（タイ）は73回で6位，**朝鮮**は30回で10位，**マラッカ**（マレーシア）は23回で12位，**日本**は19回で13位であるのに対し，琉球は171回で1位，断トツである。2位安南の2倍に近い頻度である[27)]。**琉球**はアジア各国のなかで公式ルートを通じて最も頻繁に中国に通った実績があった[28)]。その結果として**福州**（初期は泉州）・那覇間に太い交流のパイプができ，この窓口をチャンネルにして中国商品が大量に琉球に流れ込んできた[29)]。

2　琉球と中国の貿易品

琉球から中国への輸出貿易品は，琉球産の硫黄（いおう），馬，砥石（といし），貝殻，日本産の刀剣や銅製品，東南アジア産の蘇木（染料となる木），胡椒，象牙などである[30]。硫黄は北方にある硫黄鳥島で産出するもので，その試掘と権利は，国王などが握っていた。

中国からの輸入貿易品は，陶磁器，絹織物，鉄器，銅器，漆器，書籍などである。馬は，野生の馬ではなく，輸出用に飼育したようである。その後，琉球の海外貿易が活発になるにつれ，貿易品の種類もしだいに増えた。

3　琉球の仲介・中継貿易

琉球は，中国，日本，琉球などの品々を南洋・東南アジア諸国に運び売った後に，南洋・東南アジアの品々を**中国**，日本，**朝鮮**に運び売るという，「**仲介・中継貿易**」を行った。当時の琉球（奄美から先島諸島まで）の人口はせいぜい10万人程度であり，琉球にもたらされる商品のうち，内部で消費されたのはごく一部にすぎなかった。

1458年につくられた「**万国津梁（ばんこくしんりょう）の鐘**」には，海外に雄飛して巨万の富を築いた海洋王国の雄姿が以下のように刻まれている[31]。

> 「琉球国は南海の勝地にして，三韓（朝鮮）の秀を鐘（あつ）め，大明（中国）をもって輔車（ほしゃ）をなし，日域（日本）をもって唇歯（しんし：輔車と唇歯はともに深い関係にあるという意味）となす。この二中間にありて湧出（ゆうしゅつ）する所の蓬莱島（ほうらいとう）なり。
>
> 舟楫（しゅうしゅう）をもって万国の津梁（しんりょう：かけ橋）となし，異産至宝（いさんしほう：外国の産物やこの上ない宝物）は十方刹（国中）に充満せり。」

図表１－１は，「**大交易時代の琉球の貿易図**」をあらわしたものである。**福州（初期は泉州）ルート**をみると，大量の中国商品を仕入れ，それが琉球を経由して日本，朝鮮などに運び売る，またはそれを南洋・東南アジア諸国に運び

図表1－1　大交易時代の琉球の貿易図

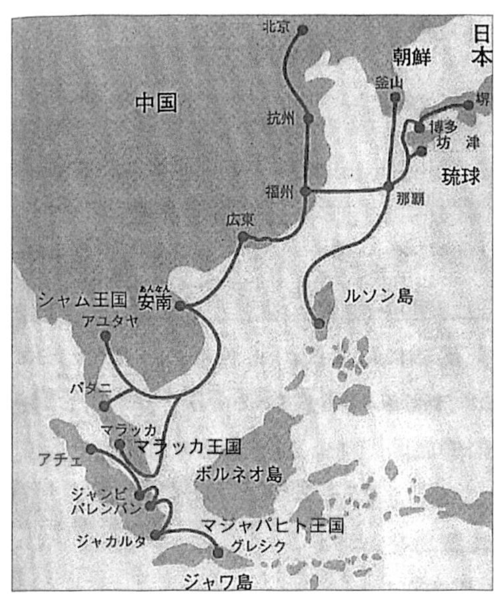

出所：新城俊昭（2010），55頁。

売る。南洋・東南アジアでは**シャム**（現在のタイ），**マラッカ**（マレーシア），**ジャワ**（インドネシア）などが代表的な貿易地であった。たとえば，中国の**福州**（初期は**泉州**）で商品を仕入れ，**琉球**を経由して，**博多**に出かける。そこで商品を売って船を空っぽにし，博多で容易に入手できる日本の特産品，たとえば貴金属（金，銀）や美術工芸品，日本刀などを仕入れて琉球に帰る。そして，また中国へ行き，それらの日本と琉球の商品を売る。同じように，中国で商品を仕入れ，南洋のマラッカに行き，中国商品を売りさばいた後で，錫や象牙，香辛料などを仕入れて船を満載して帰り，中国や日本に売る。仲介・中継貿易では，那覇と福州のあいだに太い交流のパイプが出現し，そのパイプを伝って莫大な中国商品が琉球にもたらされるようになった。

このように，中国商人に代わって中国商品をアジア各地に供給する，この役割を琉球が担うことになったのである。その結果として，琉球の仲介・中継貿易は，中国との進貢貿易が順調に推移すればするほど他のアジア諸国との貿易取引もまた順調に推移する，という構造になっていた[32)]。

琉球の交易において重要な役割を果たしたのは，当時琉球にいた**華人（中国人）**であった。福建省から多数の中国人が琉球に移住し，「**華人居留地**」を形成した。那覇港に近いその居住地は，久米村であった。**久米村**の中国人は，造船，船舶修理，航海術，中国語通訳，外交文書作成，商取引方法，などの海外貿易においてなくてはならない存在であった。当時，南洋・東南アジア各地の貿易港は，すでに多数の中国人居住区が形成されており，彼らは居住する貿易港を拠点に活発な貿易活動を展開していた。このような南洋・東南アジアの中国人と琉球の中国人との，いわば「**中国人ネットワーク**」が，琉球の仲介・中継貿易の特徴であった。

琉球にとって，日本は重要な交易国であった。特産物の乏しい琉球は，中国への進貢品や交易品の多くを日本から買い入れた。また，日本は中国や南洋・東南アジアから仕入れた品物をさばくための市場でもあった。**琉球船**は，九州の博多や近畿の兵庫，堺の港などをはじめ，関東の六浦（むつうら）まで行っている。足利幕府は，琉球奉行を置き，第一尚氏王朝と，しばしば文書の交換をしている。

15 世紀の後半になると室町幕府の権威が弱体化し，日本国内は戦国時代といわれる混乱した状況になった。海上では私貿易や海賊行為をおこなう，中国人を主体とした倭寇の活動が活発となり，琉球船はしだいに日本から遠ざかっていった。かわりに，堺，博多，坊津などの**日本商船**が琉球にやって来て貿易をするようになった。特に，**堺商人**が，単独で琉球貿易に進出するようになった。そのため，琉球船の交易は，それ以降九州に限定され，博多と坊津（鹿児島）がその中心となっていった[33)]。

琉球から日本への輸出品は，中国産の生糸・絹織物，南洋・東南アジア産の皮革，香料・薬種などで，日本からは日本刀，漆，扇，漆器，屏風，銅などを輸入した。琉球から日本へ貿易のために渡航することを，「**ヤマト旅**」と称した。ヤマト旅には，室町幕府に使節を送り交易する形態と，堺，博多などの民間商人と取引をする方法とがあった。琉球からもたらされた品々は，上流階級のあいだで重宝がられたといわれ，幕府も琉球貿易を奨励した[34)]。

4　琉球の南洋・東南アジアとの交易

13世紀ごろから，**琉球船**は南洋・東南アジア方面，シャム王国（現在のタイ）やマラッカ（マレーシア）までおよんだ。琉球船は，そのほかに安南（ベトナム），スマトラ，ジャワ（インドネシア）などにも交易し，那覇には諸国の船が集まった。

15世紀から16世紀ごろの第一尚氏時代と次の第二尚氏時代の初期は，沖縄の南洋・東南アジア諸国との貿易が最高に達した時代であった。当時，東南アジアでもっとも栄えていたのが，**シャム**（タイ）の「**アユタヤ王朝**」であった。シャムは，南洋・東南アジア地域で琉球にとって最大の貿易相手国であった。シャムには，1420（応永27）年，使者を遣わして交通を開始し，それ以降150年間も貿易を続けた。琉球王府の記録によると，1419年から1570年までの約150年間に，62隻の琉球船が派遣された。実際の数はこれをはるかに上回るものと思われ，年に1隻は派遣していたのではないかと考えられる[35)]。

琉球からシャムへの輸出品は，琉球産の硫黄，中国産の絹織物・磁器類，日本産の刀剣・扇などであった。シャムからは，朱色の染料として価値の高い蘇木や胡椒などの香辛料，高級織物，南蛮酒類，それに象牙の加工品など南洋産の珍しい品々を買い入れた。

琉球は，シャムとの交易が軌道にのると，さらに南下してマジャパヒト王国の「**パレンバン**」（インドネシアのスマトラ島南東部の港湾都市），**ジャワ**（現在のインドネシアの首都ジャカルタのある島）にも船足をのばし，15世紀なかばには東西交通の要衝であった「**マラッカ王国**」まで交易圏を拡大した。パレンバンとの貿易は，1421（応永28）年，華僑頭目の使者を，沖縄からシャム経由で返還したことに動機づけられ，1440年まで続いた。**ジャワ**とは，1430（永享2）年に始まり，それ以降約150年間も貿易を続けた。パレンバンへは1428年から1440年まで4隻，ジャワへは1430年から1442年まで6隻の琉球船が派遣された。

「**マラッカ**」は15世紀になって繁栄し，東西交易の接点となった。マラッカは，インド商人やアラビア商人なども頻繁におとずれ，東西のありとあらゆる産物が集積する地域であった。琉球は，ここからも胡椒をはじめ，南洋産の珍しい品物を仕入れた。沖縄とマラッカの交易は，**歴代宝案**（1424年から1867年までの琉球本国の外交に関する文書を集めた記録）では1463年（寛正4＝尚徳3）からとなっている。マラッカへは，同年，「呉実堅」（ぐしきん）を遣わしており，その前から通行があったらしい[36)]。マラッカとはそれから1511（永正8）年までの間に，前後18回にわたって往航している。マラッカは1511（永正8）年，ポルトガルに占領されたため，それ以後沖縄船は，マライの「バタニ」や，ジャワの「スンダ」や「カラパ」に移って交易した。

琉球貿易の特徴は，その形態が琉球商人によるものではなく「**琉球王国の公貿易**」であったということである。琉球船は国王の派遣する官船であり，外交を前提とする遣船であり，航海技術要員を除く乗組員は使節人員（役人）であり，商人は含まれていなかった[37)]。

琉球の東南アジア貿易は，「**港市のネットワーク**」を基盤として展開された。港市とは，貿易港を核として歴史的に発達した港湾都市のことである。マラッカ王国の形成がその典型であるが，港市を中核とした小国家が東南アジアの海域世界には数多く生まれた。

琉球船は，東南アジア各地の港市から港市へ寄港しながら貿易をおこなった。その活動は「**華僑**」の商業ネットワークを利用していたと考えられる。たいていの港市には華僑が定住しており，琉球船にも福建系の久米村華僑が「**通事**」（中国語通訳）として乗っていたので，交渉事務はほとんど中国語で用が足りたものと思われる。

琉球から東南アジア方面への派遣船数を『**歴代宝案**』からみると，シャムが58隻ともっとも多く，ついでマラッカ20隻，パタニ10隻，ジャワ6隻，パレンバン4隻，スマトラ3隻，スンダ2隻，安南1隻，この順で，合計104隻である。このように琉球から南洋・東南アジアへの船は多かったが，南洋・東南アジア諸国の船が琉球にきたのは，シャム船の2，3回だけで，全くは一方交易であった。

沖縄船は日本産の銅・刀剣や，中国産の生糸・絹織物・磁器などを転買し，南洋・東南アジアから染色の原料に用いられる蘇木や胡椒などの香辛料を輸入した。これらの輸入品を明への朝貢品として再輸出されるとともに，日本や朝鮮へ転売され，仲介・中継貿易で莫大な利益をおさめた。沖縄酒の「**泡盛**（あわもり）」の製法もシャムから輸入された[38]。

5　琉球の大交易時代

14世紀後半から16世紀半ばまで，琉球は，いわゆる「**大交易時代**」とよばれる時期であった。14世紀後半，琉球は，海外へ積極的に出ていく動きが本格化する。それを可能にしたのは**大型船の保有**であり，朝貢の便宜をはかるという名目で**明から琉球に大型ジャンク船が賜与**された。この海外貿易船を，「**進貢船**」とよんでいる。

そのころ，中国では民間人の海外貿易は禁止されていた。また，すでに海外に居住する中国人が故郷に帰ることも大幅に制限されていた。このような**中国（明）の海禁政策**により，本国での貿易を厳しく制限された中国商人の一部が，新たな活動拠点を求めて海外各地へ移り住み，そのため中継貿易の拠点として琉球の地位が高まったのである。中国から流入する大量の**銅銭（洪武・永楽通宝など）**は港市の貨幣経済を活性化させ，アジア各地から船載される珍しい商品が那覇の市場で取り引きされた。

15－16世紀にかけて，琉球王国はアジアの貿易拠点としての地位を確立した。明や朝鮮との通交はもちろん，博多，対馬，堺，坊津などから多数の日本船が，胡椒や蘇木などの東南アジア物産を買い求めるために琉球をおとずれた。**博多**は，琉球―日本―朝鮮を結ぶ東アジア貿易ルートの重要拠点であると同時に，瀬戸内海をへて兵庫・畿内へ至る国内流通の結節点でもあった。琉球ルートの貿易品は博多を経由して日本市場に流通し，その一部は壱岐・対馬を経由して朝鮮半島へ転売された。

そのころの琉球人の活動をポルトガル人であるトメ・ピレス『**東方諸国記**』によると以下のように記している[39]。

「われわれの諸王国でミラノについて語るように，中国人やその他のすべての国民はレキオ人について語る。彼らは正直な人間で，奴隷を買わないし，たとえ全世界とひきかえでも自分たちの同胞を売ることはしない。

彼らはそれについては死を賭ける。（中略）かれらは色の白い人々で，シナ人よりも良い服装をしており，気位が高い。かれらはシナに渡航して，マラッカからシナへ来た商品を持ち帰る。かれらはジャポン（日本）に赴く。それは7，11日の航程のところにある島である。かれらはそこでこの島にある黄金と銅とを商品と交換して買い入れる。レキオ人は自分の商品を自由に掛け売りする。そして，代金を受け取る際，もし人々が彼らを欺いたとしたら，彼らは剣を手にして代金を取り立てる。」

この「**レキオ人**」とは，もちろん琉球人のことである。日本が南洋貿易を始めたのが16世紀後半で，琉球は日本より100年以上も早く，東南アジア地域で交易活動を行っていたことになる。

琉球の明国への入貢回数は171回で，2位のベトナム（安南）の89回，朝鮮30回，日本19回と比較すると，断トツの1位である。琉球の大交易時代，中国に渡航した琉球人は延べ10万人（清代をいれると20万人），東南アジアへの渡航者は延べ3万2,300人にも達するという。16世紀の琉球の人口がほぼ10万人程度だったことを考えると，驚異的な数値といえる[40)]。

このような壮大な交易によって，レキオと呼ばれた琉球人は，アジアの各地域や国々の文化を琉球にもたらし，独自の王国文化を形成していったのである。

琉球は，東アジア・東南アジア地域の中継貿易国として栄え，ヨーロッパ人にも，レキオ人または**ゴーレス人**として知られるようになった。**琉球の「大交易時代」**とよばれるゆえんである。琉球はこの時期に王国としての体制をかため，東アジア社会の一員として認められたのである。

では，なぜ小さな**琉球王国**が，東南アジアまでの大交易を行うことができたのであろうか。

第1は，**琉球の地理的な有利性**である。琉球は，地理的に中国，日本，東南アジアのほぼ中心にあり，航海術の進歩もあり，海洋貿易では地理的に優位な場所にある。

第2は，**琉球には産物が少ない**。海外交易を進めなければ，琉球国を発展させることができなかったことがある。

第3は，**明の中国商人への海禁政策**である。明は，「冊封」を受け入れた国とのみ朝貢貿易を行い，中国商人が海外で自由に交易することを厳しく禁じていた。そのため，14世紀後半から16世紀にかけて，マラッカ海峡以東のアジア海域で南北の流通を担う中国商人の活動が鈍ってしまい，琉球商船が活躍する好機がめぐってきたのである。

第4は，中国の明と琉球との**朝貢貿易体制**である。琉球交易において，東アジア世界に君臨していた中国皇帝の権威が後ろ盾になったということである。

第5は，琉球から海外へ積極的に出ていく動きが本格化する14世紀後半，それを可能にしたのは**大型船の保有**であり，朝貢の便宜をはかるという名目で，中国の明から琉球に大型ジャンク船が賜与されたことである。

おわりに―琉球貿易の衰退

琉球の大交易時代も，長くは続かなかった。

琉球王国の最盛期は，16世紀前半であった。16世紀ごろからヨーロッパ諸国の地理上の発見で**ポルトガル，スペインなどが東南アジアへ進出**してきた。1420年から1620年にかけて，ヨーロッパ人による海外進出が活発に展開されたが，その200年間の歴史は一般に「**大航海時代**」と呼ばれる。この時代には，スペイン，ポルトガルをはじめ**ヨーロッパ勢力のアジア進出**によって，遠洋航海ルートが開拓され，はるか海を越えて大規模な人の移動が可能となり，貿易と物産の交流が地球的規模でおこなわれるようになった。アメリカの歴史家ボイス・ペンローズの言によれば，大航海時代とは，地球という広大なキャンバスに描かれた壮大な叙事詩であるという[41)]。

日本も，16世紀の後半ごろから**堺商人**などが活躍し，活発に交易活動を行うようになった。

中国でも**海禁政策**が緩み，中国商人が盛んに商業活動を繰り広げることになった。また，中国の国力が衰えたことで，**琉球への大型ジャンク船の支給**も停止された。さらに，中国人を主体とした倭寇の活動が激化した。

琉球王国は，豊臣秀吉や薩摩藩の島津氏が服属を求めたため動揺がはじまり，1609（慶長14）年に**薩摩藩に征服**され，王国の体制のまま日本に服属するとになった。

以上のような要因などがあり，**琉球の仲介・中継貿易の役割は減退**していった。琉球は，中国への渡航を除いて，1570年のシャムへの使船を最後に，東アジア・東南アジアの表舞台から消えていった。16世紀の後半になると，**ポルトガル・スペインなどが東南アジアへ進出し，また日本の交易活動の発展（特に堺商人の活躍）**，および中国沿岸に出没する**倭冠（海賊）**に脅かされ，琉球の中継貿易は急速に衰えていったのである。

【注】

1）佐伯有清（1978）『最後の遣唐使』，154頁。

なお，古代において，遣隋使や遣唐使の役割は重要であるが，日本との海外交易において従来あまり研究蓄積のない**日本と渤海との交易**も重要であると思われる。渤海は，7世紀から10世紀にかけて東アジア（今の中国東北部・沿海州，朝鮮，ロシア，かつての満州と朝鮮の一部）の大国として君臨した。渤海は文献資料が少ないなどの理由で，長く世界史の謎の王国とされていた。渤海は，朝鮮の高句麗の後継であると考えられているが，渤海の民族は，新羅（現在の朝鮮族の源流）とは別系統の民族で，百済（扶余族が中心）とともに天神信仰を持つツングース系である扶余族（中国東北部，旧満州から朝鮮にかけて活躍した）や靺鞨（まっかつ）族が主流であるとされる。日本との関係では，729年から922年までの約200年間で，渤海から日本への使節は35回（そのうち1回は非公式），日本から渤海への使節は15回（そのうち2回は非公式）あったとされている。この時代に行われていた遣唐使（630年から838年）については，唐から日本への使節は9回（そのうち731年の使節は唐の正式な使節ではなく蘇州からの使節であるとされている），日本から唐への使節は12回（その他に正式でない例が3回あるとされている）あったとされている。これをみても，当時，日本と渤海との交流は，唐よりも緊密であったとさえ言えるのである。渤海を通じての唐の文化ルート，あるいは渤海を媒介としての東アジアとの交易ルートも無視できないであろう。895（寛平7）年，渤海使が鴻臚館において菅原道真と交流した記録も残っている。渤海と日本との交流は，日本海ルートを採るのが多く，環日本海文化の問題を考えるときに渤海を抜いて考察しても不十分となる。また，このような公的な交渉だけではなく，私貿易もあったとされている。『続日本紀』によると天平18年の12月，「渤海及び鉄利」の人が1,100人ばかり出羽に上陸したとしている。また，871年，渤海使が京都の都人や市人と交易を物語る資料がある。今後，謎の多い渤海と日本との交流・交易についての解明が望まれる。

2）東野治之（2007）『遣唐使』，21頁。

3）田中健夫（1975）『中世対外関係史』，17頁。

4）豊田武・児玉幸多（1970）『交通史』，34頁。

5）東野治之（2007）『遣唐使』，153-154頁。

6）東野治之（2007）『遣唐使』，21頁。

7）森克己・沼田次郎（1978）『対外関係史』，52-53頁。

8）竹野要子（2000）『博多』，17-20頁。

9）田中健夫（1975）『中世対外関係史』，20-28頁。
10）田中健夫（1975）『中世対外関係史』，28頁。
11）佐々木銀弥（1966）『中世の商業』，114頁。
12）田中健夫（1975）『中世対外関係史』，48-49頁。
13）田中健夫（1975）『中世対外関係史』，161頁。
14）田中健夫（1975）『中世対外関係史』，153頁。
15）堀江保蔵（1968）『日本経済史読本』，75頁。
16）豊田武・児玉幸多（1970）『交通史』，433頁。
17）豊田武（1957）『堺』，32-35頁。
18）田中健夫（1975）『中世対外関係史』，160-164頁。
19）守屋毅（1984）『日本中世への視座』，125頁。
20）田中健夫（1975）『中世対外関係史』，160-164頁。
21）高良倉吉（1993）『琉球王国』，78-82頁，および高良倉吉（1998）『アジアのなかの琉球王国』，58-59頁。
22）高良倉吉（1998）『アジアのなかの琉球王国』，52頁。
23）高良倉吉・田名真之編著（1993）『図説　琉球王国』，23頁。
24）宮城栄昌（1968）『沖縄の歴史』，50-52頁。
25）宮城栄昌（1968）『沖縄の歴史』，47頁。
26）高良倉吉（1998）『アジアのなかの琉球王国』，63頁。
27）新城俊昭（2014）『琉球・沖縄史』，84-85頁。
28）新城俊昭（2014）『琉球・沖縄史』，85頁。
29）高良倉吉（1998）『アジアのなかの琉球王国』，60-61頁。
30）生硫黄（原鉱）で2－3万斤が毎回の貢額とされ，福建で精錬されたのち北京へも送られた。硫黄の産地は徳之島西方の硫黄鳥島である。明では火薬の原料として用いられ，国防にかかわる重要な軍需物資であった。朝貢馬は，物資の輸送その他に必要な軍馬として用いられた。1383年には，明の使者が銅銭をもって琉球の馬923匹を買い付けた。十四世紀から十五世紀初めにおける琉球は，明朝にとって軍馬供給地の一つであったといわれる（高良倉吉・田名真之編著（1993）『図説　琉球王国』，29頁）。
31）新城俊昭（2014）『琉球・沖縄史』，82-84頁。
32）高良倉吉（1998）『アジアのなかの琉球王国』，64-68頁。
33）外間守善（1986）『沖縄の歴史と文化』，73-74頁。
34）新城俊昭（2010）『沖縄から見える歴史風景』では，僧侶の重要性について以下のように記述している。「琉球と日本の交易で，パイプ役としての役割をはたしたのは，日本からやってきた僧侶（禅僧）であった。かれらは王府に重く用いられて琉球に居住し，仏教や文字を伝える文化使節としての役割だけでなく，日本との交渉にも大きく貢献した。琉球にはじめて臨済宗を伝えた京都南禅寺の芥隠は，その代表的な僧侶である。(52-53頁)」
35）新城俊昭（2010）『沖縄から見える歴史風景』，55頁。
36）外間守善（1986）『沖縄の歴史と文化』，72頁。
37）高良倉吉（1980）『琉球の時代』，139頁。
38）宮城栄昌（1968）『沖縄の歴史』，61-65頁。
39）トメ・ピレス（生田滋ほか訳）（1966）『大航海時代叢書Ⅴ　東方諸国記』，248-251頁。
40）新城俊昭（2014）『琉球・沖縄史』，83-84頁。
41）Boies Penrose（1971），Travel and Discovery in the Renaissance 1420-1620.（荒尾克己訳（1985）『大航海時代―旅と発見の二世紀』）。

参考文献

朝尾直彦・網野善彦・山口啓二・吉田孝（1987）『日本の社会史Ⅰ　列島内外の交通と国家』岩波書店。

荒野泰典・石井正敏・村井章介編（1992a）『アジアの中の日本史Ⅱ　外交と戦争』東京大学出版会。

荒野泰典・石井正敏・村井章介編（1992b）『アジアの中の日本史Ⅲ　海上の道』東京大学出版会。

安里延（1941）『日本南方発展史』三省堂。

新井重清・座安政侑・山中久司（1994）『沖縄の歴史』沖縄文化社。

Anthony Reid (1988), Southeast Asia in the Age of Commerce 1450-1680, Yale University Press.（平野秀秋・田中優子訳（1997）『大航海時代の東南アジア 1450-1680』法政大学出版局。）

Boies Penrose (1971), Travel and Discovery in the Renaissance 1420-1620, Harvard University Press.（荒尾克己訳（1985）『大航海時代―旅と発見の二世紀』筑摩書房。）

堀江保蔵（1968）『日本経済史読本』東洋経済新報社。

石井正敏（2003）『東アジア世界と古代の日本』山川出版社。

森克己（1948）『日宋貿易の研究』国立書院。

森克己（1960）『遣唐使』至文堂。

森克己・沼田次郎（1978）『対外関係史』山川出版社。

守屋毅（1984）『日本中世への視座』日本放送出版会。

宮城栄昌（1968）『沖縄の歴史』日本放送出版協会。

村井章介（1993）『中世倭人伝』岩波書店。

中西進・安田喜憲編（1992）『謎の王国・渤海』角川書店。

小和田淳（1943）『日本貨幣流通史』刀江書院。

小和田淳（1956）『鉱山の歴史』至文堂。

小和田淳（1958）『日本の貨幣』至文堂。

小和田淳（1968）『日本鉱山史の研究』岩波書店。

小和田淳（1968）『中世南島通交貿易史の研究』刀江書院。

小和田淳（1969）『中世日支交通史の研究』刀江書院。

小和田淳（1976）『金銀貿易史の研究』法政大学出版会。

佐々木銀弥（1966）『中世の商業』至文堂。

佐伯有清（1978）『最後の遣唐使』講談社。

新里恵二・田港朝昭・金城正篤（1972）『沖縄県の歴史』山川出版社。

新城俊昭（2010）『沖縄から見える歴史風景』東洋企画。

新城俊昭（2014）『琉球・沖縄史』東洋企画。

外間守善（1986）『沖縄の歴史と文化』中央公論社。

東野治之（2007）『遣唐使』岩波書店。

田中健夫（1975）『中世対外関係史』東京大学出版会。

田中健夫（1982）『倭寇』教育社。

高良倉吉（1980）『琉球の時代』筑摩書房。

高良倉吉・田名真之編著（1993）『図説　琉球王国』河出書房新社。

高良倉吉（1993）『琉球王国』岩波書店。

高良倉吉（1998）『アジアのなかの琉球王国』吉川弘文館。

谷川健一（1992）『海と列島文化６　琉球弧の世界』小学館。

豊見山和行（2003）『琉球・沖縄市の世界』吉川弘文館。

東恩納寛惇（1969）『黎明期の海外交通史』琉球新報社。

トメ・ピレス（生田滋ほか訳）（1966）『大航海時代叢書Ⅴ　東方諸国記』岩波書店。

豊田武（1957）『堺』至文堂。
豊田武・児玉幸多（1970）『交通史』山川出版社。
竹野要子（2000）『博多』岩波書店。
上田雄・孫栄健（1990）『日本渤海交渉史』六興出版。
上田雄（1992）『渤海国の謎』講談社。
上田雄（2001）『渤海史の研究』明石書店。
内田晶子・高橋恭子・池谷望子（2009）『アジアの海の古琉球』榕樹書林。

第2章

近世の朱印船貿易から幕末までの交易と日本人町

—朱印船貿易，南洋の日本人町，長崎貿易，横浜貿易，幕末の商社—

はじめに

本章では，近世の16世紀末から始まった**東南アジアと日本との交易**，その交易により発展した**南洋日本人町**の形成の時期から，江戸幕末までの日本の東南アジア交易，および江戸時代の**長崎貿易**，**横浜貿易**を中心として概説する。今から400年ほど前の16世紀末から17世紀初めまで，室町時代，江戸時代初期，藩や幕府は，**朱印状**を交付し，日本と東南アジアとの**朱印船**による貿易が始まった。江戸初期に幕府は，いわゆる**鎖国政策**をとったため，**朱印船貿易**は1635（寛永12）年に禁止され，40年ほどの短い東南アジアとの交易関係は終焉した。東南アジア各地の散在した南洋日本人町も，朱印船貿易の終わりと共に，徐々に消滅した。この朱印船貿易と南洋の日本人町は，日本人による**東南アジア貿易の先駆**であり，また**南洋の日本人町は東南アジアでの最初の日本人移民町**であったことから，**日本の東南アジアとの交易や国際経営の歴史のルーツ**として重要である。

その後，江戸幕府は，長崎**「出島」でのオランダによる長崎貿易**がほぼ唯一の海外交易となった。幕末になると，諸外国の開国への圧力から**横浜，兵庫，函館，新潟，長崎の5港が開港**し，諸外国との交易が行なわれるようになった。さらに，幕末・維新期には，幕府や政府の主導により外国貿易を行う**兵庫商社，東京商社，大阪通商会社**などの商社が設立された。

本章は，このような**近世の朱印船貿易から幕末・維新期までの交易と南洋日本人町**に関して概説する。

第1節　朱印船貿易と南洋日本人町

1　朱印船貿易とは何か

朱印船貿易とは，16世紀末から17世紀初めにかけて，藩や幕府の朱印状を交付された日本商船による海外貿易である。この頃から，日本人が東南アジアとの交易を本格的に始めた。渡航船に与えた渡航免状を「**朱印状**」または「**御朱印状**」と呼び，朱印状を携えて渡航した船を「**朱印船**」又は「**御朱印船**」と呼んだ。

朱印船の起源は，室町時代の諸侯が出した「**御印判舟**」である[1)]。島津氏が琉球渡商船に発給した印判状，ついで，**豊臣秀吉**が文禄初年（1592年頃）に，京都，堺，長崎の豪商に南洋各地に渡航する商船に朱印状を下附したとされている。江戸時代に入り**徳川家康**は，南洋諸国との国交開始にあたって，諸外国に送った書簡の中で朱印船制度を創設したことを通告して，その諒解を求めている[2)]。

徳川家康は，豊臣秀吉の行った**対外貿易政策を踏襲**した。家康は，海外渡航船に朱印状を交付し，渡航先の諸外国にもこの旨を通告し，当該渡航船の航行・貿易の安全について特別の便宜を与え，朱印状を持たない船との交易は拒否するよう求めた。

朱印状の発給は，将軍の秘書格であった「**僧侶**」が行った。朱印状は，『自日本到某国舟也』と記し，その横に下附の年月日，上方に将軍の朱印を捺した。朱印状は一航海一回限り有効であった。

図表２－１は，当時の「**朱印船貿易の主要航路と日本人町**」をあらわしたものである。朱印船の発着の拠点は**長崎**であった。**朱印船の渡航先は，中国南部，台湾，および東南アジア**の各都市である。中国，台湾では，台湾の高砂，膨湖諸島の毘耶宇（ヒヤウ），中国潭州の信州，中国澳門の潭州の西洋（サイヤウ）がある。ベトナム（安南）では，ベトナム北部（ハノイ）のトンキン（東京），ベトナム中部の旧都フエのソンハ（順化），ベトナム中部（ダナン近郊）カウチ（交趾）のホイアン（フェフォ，会安）とツーラン，ベトナム中部のクアン・ナム（広南）のカチヤン（迦知安），ベトナム中部のファン・リ（播里）のチャンパ（占城）がある。カンボジアでは，プノンペン又は王都ウドンの外港ピニヤルーが

図表２－１　朱印船貿易の主要航路と日本人町

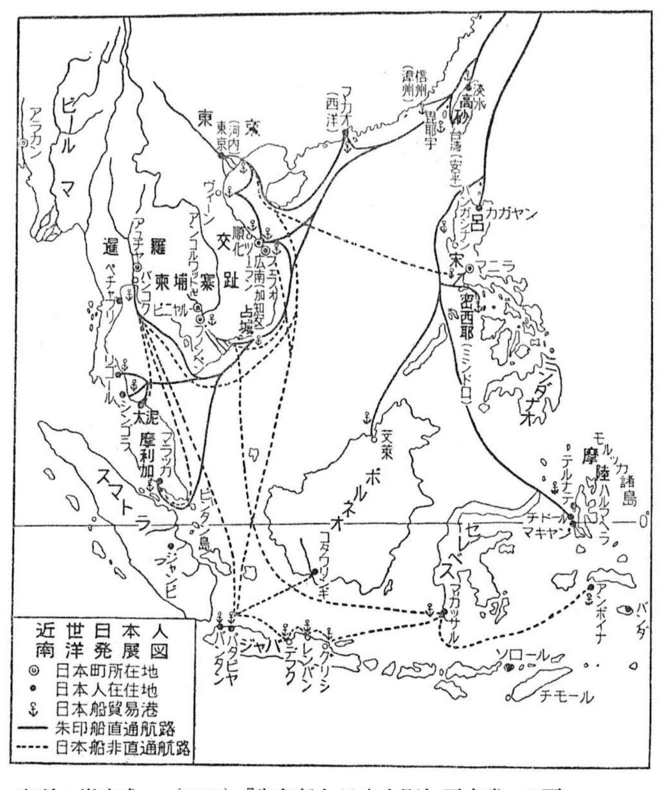

出所：岩生成一（1962）『朱印船と日本人町』至文堂，２頁。

ある。タイ（暹羅，シャム）では，旧都アユタヤと，マレー半島中部のバタン（パタニ，太泥）がある。マレーシアではマレー半島南部（マラッカ）のマリカ（マナカ，摩利伽）がある。フィリピンでは，マニラのルソン（呂宋）とフィリピンのミンドロ島のミサイヤ（密西耶）がある。ボルネオ島のブルネイでは，フルネイル（文莱）がある。また，モルッカ諸島のマロク（摩陸）がある。

江戸時代の朱印船の数は，岩生成一によれば[3]，朱印船制度が始まった1604（慶長9）年から鎖国政策が実行された1635（寛永12）年までの32年間で，少なくとも**355隻南洋に渡航**したと推定している。朱印船の渡航先は，ベトナムの**カウチ**（ホイアン）(71隻)，**トンキン**（ハノイ）(37隻)，**カンボジア**(44隻)，

タイ（55隻），フィリピンの**ルソン**（54隻），台湾の当時の別名である**高砂**（36隻）という6地域が多かった。この6地域の合計は297隻となり，朱印船総数の84％程度となる。そしてその中で最も多数が渡航した**ベトナムのカウチ，タイ，フィリピンのルソン，カンボジア**の4地域には，日本人の移住する者も多く，**日本人居留地である南洋日本人町**が発達した所であった。

2　朱印船貿易の航海

「**朱印船**」は，70～80トン程度の小船もあったが，大抵200～300トン程度の大船が使用された。朱印船の大多数は，日本で建造されたものであった。朱印船の船員は，船長，航海士（**按針**とよばれた），水夫などで，その大多数は日本人であった。未知の南洋に航海し始めた頃には，これに習熟した中国人航海士を雇い入れたこともあった。後には，イスパニヤ人，ポルトガル人，イギリス人，オランダ人等の航海士を雇い入れるようになった。

朱印船は大抵，晩秋，初冬の北風を利用して出帆南下し，渡航先で交易活動をした後，翌年の春夏の南風によって帰航した。時として，南洋の渡航地で，買い付けなどのため1年以上も滞留することもあった。朱印船が，順風に乗って好調に航海した場合は，日本台湾間15日，日本ルソン間20日，日本ベトナム間27～33日，日本タイ間35～36日，日本カンボジア間57日程度かかったとされている[4)]。

3　朱印船の貿易家

海外に貿易船を派遣して貿易を行うためには，相当多額の資本を必要とした。また，朱印船貿易では，航海中の風波，海賊，外国商人との競争，貿易品の相場の急落など多くのリスクがあり，小資本では困難であった。そのため，**朱印船貿易家は，大名，武士，大商人，外国人**などに限られていた。

大名では，**島津忠恒，有馬晴信，松浦鎮信，鍋島勝茂，亀井慈矩，加藤清正，五島玄雅，竹中正重，松倉重政，細川忠興**などである。そのほとんどが西国の大名であった。この大名の派遣した朱印船の延べ数は37隻で，島津8隻，有馬7隻，松浦7隻と3大名が過半数以上を占めていた。武士では，長谷川権六，小浜民部，佐川信利，村山等安などである。商人では，角倉了以，角倉与一（与市），末吉孫左衛門，平野藤次郎，荒木宗太郎，高木作右衛門，茶屋四郎次郎，船本弥七郎，末次平蔵，西類子，橋本十左衛門，伊丹宗味，後藤宗印などの豪商であった。外国人では，家康の外事顧問をした**三浦按針**（**ウイリアム・アダムス**，William Adams），オランダ人高級船員**ヤン・ヨーステン**（Jan Joosten（耶揚子）），長崎在住イスパニア人船主マノエル・ゴンサルベス（Manuel Goncalvez），中国人の李旦，林五官，林三官などであった[5)]。

4　朱印船の貿易品—銀と生糸など

朱印船が日本から輸出した物は，銀，銅，銭，硫黄，樟脳，米穀，細工品，諸雑貨，等であった。一方，**輸入品**は，生糸，絹織物，綿織物，獣皮革，鮫皮，蘇木，鉛，錫，砂糖，等であった。

日本からの輸出品として最も金額の多いものは，「**銀**」であった。朱印船と外国船によって年々海外に輸出された銀の量は，不純分を考え内輪に見積もって，3万5,000貫目ないし4万4,000貫目位，キロでいうと13万ないし16万5千キログラム程度である。当時日本を除く全世界の銀産出額は1年間で39万ないし42万キログラム前後であったと推定されており，一時日本の年間輸出銀の量だけでも，**世界銀産額の3割ないし4割**にも達していたことになる。このように，当時**日本の銀が世界貿易史上に占める位置は極めて重要**であった。ヨーロッパや中国などの商人が日本貿易の開拓推進に極めて熱意を有したのは，日本からの銀の輸入がその主な理由であった。

日本への輸入品として最も金額の多いものは，「**生糸**」であった。諸外国船や朱印船によって，1年間に3−40万斤輸入され，多い年には60万斤も輸入された。輸入量が40万斤を超過した場合は，供給過剰のため，相場が下落したようである。1634（寛永11）年度では，輸入生糸総額40万4,000斤のうち，諸外国船は，支那船17万斤，オランダ船6万4,000斤，ポルトガル船2万斤であり，朱印船は15万斤を輸入した。生糸輸入に関しては，支那船が断然その主要なる地位を占めていた[6)]。

5　朱印船貿易の停止とオランダ商権の拡大

徳川幕府は，西国大名が富を強化することを到底看過することができないと考え，1609（慶長14）年には大名が**大船を保有することを禁止**した。そのため，**大名による朱印船貿易はほぼ停止**した。さらに，**キリシタンの取締り**を強化するために，1616（元和2）年には**外国人の国内商業活動を禁止**し，今まで自由無制限に認めていた**欧州船の寄港地を長崎と平戸の両港**に限定した。さらに後年には，幕府の直轄地**長崎1港に限定**した。このように**諸大名の貿易に対する規制**も厳しくなった。そのために，朱印船商人も次第に淘汰整理され，後には京都の茶屋四郎次郎，橋本十左衛門，角倉与一（与市），末吉孫左衛門，長崎の末次平蔵や三浦按針などの幕府とのつながりの深い特権的な商人に独占されるようになった。

しかし，朱印船によるキリシタンの往来や密貿易船を取り締まるために，1631（寛永8）年6月には「**奉書船の制**」（海外渡航船に朱印のほかに老中の奉書を交付する）を設けた。さらに，1633（寛永10）年2月には，「**海外交通貿易制限令17か条**」が発布された。ここに鎖国体制の第一段階に踏み入った。この令状では，海外残留日本人の帰国について5カ年の経過規定を設けたが，朱印船の海外渡航は認めた。その後，1635（寛永12）年5月に発布した第三回の**鎖国令**では，ついに，

　一異国へ日本の船遣し候儀，堅く停止の事。
　一日本人異国へ遣す可からず候条，忍候て乗渡る者之有るに於ては，其身は死罪，其船共留め置き言上す可き事。
　一異国え渡，住宅仕る日本人来り侯はば，死罪申し付けらる可き事。

と規定して，「**日本人海外渡航並びに帰国の禁**」と共に，「**日本船の海外渡航を無条件に禁止**」した。近世初期40年にわたって，日本の海外貿易に主要な役割を果たした朱印船の活動が停止したのである[7)]。

対外関係では，「**島原の乱**」に鑑みて，幕府は1639（寛永16）年7月に「**ポルトガル船の来航貿易を禁止**」した。これにより，いわゆる「**鎖国体制**」が取

られて，**オランダの日本貿易独占体制が確立**された。1635（寛永12）年に日本船の海外渡航禁止令が発布されたため，かつて日本の朱印船が牛耳っていたアジアの貿易地では，日本に代わってオランダの商権が拡大した。オランダは，カンボジア，トンキン，カウチ，シャムの4地に使節を派遣して，カンボジアとトンキンには，新たに「**オランダ東インド会社**」商館を開設し，カウチとシャムの両地では商館の整備強化をし，商船を増やし，日本との中継貿易に力を注いだ。このようなオランダ商権の拡大を背景として，1635（寛永12）年以降，その**日本貿易額は増大**し，ついにポルトガル船の貿易禁止の翌年，1640（寛永17）年度には，その対日貿易額は，例年の3倍以上に達した[8)]。

6　南洋の日本人町

「**南洋の日本人町**」とは，東南アジア各地に形成された日本人移民者とその子孫を中心とした地域である。南洋各地の日本人の居住形態は，日本人のみ特定の地域に集団をなして一部落を形成した場合と，諸外国人の間に雑居して分散生活を営む場合とがあったが，前者を特に日本町と呼んでいた。

図表2－2は，当時の「**南洋日本町の所在地**」をみたものである。南洋の日本町は，**カウチ（交趾）**と呼ばれていたベトナム中部の**フェフォ（Faifo，現在のホイアン）**と**ツーラン（Tourane，現在のダナン）**，カンボジアの**プノンペン（Phnom Penh）**と**ピニャール（Pinhalu）**，シャム（現在のタイ）の**アユタヤ（Ayuthia）**，ルソン（現在のフィリピン）マニラ（Manila）の**ディラオ（Dilao）**と**サン・ミゲル（San Miguel）**，ビルマの**アラカン（Arakan）**の8か所にあった。

後者の外国人の間に分散雑居している**日本人居住地**は，南洋の各地にあった。台湾の台南・安平・淡水・膨湖島の4地，澳門（マカオ），トンキン（東京），モルッカ（Moluccas）諸島（香料諸島）のアンボイナ島（Amboina）・バンダ島（Banda）・テルナテ島（Temate）・ティドール島（Tidore）・マキヤン島（Makian）・セレベス島のマカッサル（Makassar），ボルネオ島のコタワリンギ（Cotawaringi），スマトラ島のジャンビ（Jambi），ソロール島（Solor），ジャワ島のバタビヤ（Batavia，現在のジャカルタ）・バンタン（Bantam），マレー半島のマラッカ（Malacca）・パタニ（Patani）・リゴール（Ligor）等があった。

図表2－2　南洋日本町の所在地

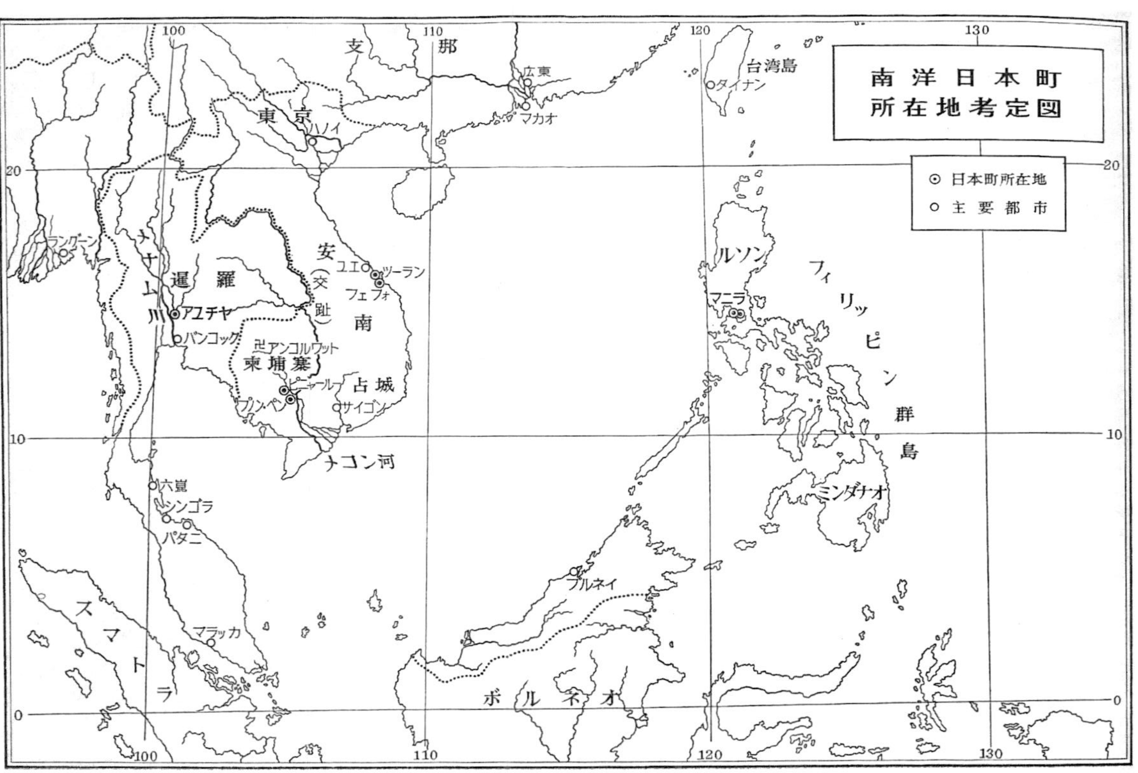

出所：岩生成一（1966）『南洋日本人町の研究』，付表。

日本町の規模については，最盛期での**南洋の日本人町人口**では，フィリピンのマニラの日本人町ディラオとサン・ミゲルで3,000人程度，ベトナムのカウチ（交趾）の日本人町フェフォとツーランで400人程度，タイのアユタヤの日本人町は1,500人程度，カンボジアの日本町プノンペンとピニャールで300人程度，ビルマの日本人町アラカンで100人程度であるとしている[9)]。

タイの**アユタヤ**では，1612年頃から日本人移民としてアユタヤに渡り，現地の朝廷で重要な役割を果たし，活躍した著名な日本人として「**山田長政**」がいる。図表2－3は，現在残っている**タイのアユタヤの「日本人町跡」**の写真である。

南洋日本人町の日本人移住者には，日本人自ら渡航した者および外人の雇傭人として渡航した者という2つに類型化することができる。

第1の**日本人自ら渡航した者**には，**海賊**として渡航した者，**船員**として渡航した者，**商人**として渡航した者，**失業者**で渡航した者，**追放切支丹**として渡航した者，その他の渡航者に分類できる。第2の**外人の雇傭人**として渡航した者には，**船員**，**傭兵**，**工人労務者**，**商館傭員**，**官吏**，**伝道者**，**捕虜**，**奴隷**，**外人との婚姻**によって渡航した者，などに分類できる。その中で，注目されるのは，**傭兵（「サムライ」としての軍人）として海外に渡った日本人**である。その傭兵の

図表2－3　タイのアユタヤの「日本人町跡」

出所：著者撮影。

多くは，欧州，特にオランダから雇われた傭兵である。傭兵の多くは，戦乱のなかった日本から海外に渡った武士で，海外で勇敢に戦い，**オランダの東南アジア植民地支配のために多くの貢献**をしたとされている。

7　ベトナム（越南）のホイアン（フェフォ）の日本人町の事例

ベトナム（越南）は，朱印船の活躍時代において，日本の商船がベトナムを訪れ，日本人が居住し，中には政府の高官に登用される者もあり，**フェフォ**（現在の「**ホイアン**」。ホイアンは1999年世界遺産に登録された。）には日本人町もあった。徳川家康執政の後，1604（慶長９）年から鎖国直前まで，**カウチ**（交趾：当時越南の南を支配していた国）宛朱印状の下附されたものは，71通であった[10)]。

「**ツーラン**」（現在の**ダナン**）は，ベトナム中部の要港で，朱印船はたびたび同港を訪れ，積荷を小舟に移して，フェフォ在住の日本人等を介してこれを売った。すなわち，日本人は朱印船に乗ってツーランやフェフォに訪れ，まずツーランに碇泊して，所定の手続きを経て，政府の許可を得て初めて積荷を下ろして，その中の若干を，官憲や大官が優先的に買い上げ，その後これを小舟に積み換えてツーランから河を遡ってフェフォに運ぶことを常とした。ツーランが，いわば，一時的仮泊の港町であったのに対して，フェフォは純然たる商業町で貿易のため永住的な外国人居留地として発達するようになった。ツーラン港は良好な碇泊地で，朱印船も碇泊し，積荷は舟で河を渡りフェフォに運び，在留日本人の協力で売りさばいた。フェフォの北河には日本町が発達した。

当時の貿易家である茶屋の一族，**茶屋又次郎**が朱印船に投じて，同地に赴き，帰国の後渡航の次第を絵巻物に描かせたのが今も名古屋の情妙寺に残っている。この絵巻物によると，朱印船は長崎を出発し五島を経てツーラン港に入港し，同船の全長25間（1間は約1.82メートル）ほど，横幅4間半，乗組員数300名余と**大型船**で，日本からの航程40日と記してある。ツーランには，小さな**日本人町**ができた，在住の日本人を中心とする教会堂もできた。ツーランから南方約30キロにあるフェフォにも日本人町があり，むしろそちらの方が栄えた。

「**フェフォ**」（現在の「**ホイアン**」）には，日本橋通があり，その通の西端には日本木橋があった。**図表２－４**は，現在残っているホイアンの**日本橋（来遠橋）**

図表２－４　ベトナムのホイアンの「日本橋」（来遠橋）

出所：著者撮影。

の写真である。日本橋は今では来遠橋とも言い，その後数回改造して，往時の日本的な姿は全くないが，橋上東端に在る碑には，『古也相傳，日本國人所作経，』と銘記してあり，古くから日本人がこの橋を造ったことを伝えている。慶長の末年に，**三浦按針**が朱印船を操って同地に赴いた時の航海記によれば，フェフォ（ホイアン）には日本町があって，町には日本商人の外，長崎奉行長谷川左兵衛の手代も駐在していたと記してある。その後少しおくれて元和の初め頃に，イタリア人宣教師ボルリが同地に滞在して布教に従事したが，彼によれば，フェフォ（ホイアン）は**日本人と支那（中国）人の町**から出来ていて，日本人は日本の法律習慣によって生活し，支那人は支那の法律習慣に従って生活していた。日本町には，その町の住民中から選出した長，すなわち居留民団長ともいうべき者がいて，これを取り締まり支配し，支那人町も，自国民中から選出した長が自国民を支配しているとしている[11)]。

フェフォ（ホイアン）は，当時，日本人と中国人の町があり，両国船が往来していたようである。フェフォに日本人が進出し定着する様になったのは，慶長の時代で，朱印船貿易開始後まもなくであろうと考えられている。

1651年**オランダ人が同地に行った時の紀行**の中では以下のように記している[12)]。

「日貫の通りは，川に沿ってつながっているが，大部分は石造にして耐火家屋である。その中に六十軒余の日本人の家があり，その他は殆ど中国人の商人と職人の家で，安南人の住む家は極めて少ない。」

フェフォ市街の構成員は設立当初より依然として日中両国民より成り，日本人の戸数が60軒余とあるから，仮に一軒の人数を4人とすれば，日本町の全員は300人前後となる。これは鎖国後十数年を経過した時の見聞であるから，鎖国以前に日本人が盛んに渡航した時代は，ツーラン（ダナン）とフェフォの日本人町を通じて，なおはるかに多数の日本人が在留していことが推察される。

この日本町は，**自治制**を許され，一種の**治外法権**を持っていた様である。既に元和年中に舟木彌七郎が，渡航日本人の取締に任ぜられ，その後代々町の有力者がその任に在り，兼ねてザバンダルすなわち港務官の役を勤めた。鎖国前ドミンゴなる者がおり，その後平野渥六兵衛，磯村宇兵衛，その子太兵衛，林喜右衛門，角屋七郎兵衛等がその日本町の町長を勤めたが，オランダ人等の同地における貿易には，常に彼等の助力斡旋を受けている。

しかし，**鎖国**を経過すること30，40年に及び，**在留日本人は漸次減少**した。1676（延宝4）年に同地在留の平野屋四郎兵衛が故郷に，

「爰（ここ）元も日本仁（人）皆々相果，只（ただ）二人に罷（まかり）成り無爲方体，御推量可被成候」

と記して，いかにも憐れな手紙を送っている[13)]。その後1696（元禄9）年イギリス船が同地に入航したとき，日本人の世話になり，なお日本人家族4軒あったと記している。同地で交易した日本人も，鎖国により後援続かず，町の実勢は**華僑**に代わった。華僑の家は数百軒に達し，彼等の商船は年に10数隻入港して交易するようになった。このように，ツーラン（ダナン）とフェフォ（ホイアン）の**南洋の日本人町は鎖国とともに徐々に消滅**したのである。

著者は，現在のベトナムの**ホイアン**を訪れる機会があったが，今のホイアンは，日本橋（来遠橋）と呼ばれている石造りの古い橋，レンガ造り建物，細い

路地などがある小さな街で，華人系ベトナム人も多く住み，かつての日本人町の面影は少なかった。なお，現在，**ホイアンは世界遺産**となっている。

第2節　長崎貿易―オランダ貿易を中心として

1　平戸と出島のオランダ商館

「**オランダ東インド会社**」の商館が1609（慶長14）年より1641（寛永18）年までの33年間，長崎の「**平戸**」にあった。平戸にはオランダの商館の外に，**イギリス東インド会社の商館**もあった。イギリス東インド会社の平戸商館は，オランダより4年遅れの1613（慶長18）年に開設された。1941（寛永18）年，オランダ東インド会社の商館は，長崎の「**出島**」に移転した。オランダ商館は，1641（寛永18）年より1856年（安政3）年までの215年間この出島にあった[14)]。長崎貿易におけるオランダからの初期の輸入品は，主にインドのベンガル，ベトナムのトンキン，中国などからの「**生糸**」で，一方，オランダに輸出していた主な品は「**銀**」であった。オランダ東インド会社による**日蘭貿易**といっても，実態は「**アジアと日本との中継貿易**」が多かった。

長崎出島は，ポルトガル人を隔離するために埋立てをおこない1634（寛永11）年に完成し，「**ポルトガル商館**」を移した。出島は総坪数が3,924坪あり，周囲を石垣で築き，出島の北岸に出島橋があり，市街に通じる唯一の出入口になっていた。しかし，1639（寛永16）年に**ポルトガル人が全員国外追放**となったので，出島はしばらく無人化した。その後，幕府のオランダ人隔離政策により，1641（寛永18）年に平戸オランダ商館を空屋となっていた出島に移転させた。これ以後幕末にいたるまで，「**出島のオランダ商館**」はわずかに海外の知識・文物を取り入れる鎖国の窓の役割を果たすことになった[15)]。

出島のオランダ商館長は，162代で，多くは在任1年であったが，中には数年ひきつづいて在任したものもあった。商館長を「**カピタン**」とも言った。その下に副商館長（ヘトル），倉庫長，支出役，商務員，書記，補助員，医務職員（医師）等がいた。時代によって人員に増減があったが，10名から15名位であった。オランダ人と最も直接交渉をもった者は**阿蘭陀（おらんだ）通詞**であった。これは通訳官兼商務官で，日蘭の外交貿易のことに直接当ったばかりでなく，文化交渉においても主役を務め，**蘭学洋学の発達の母胎**となった。通詞には，役人である役人通詞と役人でない内通詞がおり，幕末期にはおよそ140人の通詞がいたとされている[16)]。鎖国時代，長崎に来る外国人は婦人を同伴することが許されなかった。丸山の遊女が，出島と唐人屋敷に出入することを許されていた[17)]。オランダ商館員はこの出島に閉じ込められており，自由に長崎の市街を出歩くことは許されなかった。オランダ人の行動を監視するため，出島橋の内側に番所があった。町年寄の下の「**出島乙名**」の責任で管理がおこなわれていた。大名や役人，貿易関係者以外の日本人が自由に出島に入ることは禁じられていたが，例外として**遊女・高野聖（僧侶）**だけは入ることが許されていた。その他の日本人が出島に入る場合は，出島乙名の門鑑をもっている者のみが出入りを許され，出入者は厳しくチェックされた[18)]。

1609（慶長14）年，**オランダ東インド会社**の最初の船が平戸に来航し，**オランダ貿易**が始まった。平戸貿易で文化史的に興味深いのは，「**日本緑茶**」のヨーロッパへの輸出である。平戸来航の翌年1610（慶長15）年，オランダは平戸からヨーロッパへ始めて日本の緑茶を輸出した。これがヨーロッパにもたらされた最初の茶であるといわれている。もしそうだとすると，ヨーロッパ人が最初に知った茶は日本の緑茶であったことになる[19)]。ただし，この時のオランダの平戸からの輸出には中国茶（ウーロン茶）が含まれていたとする説もある[20)]。いずれにしても，17世紀初頭ないし中頃に，イギリスを中心としたヨーロッパに紅茶などの茶が主にアジアから輸入され「紅茶文化」が形成されていったことを考えると，日本の緑茶はヨーロッパの茶文化に一役買っていたといえるであろう。ヨーロッパの茶文化の起源の1つが，日本の緑茶であったという事実は極めて興味深い。その後，日本茶は，平戸のオランダ東インド会社によりヨーロッパに輸出されていたが，しだいに日本の緑茶貿易は衰え，それに代わって中国からのいわゆる中国茶がヨーロッパへ輸出されるようになった。

2　オランダ商館長の江戸参府

オランダ商館長は任期中に，正月に江戸に参上して**徳川将軍に謁見**し，献上物を捧げる「**江戸参府**」が慣例となっていた[21)]。江戸参府は1609（慶長14）年に始まり，毎年参府するようになったのは1633（寛永10）年からで，それ以来特別の事情のため中止することがあったが，1850（嘉永3）年まで218年間に116回の参府を行っている。1790（寛政2）年からは5年に1回となり，幕末になる程参府の回数が減ってきている。長崎と江戸の間を長いときは120日程度要した年もあったが，ふつうは90日程度かけて海路と陸路で往復した[22]。江戸参府には，江戸の長崎屋，今日の海老屋，大阪の伊藤家と佐甲家という**阿蘭陀（おらんだ）宿**に泊まるのが決まりであった[23]。

オランダ商館長の江戸参府は，幕府の立場からは，オランダ国王の徳川将軍に対する挨拶といった，外交上の行事であった。江戸参府の旅は，様々な制約や監視のもとに行われたものとはいえ，オランダ商館員にとって日本を知る貴重な体験であった。この江戸参府紀行については，ドイツ人医師の**ケンプェル**[24]，オランダ人商館員の**ゾーフとフイッセル**[25]，スウェーデン人医師の**ツンベルク**，ドイツ人医師の**シーボルト**[26]などが著した著書に，その記録が残されている。商館長は医官を帯同して参府したので，江戸滞在中は，医学をはじめ自然科学など海外の事情を求める者がつめかけ，種々の質問をするのが例であり，特に幕末，洋学が盛んになると，江戸で洋学を学ぶ絶好のチャンスとして利用された[27]。どの著書も，極めて興味深いもので，歴史的にも貴重な史料となっている。

3　長崎の唐人屋敷

中国人は，鎖国後も長崎で貿易することを許されていた。そのため，長崎に出入港する**オランダ船**は年によって変動はあるが，17世紀には，年間10隻以内であったのに対し，**中国船**は，年間数十隻にも及び，**長崎貿易**における中国船の比重はきわめて大きかった。長崎の「**唐人貿易**」の初期の輸入品は，主として「**白の生糸**（白糸）」であった。オランダ人が出島に居住制限をされた後も，中国商人は長崎市内に居住が許されていた。このことは中国人が東洋人で，同文同種であり，仏教徒でキリスト教を布教するおそれもなく，長崎には日本に帰化した中国人も多く居住していたことなどの理由によった。しかし17世紀末ごろから，入港する中国船も増加し，密貿易や市民とのトラブルも起きるようになった。さらに中国から輸入された書物にキリスト教関係の記事が発見されたことから，中国人もオランダ人同様隔離することになり，1688（元禄元）年長崎郊外の十善寺村御薬園（現在の館内町）に外国人居留地をつくることになり，翌年，総坪数9,373坪の「**唐人屋敷**」が完成し，ここに入港した中国人乗組員が宿泊させられることになった。ここに収容された中国人は約5,000人といわれ，当時の長崎の人口6万人の一割弱にあたった。

唐人屋敷は周囲を濠と竹垣でかこみ，出入口の門が置かれ，その役人がいっさいの取締りの責任者となり，門鑑を所持しない日本人の出入りは禁止されていた。しかし，遊女だけは自由に出入りすることができた。中国人の外出は許されたが，「**唐人番**」と「**町使**」がこれにつきそった[28)]。

4　長崎貿易―自由貿易から会所貿易という統制貿易への移行，管理貿易制度の進展

幕府は，1639（寛永16）年ポルトガル人の貿易を禁止し，**オランダ人，中国人**だけに貿易を許した。長崎が唯一の貿易港となり，幕末まで**長崎**が鎖国の窓の役割をはたすことになった。初期の長崎貿易での**輸入品は生糸**が主であった。日本からの**輸出品は金，銀，銅**などであった。長崎に着いた輸入品に関する日本国内の輸送は，「**糸荷廻船**」と「**糸荷宰領**」（さいりょう）が担当し，京都・大阪・堺などの長崎問屋に届けられた。糸荷廻船は，「**堺荷廻船**」，または「**堺・大阪荷廻船**」ともよばれ，長崎荷を堺に運送した廻船である。糸荷宰領は，長崎輸入品を陸路輸送する仲間で，「**長崎糸荷宰領仲間**」ともよばれた[29)]。

オランダ船の貿易品は，「**本方（もとかた）荷物**」と「**脇（わき）荷物**」がある。本方荷物とは，オランダ東インド会社の会計に属するもので，貿易の主体をなすものである。脇荷物とは，会社の会計に入れないで，商館長以下の商館員および船員の役得として一定額認容されていたもので，雑貨を主とした。

オランダ貿易での輸入品は，第一は「**生糸**」（シナ生糸，トンキン生糸，ペルシア生糸，ベンガル生糸など）で，そのほか毛織物・絹織物・木綿等の織物類，砂糖，胡椒，香，薬，牛皮・鮫皮・鹿皮等の皮革類，錫・鉛・水銀等の鉱物，白檀等の木材，蘇木（そぼく）・うるし等の染料・塗料，等があった。輸入生糸は

和糸に対して「**白糸**」（しろいと）とよび，日本の生産高が多くなるに従ってだんだん輸入額が少なくなった。また「**武器**」は寛永前と幕末に，特に幕末にはかなり大量に輸入された。**脇荷物**の方は品目も多く，注文主も多数であり，商館に対してあらかじめ注文書を送る。時計・器械・武器・動物等は図をそえているし，織物類には地柄・縞柄・色等を示すために実物の見本の切を縫いつけてあるのもある。脇荷物などとして，時計，学術用具（顕微鏡，天球儀，地球儀，望遠鏡など），洋書，ガラス製品（眼鏡，虫眼鏡，双眼鏡など）等の各種の西洋物も輸入された[30)]。

日本は，輸入品に対して，正貨，はじめは**銀**，次に**金**で支払った。**日本からの輸出品**は，金，銀，銅，樟脳，鋳銭，漆器・陶磁器，等であった。「**日本来航のオランダ船**」は，1621（元和 7）年から 1849（嘉永 2）年まで 228 年間に 715 隻あり，途中で難破したものが 27 隻あった。

新井白石の『本朝宝貨通用事略』によれば，「**銀の輸出**」は，1601（慶長 6）年より 1647（正保 4）年まで 46 年間に 1,122,687 貫目余（1 貫は約 3.75 キログラム），1648（正保 5）年より 1708（宝永 5）年まで 60 年間に 374,209 貫目余で，銀の鋳造高と比較してその四分の三を失い，現有（当時）の銀の二倍に当るといっている。金は，1641（寛永 18）年以来輸出を禁じられていたが，1664（寛文 4）年に至り，オランダ人に限り条件づきで「**金の輸出**」を解禁した。金の海外への流出に関しては，1601（慶長 6）年より 1647（正保 4）年まで 46 年間に 6,192,800 両余，1648（正保 5）年より 1708（宝永 5）年まで 60 年間に 2,397,600 両余の金が海外に流出し，それが金の鋳造高の四分の一，現有金の高の三分の一に当るという。1668（寛文 8）年に銀の輸出を禁じてからは，**銅の輸出**がいちじるしく増加した。1601（慶長 6）年より 1662（寛文 2）年まで 61 年間に，228,997,500 斤余（きん：1 斤は約 600 グラム），1663（寛文 3）年より 1708（宝永 5）年まで 46 年間に 114,497,700 斤余に上ったという。銅に次いでは**樟脳**であった[31)]。

5　長崎貿易の制度

長崎貿易の制度は，白糸割符法，相対貿易法，市法商売法，定高貿易法と取引制度が改正されるにつれて，次第に統制が加えられるようになった。

（1）白糸割符（わっぷ）法（バンカド）

1603（慶長8）年より1655（明暦元）年まで52年間行われた**長崎貿易の制度**である。当時の日本の輸入品は，白糸が最も重要な品であった。「**白糸割符法**」とは，「**糸割符人**」という特定の商人に「**買入組合**」を組織させて，独占的に買入に当らせる制度である。糸割符人は，幕府からの奉書をうけて主にポルトガル人の輸入する白糸の独占権が与えられた。はじめ堺・京都・長崎の3か所の商人であったが，1631（寛永8）年に江戸と大坂が加えられ，5か所の商人の割符となった。「**割符**」とは「**割賦**」，すなわち分配の意味である。割符商人以外の者が，直接外国人（オランダ人，中国人など）から品を買入れることを禁じていた。白糸割符では，特定の商人を通じて輸入白糸の量，価格などを操作した。幕府は，糸割符によって白糸の価格を抑えて，国内の物価の安定をはかり，併せて貿易の統制をはかることを意図した制度である。5か所の糸割符商人の中で，最も有力な者が「**糸年寄**」に任命され，白糸購入の価格決定，利益の配分などで強力な権限を持っていた[32)]。

白糸割符法では，毎年7月上旬5か所の糸割符年寄を集め，外国船舶の来着を待ちうけて，**白糸の標準価格**を定める。そして一旦定めた価格は翌年まで変更されないのである。したたかな**中国人商人**などはこれに乗じて，日本における白糸の価格の決められる夏秋には少量の白糸を持参し，その価格を騰貴させておいて，翌春多量の白糸を船に積み込み，前年の高価で販売するという手段を考え巨利を得る行為が続いた。鎖国以降，白糸の割符購入価格は年々上昇し，1641（寛永18）年には100斤に付銀2貫540匁だった最上級の白糸が，1655（明暦元）年には100斤に付銀4貫600匁になった[33)]。このため，幕府は1655（明暦元）年に白糸割符法を廃止した。

（2）相対（あいたい）貿易法

1655（明暦元）年より1671（寛文11）年に至る17年間は，「**相対貿易法**」，すなわち**自由貿易**の制度に変更した。しかし，相対貿易では，国内商人同士の競り合いとなり，白糸をはじめ輸入品の価格が上がった。また，国内商人で破産する者も生じた。幕府は輸入品の価格を引き下げ，国内商人および一般消費者の利益を擁護し，併せて正貨の海外流出を防ぐために，自由貿易制度たる相対貿易の制度を廃止した[34]。

（3）市法貿易法

1672（寛文12）年より1684（貞享元）年まで12年間，行われた貿易の制度である。「**市法貿易法**」とは，会所5か所の**目利（めきき）**を出して，外国船の品物を鑑定させ，その鑑定に基づいて，5か所の宿老が見込みの値段を書いて奉行所に差出す。奉行所ではこの値段書（入札）を参考して，奉行所としての値段を定める。その時，奉行所は町年寄等と協議して，その年の輸入額の多かった品物については，5か所より入札の価額の低い方に決め，輸入額の少なかった品物については，評価の高い方に決めるようにした。奉行はこのように決めた買入価格の書付を外国人に通告して，同意すれば買い取り，同意しなければ積帰らせたのである。この商法は日本側には有利であったが，外国人の利益が減少した[35]。1685（貞享2）年正月，幕府は市法貿易法を廃止した。

（4）定高貿易法

1685（貞享2）年，外国船の品物のうち**白糸**については**割符法**に戻し，その他の品物についてはすべて**相対売買**とするという「**定高貿易法**」に改めた。また，**中国船とオランダ船の品物の売上総高を限定**し，中国船は銀6,000貫目まで，オランダ船は銀3,000貫目までと定めた。この制度改定は**金銀の海外流出を防ぐ**ために，また**国内の養蚕・製練業を保護**するために効果があった[36]。

幕府は，1698（元禄11）年，「**長崎会所**」を設立して，**長崎貿易を官営事業**とした。長崎会所は，貿易の実務を一括して行い，貿易によって生ずる利益を幕府に収めることとした。また，1701（元禄14）年に「**銅座**」を設立して，諸国の銅山を統制して銅の集荷と輸出に当たらせた。長崎貿易が官営事業となり，その利益が幕府の財源となるため，貿易の拡大が図られたが，「**金・銀・銅の海外流出**」が大きな問題となった。

そこで**新井白石**は，1715（正徳5）年幕府財政再建のため長崎貿易の縮小を図った。これは「**正徳の新令**」と称されている。その内容は，オランダ船2

隻，輸出銀3,000貫（金に換算するとおよそ5万両）を**御定高**（おさだめだか）とし，そのうち銅の輸出高を150万斤とする，中国船30隻，輸出銀6,000貫（金に換算するとおよそ10万両）を御定高とし，そのうち銅の輸出高を300万斤とする，厳しい**貿易制限**であった。そしてこの時，中国船には「**信牌**」（しんぱい）という貿易許可証を与え，これを持たない中国船は交易を認められないことにした。この御定高という長崎貿易制限の方針は，これ以後幕府の基本方針となった。長崎での貿易量の維持は**産銅高**にかかっていた。日本国内の銅山は17世紀半ばには発展したが，18世紀になると産出高も次第に陰った[37)]。中国船はその後も漸減され，1719（享保4）年には，年間に中国船は10隻，輸出銀2,000貫，1742（寛保2）年にも中国船は10隻，輸出銀2,000貫に制限した。オランダ船も1742（寛保2）年にはオランダ船2隻，輸出銅を50万斤と大幅に減らされることになった。このようにして幕末に開港されるまで，**長崎貿易は衰退**の一途をたどることになった。

後期の長崎貿易の輸入品は，初期の白糸に代わって，織物・砂糖・薬種・雑貨などが主なもので，これに対する**輸出品**は金，銀，銅，陶磁器や漆器（伊万里焼など）などの工芸品などであった。しかし後には，金・銀・銅が不足してきたので，俵物と称される煎海鼠（いりこ）・干鮑（ほしあわび）・鱶鰭（ふかひれ）などの中国料理の材料となる海産物等が輸出された[38)]。

（5）開国後の貿易

1858（安政5）年7月10日に調印された「**日本とオランダとの和親通商条約**」等により，新たに**箱館**，**神奈川**（**横浜**），**兵庫**（**神戸**）**が開港**され，新しい貿易が行われるようになった。また，日本は，オランダのみではなく，**アメリカ，イギリス，フランス，ロシアなどとの貿易**が始まるようになった。

6　日本の銀輸出の世界貿易的意義

長崎貿易を担った当時の「**オランダの繁栄と日本の交易**」との関係についてみてみよう[39)]。新世界の発見，新航路開拓の先頭を切ったのは，16世紀の**スペイン**と**ポルトガル**であった。しかし17世紀に入ると，**オランダの東洋への**

進出めざましく，同世紀中頃までにマレー半島からインドネシア諸島をはじめ，台湾，さらに日本との独占的貿易権を手中におさめて，東南アジア地域の支配権を握った。**オランダのアジア貿易**の中心は，17 世紀前半では，この地方の特産物である**香料**であった。しかし 17 世紀中頃以降には**絹**，**綿製品**，**銅**，ついで**茶**がもっとも重要な商品になった。

ヨーロッパ人がアジアのこれらの商品を貿易で手に入れるためには，どうしても「**銀**」をもってこなければならなかった。17 世紀はじめ，この地方で流通していた貨幣は，スペインの「**ピアストル銀貨**」であった。それはメキシコ，ペルーで鋳造されたもので，純銀分の高い銀貨であった。ところが，東南アジア地方での貿易を拡大するには，現地のピアストル銀貨では不充分で，どうしてもヨーロッパ本国から銀をもってくる必要があった。ところが，銀はヨーロッパに産しない貴重品で，イギリスでもオランダでも原則として銀の持出しを禁止していた。**オランダ東インド会社**は，イギリス東インド会社と同じく，特別に銀の輸出を認められていたけれども，それだけでは不充分であった。そこでオランダはその不足分の銀を何によって補ったかといえば，それがまさに**日本から手に入れた銀**であった。

オランダは商業活動によって繁栄の基礎を築いたが，その繁栄を支えたのは，実は**日本の銀**ではなかったかと考えられる。というのは，**オランダの繁栄期**はふつう 17 世紀中頃，すなわち 1640－70 年代がその最盛期であったといわれているが，その最盛期が，**日本からの銀輸出の最盛期**と符丁をあわせたように一致しているからである。1668（寛文 8）年，幕府がオランダ船による銀輸出を停止するまで，日本から流出した銀の量は莫大なもので，オランダが本国から持ちだした銀とほぼ等しいか，ときにはそれを上まわってさえいたといわれている。

16 世紀から 17 世紀中頃にかけての**日本が，当時世界有数の産銀国**であったことは案外知られていない。当時の世界における**最大の産銀国はメキシコとペルー**（1545 年に発見されたポトシ（いまはボリビア）の銀山はとくに有名）で，その新大陸の銀がスペインを通じて大量にヨーロッパに流入し，16 世紀末の最盛期における銀の流入量は年平均 20 万キログラムであった。これに対して当時の「**石見**」(いわみ：島根にあり世界遺産となる),「**生野**」(いくの：兵庫) などの銀山から産出された日本の銀の量は, メキシコとペルーと肩を並べるほどであったとされている。すなわち, 17世紀初頭**日本から輸出された銀**は, 年20万キログラムに及んだと推定されており, この数字は同じころ, 南米の新大陸からヨーロッパに流入した銀の量に匹敵する。これは驚くべき事実である。

1639 (寛永16) 年以降, 幕府のいわゆる**鎖国政策**によって, 日本は外国との貿易を断ったと考えがちであるが, 実は**長崎**という窓口を通じて当時世界経済を牛耳っていた最先進国**オランダと交易**し, オランダを通じて日本は受身のかたちではあるが, **日本が世界経済システムの一角に組みこまれていた**のである。しかも16世紀のスペインの繁栄を築いたのが, メキシコおよびペルーの銀にあったとすれば, **17世紀のオランダの繁栄の基礎が「日本の銀」**にあったと考えてもおかしくない。

しかし毎年20万キログラムの大量の銀が流出したとなれば, 日本国内の銀もようやく枯渇し, 幕府は1668 (寛文8) 年に「**オランダ船への銀輸出を停止**」した。こうして日本の銀が手に入らなくなったオランダは, その後衰退に向うことになる。

第3節　横浜開港と幕末・明治の貿易

1　開港以前の横浜

「**神奈川宿**」は, 東海道の宿場の1つとして栄えていた。一方, 江戸時代末期までの「**横浜村**」は, 小さな砂州上に形成された半農半漁の村であった。

幕府は, 幕末の1810 (文化7) 年に海外からの脅威に対応して, 江戸内海の入り口である観音崎, 西浦賀, 三崎 (いずれも三浦半島) に**台場 (砲台)** と陣屋を設置し, 会津藩と白河藩にその防備を命じた。その後, 1837 (天保8) 年に**日本人漂流民**を乗せた米船**モリソン号**が薩摩の山川と相模の浦賀に来航するという事件が起こり, 江戸内海防備の再検討が図られた。

1842 (天保13) 年, アヘン戦争で中国がイギリスに敗北したという知らせを受け, 幕府は1825 (文政8) 年に公布した「**異国船打払令**」を撤廃し,「**薪水 (しんすい) 給与令**」を出す。これにより, 強硬策から穏便策へと政策を転換した。

2　ペリー来航と日米和親条約（神奈川条約）の締結

1846（弘化3）年に，アメリカの**ビッドル艦隊**が浦賀に来航した。

1853（嘉永6）年6月，**アメリカ東インド艦隊**司令長官「**ペリー**」は，4隻の軍艦を率いて江戸の内海へと侵入した。このペリーの来航は幕府首脳にとっては，不意打ちだったわけではなく，「**阿蘭陀別段風説書**」（長崎のオランダ商館が海外のニュースをまとめて幕府に提出した）などで既に来航する情報をつかんでいた。

ペリー艦隊は空砲を放ったため，大砲の音を聞いた人々は大混乱に陥ったという。

交渉の窓口となった**浦賀奉行**はペリーに対し，浦賀では交渉に応じられないので艦隊を長崎に回して欲しいと要求した。しかし，ペリーはフィルモア大統領の国書を渡すまでは江戸内海を離れないと主張した。この結果，幕府は久里浜でアメリカの国書を受領し，ペリーは翌年に再来日することを告げて江戸内海を去っていった。

翌1854（安政元）年1月，7隻の軍艦を率いて再来航したペリーは日本との国交樹立を迫り，「**横浜村**」の応接所で幕府と交渉を行った。同年1854（安政元）年3月，幕府とペリーとの間に「**日米和親条約（神奈川条約）**」12か条[40]が横浜村で締結された。**薪水**（しんすい：外国船に水を提供すること）・食料・石炭および必要な他の物品の給与，遭難アメリカ人の保護，**下田・函館の開港**，アメリカ人の制限内（7里以内）での移動の自由，などがこの条約によって取り決められた。

通商に関しては，この条約では規定されなかった。これは，幕府の貿易に対する消極的な政策にもよるが，アメリカの当面の目的が，中国市場におけるイギリスとの争覇の必要から，太平洋横断汽船の寄港地を日本に求めることにあったためであった[41]。

いわゆる鎖国時代，海外貿易港として開かれていたのは長崎港だけであり，オランダと中国の商人だけが幕府監視下で貿易を許されていた。静岡の下田に領事を置いてもよいという日米和親条約の規定により，1856（安政3）年，**アメリカ総領事ハリス**が下田に着任した。1857（安政4）年，ハリスと下田奉行との間に，日米通貨交換，下田と函館におけるアメリカ人の居住権，薪水・食糧などの補給港としての長崎開港，領事旅行権などを含む9か条の「**下田条約**」を締結した[42]。

3　日米修好通商条約の締結

1857（安政4）年8月に締結された「**日蘭追加条約**」，および同年9月の「**日露追加条約**」は，幕府の貿易制限政策にもとづいて，貿易取引をすべて**会所**の仲介を経ることを必要とし，関税率も高いものであった。幕府はこの両国との追加条約に準拠して英米諸国との条約を締結しようとしたが，欧米先進資本主義諸国は，幕府の主張する制限貿易を受け入れなかった[43]。

日米和親条約締結の後，1858（安政5）年6月に，「**日米修好通商条約**」[44]が締結された。さらに，同年，**オランダ，ロシア，イギリス，フランスと相次いで，「安政の5か国条約」と称される通商条約が結ばれた。**これらの通商条約は，基本的には**自由貿易を原則**とし，**領事裁判権**と**協定税率**という点で不平等条約に近いものであった。

安政の5か国条約によって，**長崎**，**函館**，**兵庫**，**新潟**，**神奈川**の5港を1859（安政6）年より順次**開港**し，貿易が行われることとなった。神奈川の開港地について外国側は東海道の**神奈川宿**を主張したが，幕府は東海道から離れた**横浜村に開港場**を建設することに決めた。これは，外国人が居住する横浜を，長崎の出島のように隔離された場所にしたかったという意図もあるようである。**横浜**に，波止場，運上所（役所），遊女屋，道路，橋などを築き，町割を行い，1860（万延元）年に中村川から海岸に通じる堀川を開削して開港場**横浜を出島化**し，開港場へ通じる橋には関門・番所を設けた。

1859（安政6）年に，近代日本最初の開港場である横浜，長崎，函館が誕生した。この3開港場のうち，長崎と箱館はいずれも港湾都市としての経歴をもっていたが，当初の横浜は，交通の便を欠く小さな農漁村にすぎなかった。

4　外国人の権利

日米修好通商条約では，各種の「**外国人の権利**」について規定している。

第3条では，締約外国人が開港場において永久に**居住**（条約和文では「**居留**」）することを認め，外国人は，土地を借用しそこに建物を購入する権利を持ち，住宅・倉庫の建設を認められる。ただし住宅・倉庫を建設する口実のもとに，**要塞または軍事施設**は建設できない。これが遵守させるために，日本官憲は，建築・改造・修理中の建物を検査する権利をもつ。締約外国人が建築のために借用する場所ならびに港の規約は，各港の日本官憲と各国領事とで取り決めるものであり，もし両者の間で決定しがたいときは，日本政府と各国代表に移して処理させるとしている。さらに外国人居留地の周囲には，障壁・垣や門を設けず，出入を自由にすべきであるとしている。この規定は，幕府は，外国人は，開港地のみに居住し，それ以外の場所では居住できないことを規定したものである。外国人を開港地のみに閉じ込める，いわば**出島化**を狙ったものであろう。ただし，**江戸と大坂**の2か所は，アメリカ人は商売をするためにのみ**一時居住**（条約和文では「**逗留**」）することができるとした。このように幕府側が江戸，大坂には外国人を一時居住にとどめようとしたため，条約の文面では，開港場と開市場の間で，居留と逗留という微妙な表現の差違がみられるにいたった[45]。

開港地内には要塞または**軍事施設**（条約の文面では「**要害**」という表現）は建設できないと規定されていたが，後に居留地の治安確保の名のもとに，**英・仏軍が横浜開港地内に駐留**するようなった。この外国軍駐留は，当時幕府側でも認めたように，明白にこの条約に違反するものであった。

外国人の「**日本国内旅行権**」については，第7条において制限された。開港場に居留する締約外国人は，原則として開港場の10里四方（奉行所または御用所を起点とする陸路の距離で，1里が約400mなので4キロ以内となる）の歩行を認められる。ただし神奈川の場合は，東方だけは六郷川を限りである。このことは，清国の場合，天津条約で認められた国内旅行権にくらべると，日本在住外国人の権利は，大幅に縮小されている[46]。

日本在住の締約外国人は，「**領事裁判権**」を有している。日本に居住する締約外国人は，すべての刑事裁判・民事裁判において，日本の司法権から独立し，その国の領事の裁判に服することになっている。すなわち，**外国人の治外法権**を認めたのである。

「宗教」については，第８条において，日本にいる米国人は，信教および礼拝所建設の自由を有し，礼拝所が破損されたり米国人の信仰が侮辱されたりしないこと，米国人は日本の社寺を破損し日本の宗教儀式に侮辱・損傷を加えないこと，両国人は，宗教的不和を引き起すようなことをしないこと，また日本政府は，すでに踏絵の実行を廃止したことが規定されている。

外国人の「人身保護」に関わる事項は各国領事が管掌した。外国人が告訴されても日本の法権に服さず，被告の所属国の領事法廷によって裁判を受ける**「領事裁判制度」**が定められていた。このため領事の役割は非常に大きかった。出入港・借地・日本国内を移動するための内地旅券など，外国人と日本政府との交渉に関わる事柄も領事が仲介した。

5　自由貿易と関税

安政の５か国条約では，原則として**「自由貿易」**を強制された。締約外国人が，開港場で所定の関税を払うだけで，禁制品でない各種商品を自国もしくは他国の港から輸入すること，開港場で売買すること，およびそこで自国又(安政の５か国条約) は他国の港に輸出すること，は完全に自由たるべきである，とされた (この部分は，日英修好通商条約 14 条にあって，日米修好通商条約にはない)。また，締約外国人は，内外両国人の一方が販売のため持つことのできる品物を，日本人との間で自由に売買し，または支払いの授受をすることができ，その売買に際して，日本官憲はなんら干渉を加えない，かつ各階級の日本人は，締約外国人から買った品物を売買・所持・使用することを許される，と規定されている (この部分は**日英条約 14 条・日米条約３条**にある)[47]。

しかし，自由貿易とはいってもいくつかの品物には，日米修好条約第３条で例外的規定が設けられた。**「軍需品」**は，日本政府および外国人 (第３国人) にのみ売ることを許され，米・麦は日本からの輸出を禁ぜられるが，日本居住の外国人・船客・船員の食料としは十分供給されるべきである，とされ，**「銅」**は，余分のあるときのみ，政府が公けの入札で売出すことに決められた。また**「アヘン」**の輸入は禁止され，日本の港に来る米国船が貿易の目的で三斤以上を持っている場合，過量の分は日本官憲によって没収・破壊されるべきである，と規定された[48)]。

日米修好通商条約では，「**関税**」についての条約付属の貿易章程第7則に規定された。日本からの輸出品についての関税は，一律5%とした。輸入品についての関税は，日本居住のため来る者が所持する品としての金銀ならびに洋金銀貨，当用の衣服，家財ならびに商売以外の書籍のみ無税，船の建造・綱具・修復あるいは船装のために用いる品，鯨漁具，塩漬物，パンならびにパン粉，鳥獣類，石炭，家を造るための材木，米，糠，蒸気の器械，トタン，鉛，錫，生絹は5%，酒類は35%，その他の品は20%とした。

日米修好条約と同じ1858（安政5）年7月に締結された「**日英修好通商条約**」では，綿製品および羊毛製品の輸入関税を5%とし，税則改訂についてはその発言権をイギリス側に与えているが，大体日米修好通商条約を踏襲している。さらに，同年に**オランダ，ロシア，フランスとそれぞれ通商条約が結ばれた。**

その後，1866（慶応2）年，諸国の要求により関税を若干の例外を除き5%に引下げた。大部分の商品の輸出と輸入の関税が過去4か年の平均価格の5パーセントの「**従量税**」となり，清（中国）と欧米諸国との間で結ばれた不平等条約たる天津条約とほぼ同じ内容となった。「**従価税**」は輸入される商品の価格にかけられるが，価格決定が面倒である。一方，従量税は，商品の数量（個数や重量など）にかけられる税で，税額が決まると簡単に徴収できる利点があり，この方法は輸出する外国人側にとっては非常に便利なものであった。

幕府は，関税を課するかどうか，また税率をどうするかなどの問題については，深い考慮をめぐらしていたが，最も重要な「**関税自主権**」の問題については，あまり気にとめていなかったようである。さきに述べた**領事裁判権**の問題と同じく，**不平等条約**の根幹をなす関税率の協定制度は，幕吏の国際交渉における無知などのため，ほぼ外国の要求に沿う形で規定されてしまったのである[49)]。

6　横浜の開港と外国人商人の進出

文久年間（1861－64）に入ると，幕府は**横浜**などの居留地の整備に本腰を入れた。安政の5か国条約で自由貿易が開始されたが，外国人が貿易・商売が許されるのは開港場内の一定地域の「**外国人居留地**」に限られていた。開港時には，港の管理，外国人居留地を含む土地と人の管理，また外国領事との折衝も，すべて開港場の奉行の仕事であった。また，船の出入り，輸出入貨物，関税などの管理のために，「**運上所**」が設けられた。

横浜の開港前後から，外国商人たちは横浜に進出し始めた。上海・香港などの中国貿易を行っていた**外国商社**などが進出し，また日本で新たに設立された商社もあった。外国人商社などの中では，イギリス資本の「**ジャーディン・マセソン商会**」(Jardine Matheson & Co.) のような大商社が貿易の主導権を握っていた。日本の商人が，外国商館に生糸や茶を輸出するために持ち込んだ際には，「**拝見料**」や「**看貫料**（かんかんりょう)」を日本の商人が外国人に支払うなどという，日本側にとって不利な状況でスタートした。

長崎・横浜・神戸の居留地に外国人が移住すると，「**英字新聞**」が発行された。代表的な横浜で刊行された英字新聞として，『ファー・イースト』，『ジャパン・ヘラルド』，『ジャパン・メイル』，『ジャパン・タイムス』，『ジャパン・ガゼット』，『ジャパン・コマーシャル・ニュース』などがある[50)]。さらに銀行，貿易商社，西洋料理，パン，ビール，洋服，西欧音楽，キリスト教など様々な西洋文化が入り，日本人社会にも浸透していった。外国人居留地は，日本の中の外国であり，日本の西洋化を促した地域であった。

7　開港後の貿易の開始と発展

外国との貿易の本格的な開始は，「**生糸の輸出**」から始まった。生糸の輸出が急増したのは1859（安政6）年頃である。日本の生糸の売込商たちが，多くの日本産生糸を外国商館に販売するようになった。

開港後の「幕末の輸出入貿易額」は，図表２－５である。輸出入額は，年度で変動があるが輸出入額は著しく増加している。特に，輸入の増加が著しい。

開港場別にみると，初年度を除き「**横浜**」が最も多く，続いて「**長崎**」，「**函館**」の順である。函館は，他の２港と比べると貿易量は極めて少ない。横浜は，輸出入とも他の貿易港を圧倒し，1860（万延元）年以降，貿易額は日本全国の3分の２以上を占めるようになった。

図表２－５　開港後の全国貿易額（単位：ドル）

年次		横浜	長崎	函館	全国
1859年（安政6年）	輸出	400,000	404,555	86,861	891,416
	輸入	150,000	440,328	12,833	603,161
	合計	550,000	844,883	99,694	1,494,577
1860年（万延元年）	輸出	3,954,299	600,000	159,489	4,713,788
	輸入	945,714	700,000	13,157	1,658,871
	合計	4,900,013	1,300,000	172,646	6,372,659
1861年（文久元年）	輸出	2,682,950	1,000,317	103,299	3,786,566
	輸入	1,494,309	830,261	40,039	2,364,609
	合計	4,177,259	1,830,578	143,338	6,151,175
1862年（文久2年）	輸出	6,305,126	800,000	173,399	7,278,525
	輸入	3,074,228	796,000	11,537	3,881,765
	合計	9,379,354	1,596,000	184,936	11,160,290
1863年（文久3年）	輸出	10,554,012	1,388,071	266,135	12,208,218
	輸入	3,701,084	2,467,885	30,132	6,199,101
	合計	14,255,096	3,855,956	296,267	18,407,319
1864年（元治元年）	輸出	8,999,484	1,159,892	414,847	10,572,223
	輸入	5,553,594	2,411,397	138,297	8,102,288
	合計	14,551,078	3,570,289	553,144	18,674,511
1865年（慶応元年）	輸出	17,467,728	560,788	461,815	18,490,331
	輸入	13,153,024	1,857,271	133,976	15,144,271
	合計	30,620,752	2,418,059	595,791	33,634,602
1866年（慶応2年）	輸出	14,100,000	1,995,229	521,335	16,616,564
	輸入	11,735,000	4,005,036	30,913	15,770,949
	合計	25,835,000	6,000,265	552,248	32,387,513
1867年（慶応3年）	輸出	9,708,907	1,775,907	638,861	12,123,675
	輸入	14,908,785	6,545,966	218,558	21,673,319
	合計	24,617,692	8,321,883	857,419	33,796,994

出所：石井孝（1944）『幕末貿易史の研究』日本評論社，50-54頁。

「幕末の貿易品目」は，図表２－６と図表２－７である。図表２－８は，**「国別の横浜貿易の比率」**をみたものである。国別では，**イギリス**の比重が圧倒的に高い。**幕末の輸出品**では全期間を通じて**生糸**が首位である。**茶**，**海産物**（昆布を主とする）がこれに次いでいる。このほか初期には**銅**が，中期には**棉花**が，末期には**蚕卵紙**が重要輸出品である。慶応3（1867）年の輸出品をみると，生糸が約44％，蚕種が約20％，茶が約16％，海産物が7％程度である。外国人が蚕種を求めるようになったのは，ヨーロッパ諸国で猛威をふるった微粒子病の影響で，蚕が全滅の危機に瀕したからである。

幕末の輸入品では**綿製品**，**毛製品**が全期間を通じて重要な地位を占め，その

図表２－６　幕末の主要輸出品目比率
（単位：％）

品　　目	1863年	1865年	1867年
蚕糸関係品		% 84.26	% 65.17
生　　糸	% 75.79	79.36	43.73
蚕 卵 紙		3.94	18.99
繭		0.96	
其　　他			2.45
茶	6.07	10.46	16.27
海 産 物	3.83	2.88	6.82
棉　　花	8.68	0.43	
板	1.04		
蠟	0.94		1.08
石　　炭			2.17
茸			1.41
人　　参			1.36
漆　　器			1.09
そ の 他	3.65	1.97	4.63

出所：石井孝（1947）『幕末動乱期の分析』中央公論社所収，10-12 頁。

図表２－７　幕末の主要輸入品目比率
（単位：％）

品　　目	1863年	1865年	1867年
綿 織 物	% 12.84	% 33.49	% 21.43
毛 織 物	* 21.78	45.32	19.70
綿　　糸		5.78	6.23
金　　属	20.22	3.48	0.95
武器軍需品	** 0.66	7.04	13.28
艦　　船	26.68	6.23	7.83
砂　　糖		1.38	7.82
日用品・薬品等	13.35		
酒　　類	1.58		
棉　　花			3.49
米			10.55
そ の 他	2.88	2.33	8.71

（注）＊は呉絽その他織物，＊＊は小銃のみ。
出所：石井孝（1947）「幕末動乱期の分析」『新日本史講座』2-16 頁。

図表２－８　国別横浜貿易比率（単位：％）

		イギリス	アメリカ	オランダ	フランス	プロシヤ	ロシア
1860年（万延元年）	輸出	52.42	32.98	13.90	0.71	—	—
	輸入	67.45	26.31	4.85	1.39	—	—
	合計	55.32	31.69	12.15	0.84	—	—
1861年（文久元年）（上半期）	輸出	81.71	14.25	4.04	—	—	—
	輸入	55.40	33.11	11.48	—	—	—
	合計	73.41	20.20	6.39	—	—	—
1862年（文久二年）（上半期）	輸出	71.94	13.64	12.80	1.62	—	—
	輸入	55.83	28.71	7.56	7.89	—	—
	合計	67.76	17.55	11.44	3.25	—	—
1863年（文久三年）	輸出	81.46	6.13	6.51	1.77	3.61	0.52
	輸入	78.37	8.69	8.69	1.25	2.43	0.30
	合計	80.73	6.73	7.08	1.65	3.33	0.47
1865年（慶応元年）	輸出	88.26	2.07	0.06	9.61	—	—
	輸入	82.76	0.79	9.91	6.21	0.20	0.13
	合計	85.93	1.53	4.24	8.16	0.09	0.05

出所：石井孝（1944）『幕末貿易史の研究』日本評論社，70-72 頁。

図表２－９　幕末各港艦船購入額（単位：ドル）

年　次	横　濱	長　崎	箱　館	合　計
文久元年（1861）	16,000	161,000	22,000	199,000
文久二年（1862）	497,300	129,000	—	626,300
文久三年（1863）	456,500	1,046,000	25,000	1,527,500
元治元年（1864）	110,000	1,093,500	47,500	1,251,000
慶應元年（1865）	240,000	709,500	—	949,500
慶應二年（1866）	305,000	1,341,700	—	1,646,700
慶應三年（1867）	400,000	1,296,988	—	1,696,988

出所：石井孝（1944）『幕末貿易史の研究』日本評論社，52 頁。

他の重要輸入品としては，中期には**金属**，末期には**武器軍需品**，**食料品**（米・砂糖）である。1860（万延元）年からは輸入貿易も活性化し，**綿織物**や**毛織物**を中心に**綿糸**，**鉄製品**，**薬品**，**船舶**，**武器**などが大量に日本に輸入された。1864（元治元）年からの輸入貿易の進展は著しく，開港直後は輸出の方が上回っていたが，次第に輸出と輸入が肩を並べるようになった。

図表２－９は，幕末の重要な輸入品であった「**幕末の艦船の購入額**」をみたものである。この時期に，主に**欧米からかなりの艦船が長崎，横浜を通して輸入**された。

以上から，**幕末の日本からの輸出は，生糸などの蚕糸関連品，茶，海産物**などが主要なものであり，**幕末の輸入品は，綿織物，毛織物，綿糸，武器軍需品，艦船**などが主要なものであった。さらに，**横浜貿易**において国別にみると，**イギリス**の比重が高かった。

8　通貨交換の矛盾と金（小判）の流出

日本の開港直後に，生糸につぐ重要産品として「**金小判**」が海外に輸出された。なぜこの時期，**金小判が大量に輸出**されたのであろうか。

日米修好通商条約の第５条では「日本諸貨幣は，（銅銭を除く）輸出する事を得，ならびに外国の金銀は，貨幣に鋳るも鋳ざるも，輸出すべし。」と規定し，銅銭を除き日本の貨幣は輸出することができた。また，同条では「外国の諸貨幣は，日本貨幣同種類の同量を以て，通用すべし（金は金，銀は銀と，量目を以て，比較するをいふ)。双方の国人，互に物価を償ふに，日本と外国との貨幣を用いる妨なし。」と規定し，同種金属の日本貨幣の同量と通用すること，内外人は相互の支払に，日本および外国の貨幣を用いうることができる，などとした。

日米通商条約のハリス草案では元来，日本貨幣はいっさい輸出できないことになっていたが，条約交渉のなかで幕府はその自由な輸出を許してしまった。開港直後，小判が大量に輸出されたのは，そこにうまみがあることを示している。

当時，アジアにおいて使われていた貿易通貨は「メキシコ・ドル」，つまり「**洋銀**」であった。日本では「**ドルラル**」ともいわれたが，それに対応する日本の貨幣は同じ銀貨の一分銀である。日米修好通商条約の第5条では，**通商条約では金は金，銀は銀と，同じ種類の同じ量でお互いの貨幣を通用させる**ことになっていたので，洋銀に対して一分銀（金貨1両の4分の1に当たる）がまず対応し，つぎはおなじ量（重さ）・問題になる。

洋銀1枚の重さは七匁二分弱（(1匁は約3.75グラム，1分は1匁の10分の1である）約27グラム)，一分銀は二匁三分（約8.6グラム）であった。品位は後者のほうが高かったが，条約では規定していない。とすると，両者の重量を単純計算すれば，一分銀3枚の重さは六匁九分（約25.9グラム）で，洋銀1枚よりもやや軽い。したがって洋銀と一分銀を交換する場合，洋銀100枚に対して一分銀311枚があてがわれた。洋銀1ドルに対して，日本の一分銀3枚が，大体の交換レートであった。通商条約にいう**外貨交換の同種同量の原則**である。一部銀3枚と洋銀1ドルとの銀の重さがほぼ等しかったため，**洋銀1ドルと一分銀3枚程度を外貨交換レート**に決めたのである。

だが，通商条約のこのような原則には，**貨幣の品位や内外の金銀比価がまったく考慮されていなかった。**

日本における金銀貨の比価は17世紀初期，ほぼ1対10程度であったが，しだいに貨幣改鋳されて，開港当時には金銀貨の比価は1対5程度になっていた。それに対して，当時の外国での金銀貨比価は1対15程度で，日本では金の銀に対する価値が極めて低かった。この**日本と海外の金銀貨の比率の国際的差異**を利用して，外国商人は利益を上げたのである。

たとえば，日本に洋銀4ドルを持ち込んだ外国商人は，日本の一分銀12枚相当の外貨換算となる。江戸時代日本の通貨制度は，一分金4枚で金小判1両，一分金と一分銀が同じ価値であったため，一分銀4枚で金小判1両となっていた。ハリスとの交渉では，これと同様に，外国人との取引においても一分金4枚で金小判一両，一分銀4枚で金小判一両とした。そのため，外国商人の持つ一分銀12枚相当は，金小判3両の外貨換算となる。金小判3両を海外で外貨交換すると，当時金と銀の交換比率において金の価値が日本より約3倍高かったため，金小判3両は洋銀12ドル相当となる。すなわち，外国商人は，日本に持ち込んだ洋銀4ドルが，日本で金小判に交換することにより，洋銀12ドルを手にすることができた。つまり元手は3倍にふくれあがったことになる。

日本から外国への，このような**金小判の流出**は開港以来，翌年（1860）年2月まで，約8ヵ月間つづいた。この間に金小判が輸出された数量は，どれほどの金額になったのであろうか。

イギリス資本の**ジャーディン・マセソン商会**が4万5400ドル（小判にして2万両たらず）程度の実績をあげたことは判明しているが，全体としては**10万両台の小判が海外に流出**したのではないかといわれている[51)]。

9　明治初期の貿易

明治政府は，外国資本からの商権の回復，および日本人商人による直輸出を推進する政策をとった。日本の民間業者の直輸出計画を促進するため，それに保護奨励を与えた。1876（明治9）年，財閥系の商社として，「**三井物産会社**」が開業した。さらに，1879（明治12）年，外国為替を扱う「**横浜正金銀行**」（以前の東京銀行，現在の三菱UFJ銀行）が設立された。

1868（明治元）年わずか2,600万円程度の貿易額は，1880（明治13）年には6,500万円程度となって，ほぼ2倍半に増進，さらに1889（明治22）年には1億3,600万円程度となって再び倍加した。

図表2－10，図表2－11は，「**明治初期の貿易状況**」をあらわしたものである。貿易品をみると，輸出品では生糸と茶，輸入品では綿糸と砂糖が重要であった。1881（明治14）年以降においても，重要輸出入品は変りがないが，輸

図表2－10　明治初期の貿易額（1868－89年）（単位：千円）

年　度	貿易総額	輸 出 額	輸 入 額	差　　額
1868	26,246	15,553	10,693	4,860出超
1869	33,692	12,908	20,783	7,874入超
1870	48,284	14,543	33,741	19,198 〃
1871	39,885	17,968	21,917	3,948 〃
1872	43,201	17,026	26,175	9,148 〃
1873	49,742	21,635	28,107	6,471 〃
1874	42,779	19,317	23,462	4,144 〃
1875	48,585	18,611	29,975	11,364 〃
1876	51,676	27,711	23,965	3,746出超
1877	50,769	23,348	27,421	4,072入超
1878	58,862	25,988	32,874	6,886 〃
1879	61,128	28,175	32,953	4,777 〃
1880	65,021	28,395	36,626	8,231 〃
1881	62,250	31,059	31,191	132 〃
1882	67,169	37,722	29,446	8,275出超
1883	64,712	36,268	28,444	7,823 〃
1884	63,544	33,871	29,673	4,198 〃
1885	66,503	37,146	29,357	7,789 〃
1886	81,044	48,876	32,168	16,707 〃
1887	96,711	52,407	44,304	8,103 〃
1888	161,160	65,705	65,455	250 〃
1889	136,164	70,060	66,104	3,956 〃

出所：楫西光速（1954）『日本資本主義発展史』有斐閣，208頁。

出品では生糸の輸出が急増したのに対し，茶は停滞ないし減少した。なお，銅，陶磁器，漆器，マッチ等の輸出も増加した。

図表2－12は，「1874（明治7）年から1889（明治22）年の間の**明治初期の輸出入における外商と邦商の取り扱い割合**」をみたものである。邦商による商権回復を見ることができるが，1889（明治22）年においても邦商の取扱高はわずかに12％程度である。これから，この時期における貿易において，**外国商社**の割合がかなり高かったことがわかる。

図表２－11　明治初期の重要輸出品（1868－89年）（単位：万円）

年度	生　糸	茶	銅	陶磁器	昆　布	米
1868	625	358	0.8	2	21	—
1869	572	210	—	0.4	57	—
1870	427	451	10	2	50	—
1871	800	467	14	2	56	—
1872	520	422	42	4	41	—
1873	720	465	53	11	53	53
1874	530	725	4	10	29	31
1875	542	686	13	11	34	1
1876	1,319	545	17	7	47	81
1877	962	437	51	12	41	226
1878	788	428	78	16	58	464
1879	973	744	79	30	76	41
1880	860	749	42	47	69	21
1881	1,064	702	57	71	83	26
1882	1,613	702	82	57	53	165
1883	1,618	610	72	54	34	100
1884	1,100	581	138	52	36	216
1885	1,303	685	182	69	65	76
1886	1,732	772	214	100	59	330
1887	1,928	760	203	131	59	225
1888	2,591	612	350	129	49	742
1889	2,661	615	287	144	57	743

出所：楫西光速（1954）『日本資本主義発展史』有斐閣，209頁。

図表２－12　明治初期の輸出入品価額内外商取扱割合（単位：％）

年　度	外　　商	邦　　商
1874	99.56	0.44
1877	97.44	2.56
1888	87.54	12.46
1889	87.59	12.41

出所：楫西光速（1954）『日本資本主義発展史』有斐閣，211頁。

第4節　幕末の商社と明治初期の東京商社・大阪通商会社

1　幕末の兵庫商社

幕末の安政期に結ばれた諸外との通商条約は，1865（慶応元）年十月にようやく勅許された。これにより，「**長崎**」，「**函館**」，「**兵庫**」，「**新潟**」，「**神奈川**」の5港が順次開港されることとなった。しかし，諸外国が先期開港を主張していた兵庫は，開港に反対意見も多く難航したが，兵庫の開港，大阪の開港は約定どおり1867（慶応3年）12月を期して実施することとなった。幕府はその準備と貿易促進のため，同年6月に触書を発した[52]。

幕府は，「**兵庫の開港**」のために必要となる港，石垣の築立て，道路下水，官舎の建設，外国人居住地などを整備する費用を捻出する必要があった。この多額の経費を支弁するとともに，さらに貿易を有利に行なわせる手段として立案されたのが，商社の設立であった。すなわち，幕府は，西洋の商社にならって，日本に「**商社**」を設立させ，輸出入貿易を営むとともに，銀行業務を行わせることにより経済を活性化させることを狙ったのである。

1867（慶応3年）6月幕府は，大阪の富商である山中善右衛門，広岡久右衛門，長田作兵衛，殿村平右衛門，辰巳屋久左衛門，平野屋五兵衛，平瀬亀之輔，石崎喜兵衛，白山彦五郎，島屋市之助，近江屋猶之助，鴻池屋庄兵衛，炭屋安兵衛，鴻池屋市兵衛，加島屋作次郎，加島屋重郎兵衛，米屋伊太郎，米屋長吉郎，加島屋作五郎，松屋伊兵衛らの20名に対して「**商社御用**」を命じ，その設立に尽力させることを申し渡した[53]。

当時の大阪の富豪はまだ外国貿易の経験を有せず，進んで外国貿易に従事しようとしなったため，幕府はかなり強制的に商社の設立を強要した。幕府は，有力な大阪の商人から五万二千両を出資させて，**日本で最初の「商社」として「兵庫商社」が1867（慶応3）年6月に設立**した。

商社に加入しなければ貿易できないと考える者もあったので，その誤解を除くために，同年1867（慶応3年）年10月に触書を発した[54]。

しかし，**徳川慶喜**（よしのぶ）は同年1867（慶応3）年10月「**大政の奉還**」をし，**徳川幕府が終焉**することになったため，商社も内外の商取引はほとんど行なわれない状態で，商社も終りを告げなければならなくなった。商社は，大政の奉還後も，幕府指導の下に営業を続けて金札の引替などに従事したが，同年末に業務が終了し，商社は創立後わずか半年で消滅することとなった。

この幕末の「**兵庫商社**」の実態についてみてみよう。

商社の設立の目的は外国貿易であり，できるだけ多くの加入者を募集する必要があった。ここで幕府は1867（慶応3）年8月に大阪で触書を出した[55]。これは，商社の参加を広く一般から募り，商社加入の希望者は「**元手金**」として「**差加金**」（出資金）を出し，利益がでたら差加金や利息を出すことを謳い，中之島西涯倉にある商社会所へ申し出るべきことを知らせたものである。

1867（慶応3）年6月商社の成立とともに，山中善右衛門，広岡久右衛門，長田作兵衛の3名は「**商社頭取**」に任命され，一代限り高百石を与えられ，非常並びに旅行のときの帯刀を許された。その後8月に三井八郎右衛門が頭取に加わった。

兵庫商社の寿命はわずか半年であったが，その業務内容は以下であった[56]。

第1は，「**租税の管理**」である。商社の加入者は，出資金（差加金）を出し，それを兵庫開港の準備費用に当てた。幕府は開港後，運上所，荷改所などの税銀でこれを弁済することになっていたが，開港前においても商社は開港準備のための費用として調達された米および現金を管理した。

第2は，兵庫開港，大阪開市のために要する「**開港資金**」を商社に立て替えさせるということである。同年1867（慶応3）年8月幕府は商社がその繰替金を上納することについて，達しをだした[57]。この達では，兵庫，大坂の外国人居留地の埋立地ならし，および運上所荷改所役々御役宅等の建物の設置などの資金に使用すること，3年以内に返済すること，出資金に対し一割程の御手当がもらえること，などが記されている。

しかし，現実には，幕末明治の混乱から，商社は4回にわたって総計五万二千百五十両の繰替金を上納したが，この繰替金に対する利子を受け取ることはもちろん，この繰替金もほとんど全部返済されなかった。

第3は，「**金札の引替**」である。兵庫開港に要する費用を賄うために，幕府は江戸，横浜，大阪において金札を発行した。そして，商社に金札を引替させることとした。幕府は，最初の紙幣である**金札**が1万両発行された。金札の発行については，総額百万両発行される予定であったが，最初の金札発行後まもなく幕府は倒壊したため，第1回分の一万両だけ発行されただけであった。

商社は，その繰替金を幕府に上納すれば，対償として「**金札**」の下げ渡しを受けた。これを商社の資金とし，正金銀と同様に世上に通用させることができた。金札は「**兌換紙幣**」であるため，その引替をしなければならなかった。幕府自ら引替を行うことは，当時多くの正金銀を必要としていた幕府ではできなかったので，金札の引替を商社に委託した。

商社は幕府から金札を下げ渡されると，まず本両替屋，南組銭屋，質屋，古手屋そのほかすべての商業の株仲間・組合等へ正金と引替に札を渡し，正金は引替元金として備え置き，何時でも引替に応じられるようにした。幕府は，金札は正金同様に通用すべき旨を達したが，幕府倒壊の頃であったから，世間はこの金札を信用しなかったため，決局金札は流通しなかった。

兵庫商社は，西洋の会社組織に倣って設立されたが，その実体は会社，**株式会社ではなく「組合」**であった。兵庫商社は，決局半年ほどしか存続できなかったが，日本において**最初の本格的な貿易商社**であったことから歴史上重要な存在である。

2　通商司の設置と通商会社・為替会社

1868（明治元）年の「**明治維新**」の達成とともに，新政府は近代的産業の育成をはかった。

発展途上国が国内産業を発展させるために，関税障壁を設けて国内産業を保護育成する政策をとる場合がある。明治政府では，まず，**関税自主権の確保**のため，幕末に締結した通商条約のような**不平等条約の改正**につとめた。1858（安政5）年の条約は，締結の年から14年後，すなわち1872（明治5）年には協議の上改正することになっていた。1871（明治4）年**岩倉具視**を特命全権大使とする使節団が欧米に派遣され，その後の努力にもかかわらず，関税自主権の回復を果たすことができなかった[58)]。

明治政府は，そのような事情から，保護関税以外の手段で貿易政策を行った。まず，1869（明治2）年2月各開港場に「**通商司**」を置いた。通商司は，国内商業の振興を目的とする商法司とならんで，外国貿易の管理を目的とした。

そして，外国貿易を発展させるため，同年1869（明治2）年，東京，横浜，大阪，大津，新潟，敦賀に「**通商会社**」と「**為替会社**」を設立することにした。この通商会社と為替会社は，日本における**「株式会社形態」の萌芽**の会社であり，為替会社は日本で最初の「**銀行**」であった[59]。しかし，通商会社と為替会社は，株式会社の基本的なメカニズムを持っていないとして，日本における最初の株式会社形態であることを否定している研究もある[60]。通商会社は，会社組織の物産仲立機関であり，その管理の下に「**商社**」が設立された[61]。

1870（明治3）年**東京に設立された「通商会社」**は，**三井八郎右衛門を総頭取**とする商人の団体であり，外国商人に対抗して団体的に外国貿易をおこなうための合資会社であった。当時の富商は商社の必要を理解せず，設立には容易に参加しようとしなかったため，出資金集めは自発的なものではなく，通商司よりその参加は半強制的であった。通商会社は，外国貿易のみならず，貿易に必要な金融業務も行った。その貸出資金は，株主（社中）の身元金，商社積金，政府貸付金，預金などによった[62]。1870（明治3）年7月の設立時の名称は「**東京開商会社**」であり，同年12月「**東京商社**」と改名したが，損失を招きわずか数年にして東京商社は解散した。

1869（明治2）年，**大阪にも通商会社と為替会社を設立**された。その設立において，大阪の富豪もあまり参加に熱心ではなく，政府の勧誘と強制により設立することができた。通商会社規則中に，商社に加入しなければ外国貿易に従事しえないと規定されてあったため，組織外の商人および外国人より抗議をうけ，1870（明治3）年にその社外商人の貿易取引禁止の規定は削除された。通商会社は貿易独占を図るものであり，自由貿易に規定した条約に違反するものであるという強い抗議が列国よりあったからである。通商会社は，種々の特権を与え，あるいは統制を加えて，貿易の発展をはかった。**大阪通商会社**は，社名を「**商社**」，「**開商会社**」，「**開商社**」と順次改めていったが，1873（明治6）年3月多大の欠損を為替会社に転嫁した上解散した[63]。

３　東京商社

前述したように，1869（明治２）年２月明治新政府は，通商司の本司を東京に，その支司を開港場に設置して，外国貿易の発展を目指した。その政策の１つとして，**横浜および東京に「貿易商社」を設立**した。「**東京商社**」は，三井八郎右衛門を総頭取とした。東京商社に関して，その規定である「**東京商社規則**」を設けた[64]。

（1）組合的な企業

貿易商社としての東京商社は，同盟し相互に助け合うという，「**組合**」，「**団体**」，「**結社**」の性質を持つ企業である。また，商社の設立は，外国商人に対抗して**外国貿易を日本が行う**という政策意図がある。

（2）貿易上の金融機能

東京商社は，外国貿易を行うほか，その貿易上に必要な**金融**の便を図ることをもその業務とした。その貸出資金は商社の「**身元敷金**」（出資金にあたる），「**商社積金**」「**政府貸下金**」「**預金**」等より成立した。

また，商社メンバーの社中への**貸付利率**は年１割程度，預り金の利息は年９分程度と規定されていた。

商社に入るためには身元敷金が必要であった。「**惣（総）頭取**」は五千両，「**頭取**」は八百両から千両より，「**肝煎**（きもいり）」は三百両から五百両，その他は身分に応じ身元敷金を差出すこととなっていた。

（3）三井が中心の運営

東京商社は，三井がその中心的役割を果たしているという特徴がある。**三井財閥の三井八郎右衛門**が総頭取であった。

（4）外国貿易における社中への通知義務

商社のメンバー（「**社中**」）は，外国人との貿易取引等において商社に申出てその取引を行う必要がある。

（5）政府主導の設立

貿易商社は，明治新政府が主導し設立した企業である。1869（明治2）年，三井八郎右衛門を総頭取に任命し，その設立に着手したが，東京の富豪等は，容易に貿易商社に加入しようとはしなかった。それため，**通商司**は，かなり強引な形で東京商社へ参加させた。政府は商社設立の必要を強く確信していたが，設立に実際参加すべき東京の富豪はその必要を認めなかったようである[65)]。

このように，明治初年の貿易商社は官主導で設立されたものである。しかし，前述したように，**東京商社は，設立後わずか数年で解散**した。その後の日本の貿易は，三井物産を代表とする民間の商社が担うこととなった。

4　大阪通商会社

1869（明治2）年に設立された「**大阪通商会社**」は，東京商社と同じく，地元商人によって自発的に設立されたものではなく，政府主導で設立された。大阪通商会社に関して，その法的な規定である「**大阪通商会社規則**」を設けた[66)]。

（1）組合的な企業

大阪通商会社は，勧業殖産・貿易促進などの目的をもって設立された。**大阪通商会社規則**の冒頭には「社とは則組合中間にて同心協力するの意，一人よりは十人，十人よりは百人，仲間多ければ大業にても容易に成就す」と記して，商人が相互に協力して業に当たるべきとしている。大阪通商会社は，**組合的性格を持つ企業**である。ただし，江戸時代の「**株仲間**」のようなものではなく，「**株式会社**」に近い，大阪商人が出資して共同で事業を営む形態である。出資するメンバー（「**社中**」）は，独立して貿易等の事業を営むことができるので，大阪通商会社は，親会社，統括会社，持ち株会社に近い事業形態である。

大阪通商会社は，通商司内に設置されたが，その設立は必ずしも容易に実現されたのではなかった。すでに大阪の商人は幕末商社設立の際に苦い経験をしており，また会社に関する十分な認識もなかったため，喜んで会社の設立に参加しようとしなかった[67)]。そのため，政府，特に**通商司**が主導して大阪通商会社が設立された。

（2）大阪通商会社の事業

1869（明治2）年，大阪通商会社の設立と同時に「**大阪為替会社**」も設立されたが，両会社は政府から特別の保護を受けた半官半民の会社で，相互に密な関係を持ち，ともに通商司の管理を受けた。その設立の目的は，通商会社は内外商業の振興を図ることであり，為替会社はこれに必要な資金を融通してその事業に援助を与え，併せて民間の金融を円滑にすることである。

大阪通商会社は，以下のような**事業**を主とした。

① 諸物価の平均流通を旨とし，商業を盛んにさせること。

② 輸出輸入といった貿易を発展させ，内外の貿易会社への支援・援助をすること。

③ 海運業を発展させ，内外の貿易を促進し，物品を廉価にすること。

④ 諸商社を総括して，高利を貪らないようにすること。

（3）通商会社と為替会社

大阪通商会社と大阪為替会社とは，明治新政府の通商司の斡旋によって同時に成立し，通商会社は日本の国内外商業の振興を計り，為替会社はそのために必要な資金の融通を図ることを目的としたから，両会社はその内面においてほとんど１つの会社であった。「両会社は同社同様の心得をもって隔意なく相互に睦み合うべきこと」が規定されており，かつ両会社の「**惣（総）頭取**」及び「**頭取**」は，相互に諸帳簿を随意に検査することができた。通商会社の発起人は為替会社の発起人にもなっており，かれらが出した身元金は，両会社へ提供された。

（4）構成員，社中

大阪通商会社への加盟は任意であるが，加入することを奨励している。

大阪通商会社を構成する社員（「**出資者**」）は，これを「**社中**」といった。社中には発起人と設立後に出資した「**社員**」がいる。発起人は，それぞれ分限に応じて「**身元金**」（「**出資金**」にあたる）を出した大阪の富商約50名である。設立後の出資者は，個人または商社などであった。

創立当時の社中の数は，発起人にあたる重役を除いて約30人であったが，その後各商業に商社が成立するにつれてその数は増加した。同時に「**元備金**」(**資本金**にあたる)も増加し，創立当時発起人の身元金を除いて3万5676両であった「**差加金**」(**出資金**)は，1870(明治3)年6月末には17万474両に増加した[68)]。

(5)通商会社と商社

通商会社は諸商社を統括して商社の力不足を助け，商業の繁栄に資することを目的としたため，通商会社と商社との間に密接な関係があった。

商社は，商品の種類別によって業種ごとに(外国貿易は一つの業種として総括された)結ばれ，「**米商社**」，「**呉服商社**」，「**貿易商社**」などといった。商社に参加する者の数には制限がない。従来通商業を営んでいた者の商社の加入は自由であった。

商社に加入しようとする者は分限に応じて「**身元金**」(出資金)を出す必要があり，加入者並びに身元金が確定して商社が成立すれば，証書を作製してそれに社中一同が調印しなければならなかった。できあがった連印帳は通商会社へ納め，身元金はこれをまとめて通商会社を経て**為替会社**へ預けた[69)]。

商社は，事業や商売の別なく結成できた。従来同業に従事した者，ことに従来同じ**株仲間**に属した者が相結んで株仲間とは別に商社を設立した。貿易商社も事業・商売違いの者でも加入することができた。菅野(1961)は，「商社は江戸時代から存続した株仲間または組合とは全然性質を異にしていたから，商社が結成されても株仲間はそのまま存続した。株仲間が商社に変形したのではなく，この間の事情は幕末商社の場合と同様であった」，と述べている[70)]。

(6)利益の配当

社中(社員，出資者)は分限に応じて「**差加金**」(「**金子**」身元金)を出す義務を負い，通商会社はこの差加金を会社の「**元備金**」とし，これを安全に利殖するため為替会社へ預け入れた。これは会社の「**資本金**」であるが，会社はこれを営業資金とせず，これによって社会の信用を得ようとした。社中の資格には制限がなく，大阪府外の者でも身元調査のうえ加入を許された。しかし遠国の者はその身元を確実にするため，府藩県の添翰(そえかん：文書・手紙)を持参する必要があった。

社中はその差加金に対して最初は月一分から一分五厘迄までの利息を受けとる。なお会社に利益があれば，**出資金に応じて利益配当を受ける権利**を有していた。

（７）預り手形（株券）の譲渡の自由と社中評議

社中が**差加金**（出資金）に対して会社から交付された「**預り手形**」（これは**株券**のようなものである）は，随意これを**譲渡**することができたが，譲渡に際しては予め会社へ申し出てその許可を受ける必要があった。もし社中が不正を働いて会社に損失を負わせた場合には，社中はその損失を補填する義務があり，場合によっては社中評議のうえ過料金を徴収する定めであった。

なお株主総会に相当するものに「**社中評議**」というのがあって，社中一同が集合して重要事項を議決した。

（８）会社の機関

大阪通商会社の代表は「**惣（総）頭取**」である。惣頭取は重要事項については連署して責任を負ったが，その他の事項については当番の惣頭取が単独で行動した。惣頭取のほかに「**頭取並**」というのがあった。頭取並には発起人の中から約 30 人が任命され，主として会社の内部的な仕事を担当した[71)]。

惣頭取及び頭取並は６人ずつ１か月交代で勤務した。勤務期間中に解決しない事項（事件）が生じた場合には，それが解決されるまでその月番の責任とされた。会社の監督機関としては，非番の者が二人ずつ順次に会社を見廻ることになっていた。

月番で決定したことは，惣頭取の決裁を受けたうえ実行されたが，惣頭取が自ら出勤することは少なく，多くはその**手代**に代勤させた。月番の下にはそれぞれ掛りが置かれた。頭取並はそれぞれ分担して各商社との交渉を担当した[72)]。

（９）貸　付

社中の商社などが「**借用**」という融資を受けることができた。金利は１か月一分五厘，返済期間は通常6か月，最長1年であった。融資する機関は，通商会社ではなく**為替会社**であった。

期日に至って返納できない場合には，通商会社はその**引当品**（「**担保**」）を公平な入札で売却し，過金があれば借主へ渡し，不足すれば借主から不足額を為替会社へ支払わせた。

(10) 海運の振興

通商会社は**海運**の振興を図ることも目的の一つとしている。商用の**蒸汽船**を買入するための資金を必要とする者へは，為替会社から資金の融通が受けられやすいような規定を定めている。この船舶融資については，6ケ月の期月に拘わらず為替会社において貸出し，運用利益の内の返済の割合は話し合いによると，優遇策を講じている。

おわりに

以上のように，近世から明治初期までの対外関係，特に日本の交易を中心として概説してきた。最後に，国際経営と歴史の視点から，この交易について考察してみたい。

第1は，16世紀から17世紀初めにかけての日本の**朱印船貿易**と**南洋日本人町**である。**朱印船貿易は日本人が担う東南アジアとの海外貿易の端緒**であった。幕府や藩により出された**朱印状**は，東南アジア諸国でも公認され，正式な日本と東南アジアとの貿易として，日本人の手によってなされるようになったのである。それ以前の日本と東南アジアとの交易は，主に**中国人・華僑**，**琉球人**などにより担われていた。

さらに，**朱印船貿易**により，**東南アジア・南洋の各地に日本人町**ができた。この日本人町の出現は，歴史的にみると小規模ながら**日本の海外直接投資の端緒**といえる。直接投資といっても，海外での貿易のための小さな店や現地日本人のための商店の設置のための投資であろうが，日本の歴史上このような海外進出はそれまでほとんどなかった。その意味で，国際経営の視点からみると，**朱印船貿易による日本人町の出現は重要**である。また，**南洋の日本人町**は，日本の歴史上でほぼ**最初の日本人移民による海外の日本人町**でもあった。しかし，徳川幕府のいわゆる**鎖国**により，**朱印船貿易は衰退し，東南アジア（南洋）の日本人町も徐々に消滅**してしまった。

第2は，江戸時代のいわゆる**鎖国における貿易**は，**長崎におけるオランダ商人・中国商人との交易**のみならず，**薩摩藩を通しての琉球・中国（明・清）との交易，対馬藩を通した朝鮮との交易**[73]，**松前藩を通したアイヌとの交易**という，近世日本においては，対外交易において4つの口があったことである。近世史では，これら異国（中国・オランダ・朝鮮・琉球）や異域（アイヌ）との接触の場所，もしくはルートを総称して「**四つの口**」と呼ばれている[74]。江戸時代のいわゆる鎖国時代においても，この4つのルートを通して，異国との活発な貿易が続いていたのである。本章では，この4つの口のうち，最も主流であった長崎貿易を中心として考察した。**長崎貿易**は，**オランダ東インド会社**の支店であった**出島でのオランダ交易**，および長崎の**唐人屋敷での華人・中国人による交易**という2つがあった。江戸時代の長崎貿易では，オランダによる交易はよく知られているが，中国との交易も長崎を通して正式に行われていたのである。

第3は，江戸の**長崎出島での貿易**は，**オランダ東インド会社のネットワークによる交易**であったことである。オランダ東インド会社は，ヨーロッパ，インド，東南アジア，台湾，日本との貿易ネットワークを持ち，当時イギリス東インド会社と共に，世界で強大な貿易会社であった。江戸時代，日本はいわゆる**鎖国**といわれ，日本は海外に対して閉じられていたように思われるが，実は日本は，**長崎出島のオランダ東インド会社の世界的貿易ネットワークに組み込まれ，世界貿易の中での主要拠点の1つ**であったのである。

第4は，日本における**銀の輸出の重要性**である。16世紀から17世紀中頃の江戸時代にかけて，日本は，当時世界有数の産銀国であった。当時の世界における最大の産銀国はメキシコとペルーで，その銀がスペインを通じて大量にヨーロッパに輸出された。最盛期における銀の輸出量は年平均約20万キログラムであった。当時の日本の**石見**，**生野**などの銀山から産出された日本の銀の量は，メキシコとペルーと肩を並べるほどで，17世紀初頭日本から輸出された銀は，年20万キログラムと推定され，その量は，南米からのヨーロッパへの輸出の量に匹敵するとされている。江戸時代初期，いわゆる鎖国の中で，長崎のオランダ東インド会社を通じて輸出された**日本の銀**は，世界経済システムの一角に組みこまれ，17 世紀の**オランダの繁栄の基礎**となったのである。しかし，大量の銀が輸出され，日本国内の銀もだんだん枯渇し，幕府は 1668（寛文 8）年，**オランダへの銀輸出を停止**した。

第 5 は，幕末・明治初期における**外国為替レート問題と金小判の輸出急増問題**である。幕末において，**日本の金および銀の国内価格が国際的価格と大きく乖離**し，その結果として**大量の金小判が流出**した。日本では，江戸幕末時代では，**銀に対する金の市場価格が，低く設定**されていたのである。いつの時代においても，貿易・海外投資において外国為替レートをどう決めるかについては大きな問題である。ましてや幕末において開港し，海外，特に英国を中心とした欧米との貿易においては，外国為替レートの決定は最初の経験であるだけに大問題であった。結果として，日本の国際経済の無知などがあり，金の価値が国際水準より不当に安い水準で決定してしまったことから，**金小判の海外への大量な流出**という状況が生じてしまった。その後，幕府はこのことに気づき，**金の価値を下げ，金と銀との交換比率を国際水準に合致させるように制度を変更**してとりあえず問題は解決した。明治に入っても，**外国為替レート**をどうするかという問題は海外貿易において依然として重要な課題であった。

第 6 は，幕末・維新期における**商社，通商会社の設立の意義**である。江戸幕府は，**開港のために必要な港，外国人居留地などの多額の経費を支弁**し，また海外貿易を有利に行なうために，商社を設立した。幕府は，かなり強制的に商社の設立を大阪商人に強要し，多額の資金を出資させて，日本で最初の商社である**兵庫商社**を 1867（慶応 3）年に設立した。しかし，同年の明治維新の後，兵庫商社は，貿易がほとんど行なわれず，創立後わずか半年で終焉した。明治維新後，新政府は，1869（明治 2）年頃から，**東京，横浜，大阪などに通商会社，商社，為替会社を，政府主導により設立**した。しかし，**ほとんどの会社が数年後には解散**した。このような通商会社や商社は，官主導で設立され，種々の特権を与え，統制を加えて，貿易の発展をはかったが，結果として成功しなかった。

幕末・維新期における通商会社，商社は，歴史的にあまり知られていないが，

日本の本格的な貿易活動を展開する過渡期であった。その後の日本の貿易は，**三井物産**などを代表とする**民間の商社の活動**に委ねられた。

本章では，歴史的視点から，日本の海外交易，特にアジア交易について考察してきた。本章では，**16世紀末から幕末・維新期までの長い日本の交易**について概説した。そのため，各時代の歴史的事実について深く解明することができなかった。今後の課題は，国際経営，比較経営，および歴史という視点で，日本の海外交易と投資，特にアジアとの交易についてさらに見つめなおしていきたい。次章から，明治維新以降の日本の東南アジアへの日本企業の進出・直接投資について研究していく。

【注】

1）岩生成一（1962）『朱印船と日本人町』，26-31頁。

2）岩生成一（1962）『朱印船と日本人町』，28頁。

慶長六年辛丑十月安南国への返書では『本邦ノ舟，吾其ノ竺到ラバ，此ノ書ノ印ヲ以テ，証拠ト為ス可シ。印無キノ舟ハ，之ヲ許ス可カラズ』の旨を通告している。また，同年冬十月フィリッピン総督に送った答書では，『他日本邦ノ船其ノ地ニ到ラバ，則此ノ書押ス所ノ印ヲ以テ，信ヲ表ス可シ。印ノ外ノ者ハ，許ス可カラズ』と述べている。

3）岩生成一（1962）『朱印船と日本人町』，35-39頁。

4）岩生成一（1962）『朱印船と日本人町』，40-43頁。

5）岩生成一（1962）『朱印船と日本人町』，43-52頁。

6）岩生成一（1962）『朱印船と日本人町』，66-80頁。

7）岩生成一（1962）『朱印船と日本人町』，98-101頁。

8）岩生成一（1962）『朱印船と日本人町』，100-101頁。

9）岩生成一（1962）『朱印船と日本人町』，182-183頁。

10）岩生成一（1962）『朱印船と日本人町』，116-117頁。

11）岩生成一（1962）『朱印船と日本人町』，119頁。

12）岩生成一（1962）『朱印船と日本人町』，62頁。

13）岩生成一（1962）『朱印船と日本人町』，124頁。

14）板沢武雄（1966）『日本とオランダ』，108-115頁。

15）瀬野精一郎（1972）『長崎県の歴史』，174-175頁。

16）山脇剃二朗（1980）『長崎のオランダ商館』，46-50頁。

17）板沢武雄（1966）『日本とオランダ』，108-115頁。

18）瀬野精一郎（1972）『長崎県の歴史』，174-175頁。

19）角田栄（1980）『茶の世界史』，15頁。

20）出口保夫（1998）『英国紅茶の話』，84頁。

21）板沢武雄（1966）『日本とオランダ』，128-132頁。

22）板沢武雄（1966）『日本とオランダ』，128-129頁。

23）阿蘭陀宿については，片桐一男（2000）『江戸のオランダ人』が詳しい。

24) ケンプェルについては，以下の邦訳書がある。ケンプェル（呉秀三訳）(1966)『異国叢書　ケンプェル江戸参府紀行　上下巻』。ケンペル（斉藤信訳）(1977)『江戸参府旅行日記』。
25) ゾーフとフイッセルについては，以下の邦訳書がある。ゾーフ，フイッセル（1941)（斉藤阿具訳『ゾーフ日本回想録，フイッセル参府紀行』。
26) ジーボルトについては，以下の邦訳書などがある。ジーボルト（斉藤信訳）(1967)『江戸参府紀行』。
27) 瀬野精一郎（1972)『長崎県の歴史』，174-175 頁。
28) 瀬野精一郎（1972)『長崎県の歴史』，175-177 頁。
29) 豊田武・児玉幸多（1970)『交通史』，301 頁。
30) 板沢武雄（1966)『日本とオランダ』，116-117 頁。
31) 板沢武雄（1966)『日本とオランダ』，117-119 頁。
32) 板沢武雄（1966)『日本とオランダ』，119-120 頁。
33) 箭内健次編（1960)『長崎県の歴史』，184-186 頁。
34) 板沢武雄（1966)『日本とオランダ』，120 頁。
35) 板沢武雄（1966)『日本とオランダ』，120-122 頁。
36) 板沢武雄（1966)『日本とオランダ』，122-123 頁。
37) 賀川隆行（1992)『日本の歴史⑭　崩れゆく鎖国』，74-75 頁。
38) 瀬野精一郎（1972)『長崎県の歴史』，181-185 頁。
39) 角田栄（1980)『茶の世界史』，16-19 頁。
40) 日米和親条約（神奈川条約）については，土屋・玉木訳（1982)『ペルリ提督　日本遠征記（3)』が詳しい。
41) 楫西光速（1954)『日本資本主義発達史』，84 頁。
42) ハリス（石田精一訳）(1953)『日本滞在記（中)』，202-209 頁。
43) 楫西光速（1954)『日本資本主義発達史』，84 頁。
44) 日米修好通商条約については，ハリス（石田精一訳）(1953)『日本滞在記（下)』，が詳しい。
45) 横浜市（1959)『横浜市史　第 2 巻』横浜市，168 頁。
46) 横浜市（1959)『横浜市史　第 2 巻』横浜市，171 頁。
47) 横浜市（1959)『横浜市史　第 2 巻』横浜市，175-176 頁。
48) 横浜市（1959)『横浜市史　第 2 巻』横浜市，178 頁。
49) 横浜市（1959)『横浜市史　第 2 巻』横浜市，183 頁。
50) J. R. ブラック（ねずまさし・小池晴子訳）(1970)『ヤング・ジャパン―横浜と江戸』（全 3 巻）を著した J. R. ブラックは，横浜の英字新聞の記者であった。
51) 大口勇次郎・五味文彦編（1993)『日本史史話 2　近世』では，小判の流出の状況について以下のように記述している。「幕府は開港当初，このような事態をふせぐために，1 枚三匁六分（約 13.5 グラム）の二朱銀つまり新二朱銀を鋳造して対策をこうじた。新二朱銀 2 枚は洋銀 1 枚で同量になったが，このことは洋銀の価値が 3 分の 1 に切り下げられてしまうことであった。外国，とくにアメリカ総領事ハリスとオールコックは強硬に抗議を繰りかえし，幕府は開港直後の 6 月 2 日，新二朱銀の通用を停止せざるをえない立場に追いこまれてしまった。その結果が小判の大量輸出にいたったのである。(277 頁)」

「日米通商条約の締結直後の，1858（安政 5）年 8 月，ロシア軍艦が長崎に来航し，その船長ウンコウシキは長崎奉行に対して「英米人が洋銀を大量にもちこみ日本の小判を輸出することになるので，急速にその対策をこうずるべきである」と忠告している。ロシアのこのような対応ぶりをみると，当時の日本における通貨問題をめぐる国際関係はかなり奥深いものがある。(大口勇次郎・五味文彦編（277 頁))」
52) 菅野和太郎（1961)『幕末維新経済史研究』，220 頁。
53) 菅野和太郎（1961)『幕末維新経済史研究』，227 頁。

54）菅野和太郎（1961）『幕末維新経済史研究』，229 頁。
55）菅野和太郎（1961）『幕末維新経済史研究』，230 頁。
56）菅野和太郎（1961）『幕末維新経済史研究』，233-243 頁。
57）菅野和太郎（1961）『幕末維新経済史研究』，236 頁。
58）楫西光速（1954）『日本資本主義発達史』，200-211 頁。
59）菅野和太郎（1971）『日本会社発生史の研究』，110 頁。
60）高村直助（1996）『会社の誕生』，34-36 頁。
61）福島正夫（1988）『日本資本主義の発達と私法』，27-28 頁。
62）菅野和太郎（1971）『日本会社発生史の研究』，136 頁。
63）楫西光速（1954）『日本資本主義発達史』，202-203 頁。
64）「東京商社規則」は，菅野和太郎（1971）『日本会社発生史の研究』129-136 頁に，全文記載されている。
65）菅野和太郎（1971）『日本会社発生史の研究』，137-138 頁。
66）「大阪商社規則」は，明治文化研究会（1957）477-488 頁に掲載されている。
67）菅野和太郎（1961）『幕末維新経済史研究』，258 頁。
68）菅野和太郎（1961）『幕末維新経済史研究』，259 頁。
69）菅野和太郎（1961）『幕末維新経済史研究』，262 頁。
70）菅野和太郎（1961）『幕末維新経済史研究』，262 頁。
71）菅野和太郎（1961）『幕末維新経済史研究』，260 頁。
72）菅野和太郎（1961）『幕末維新経済史研究』，260 頁。
73）荒野泰典・石井正敏・村井章介編（1992a）『アジアの中の日本史Ⅱ　外交と戦争』，297 頁。
74）江戸時代のいわゆる鎖国時代における4つのルートの1つであった対馬藩を通した朝鮮との交易については以下である。

朝鮮とは，日本の古代より交易が続いていた。鎖国の江戸時代においては，長崎のオランダとの貿易とともに，対馬藩の朝鮮貿易があった。対馬藩の宗氏は，中世以来朝鮮貿易を行っていたが，江戸時代も鎖国体制下で，朝鮮貿易が幕府により認められていた。幕府は対馬藩に朝鮮との外交と貿易を行わせた。1609 年（慶長 14 年）の己酉約条により，宗氏は朝鮮と貿易に関する協定を結んだ。これにより，宗氏が毎年朝鮮に送る貿易船の歳遣船も 20 隻に制限された。また，釜山に倭館が設けられ，宗氏の渡航証明書を所持する者に限って貿易することが許された。釜山の倭館は，代官以下を駐在させ，外交と貿易を行った。

朝鮮貿易での公貿易（李王朝との交易）では，対馬藩の宗氏は銅，錫，蘇木（そぼく），水牛角（すいぎゅうかく），胡椒，明礬（みょうばん）などを輸出し，朝鮮からは木綿，虎皮，豹皮，照布（てるふ），白布，紬（つぐみ），花蓆（はなむしろ），筆，墨などが輸入された。また私貿易（朝鮮商人との交易）では，日本からは公貿易で輸出された以外に明礬（みょうばん），狐皮，狸皮，紅など品目が多く，朝鮮側からは，朝鮮人参，白糸，米，豆などが輸入された。また長崎貿易による輸入品の中継貿易も盛んにおこなっていた。

しかし 1686（貞享 3）年に幕府によって，朝鮮貿易高は年間金1万 8,000 両に制限され，対馬藩は大きな打撃を受けた。その後 1700（元禄 13）年には金3万両に復活されたが，日本の銀の品位の低下，朝鮮人参が日本でも栽培されるようになったために，貿易による利益も減少し，朝鮮貿易はしだいに不振となった。

参考文献

朝尾直弘（1991）『世界史の中の近世』中央公論社。
赤瀬浩（2005）『「株式会社」長崎出島』講談社。

出口保夫（1998）『英国紅茶の話』PHP 研究所。
岩生成一（1940）『南洋日本人町の研究』南亜文化研究所。
岩生成一「仏印印度支那に於ける日本人発展の歴史」（満鉄東亜経済調査局編（1942）『南方亜細亜の民族と社会』大和書店）。
岩生成一（1958）『朱印船貿易史の研究』弘文堂。
岩生成一（1962）『朱印船と日本人町』至文堂。
岩生成一（1966）『南洋日本人町の研究』岩波書店。
岩生成一（1966）『日本の歴史 14　鎖国』中央公論社。
藤井譲治（1992）『日本の歴史⑫　江戸開幕』集英社。
フィッセル（庄司三男・沼田次郎訳）（1978）『日本風俗備考 1，2』平凡社。
福島正夫（1988）『日本資本主義の発達と私法』東京大学出版会。
ジーボルト（斉藤信訳）（1967）『江戸参府紀行』平凡社。
板沢武雄（1949）『日蘭貿易史』平凡社。
板沢武雄（1966）『日本とオランダ』至文堂。
原田伴彦（1964）『長崎―歴史の旅への招待』中央公論社。
林屋辰三郎（1969）『国民の歴史 14　寛永鎖国』文英堂。
森義男（1969）『ペリーと下田開港』，下田史段会・下田市観光協会。
本庄栄治郎（1935）『幕末の新政策』有斐閣。
ハリス（石田精一訳）（1953）『日本滞在記（上，中，下）』岩波書店。
井上直次郎訳（1956－1958）『長崎オランダ商館の日記　第 1－3 輯』岩波書店。
石井寛治（1984）『近代日本とイギリス資本―ジャーディン＝マセトン商会を中心に―』東京大学出版会。
石井孝（1944）『幕末貿易史の研究』日本評論社。
石井孝（1944）『幕末動乱期の分析』中央公論社。
石井孝（1957）『明治維新の国際的環境』吉川弘文館。
石井孝（1972）『日本開国史』吉川弘文館。
石井孝（1976）『港都横浜の誕生』有隣堂。
J. R. ブラック（ねずまさし・小池晴子訳）（1970）『ヤング・ジャパン―横浜と江戸　1－3 巻』平凡社。
川島元次郎（1921）『朱印船貿易史』六甲書房。
賀川隆行（1992）『日本の歴史⑭　崩れゆく鎖国』集英社。
片桐一男（1997）『開かれた鎖国―長崎出島の人・物・情報』講談社。
片桐一男（2000）『江戸のオランダ人』中央公論社。
ケンプェル（呉秀三訳）（1966）『異国叢書　ケンプェル江戸参府紀行　上下巻』雄松堂書店。
ケンペル（斉藤信訳）（1977）『江戸参府旅行日記』平凡社。
カッテンディーケ（水田信利訳）（1964）『長崎海軍伝習所の日々』平凡社。
川勝平太（1991）『日本文明と近代西洋―「鎖国」再考―』日本放送出版会。
幸田成友（1942）『日欧通交史』岩波書店。
科野孝蔵（1984）『オランダ東インド会社―日蘭貿易のルーツ―』同文館。
金井圓（1986）『日蘭交渉史の研究』思文閣。
角田栄（1980）『茶の世界史』中央公論社。
菅野和太郎（1961）『幕末維新経済史研究』ミネルヴァ書房。
菅野和太郎（1971）『日本会社発生史の研究』経済評論社。
加藤祐三（1988）『黒船異変―ペリーの挑戦』岩波書店。
楫西光速（1954）『日本資本主義発達史』有斐閣。

明治文化研究会（1957）『明治文化全集第 12 巻』経済篇，日本評論新社。
永積洋子訳（1969 − 1970）『平戸オランダ商館の日記　第１−４輯』岩波書店。
永積洋子（2000）『平戸オランダ商館日記』講談社。
永積洋子（2001）『朱印船』吉川弘文館。
永積昭（2000）『オランダ東インド会社』講談社。
中西啓（1975）『長崎のオランダ医たち』岩波書店。
西川武臣（1997）『幕末・明治の国際市場と日本―生糸貿易と横浜』雄山閣。
日本蚕糸新聞社編（1988）『横浜とシルクの道』横浜生糸取引所。
日本経済史研究所（1973）『幕末経済史研究』臨川書店。
オールコック（山口光朔訳（1962）『大君の都―幕末日本滞在記―上，中，下』岩波書店。
大庭脩（2001）『漂流船物語―江戸時代の日中交流』岩波書店。
岡崎三郎（1937）『日本資本主義発達史概説』有斐閣。
大口勇次郎・五味文彦編（1993）『日本史史話２　近世』山川出版社。
ポンペ（沼田次郎・荒瀬進訳）（1968）『ポンペ日本滞在見聞記』雄松堂書店。
桜井清彦・菊池誠一（2002）『近世日越交渉史　日本町・陶磁器』柏書房。
セーリス，ビィルマン（村川堅固・尾崎義三訳，岩生成一校訂）（1970）『異国叢書　セーリス日本航海記　ビィルマン日本滞在記』雄松堂書店。
瀬野精一郎（1972）『長崎県の歴史』山川出版社。
外山幹夫（1988）『長崎奉行』中央公論社。
渋沢敬三編（1979）『明治文化史 11　社会経済』原書房。
杉山伸也（1993）『明治維新とイギリス商人―トマス・グラバーの生涯―』岩波書店。
斉藤多喜夫他著（2009）『東京横浜今昔』学習研究社。
武野要子（1979）『藩貿易史の研究』ミネルヴァ書房。
高村直助（1995）『再発見　明治の経済』塙書房。
高村直助（1996）『会社の誕生』吉川弘文館。
田中彰（1992）『日本の歴史⑮　開国と統幕』集英社，82-98 頁。
土屋喬雄（1942）『維新経済史』中央公論社。
土屋喬雄（1955）『日本経済史』弘文堂。
土屋喬雄（1968）『日本経済史概説』東京大学出版会。
土屋喬雄・玉木肇訳（1982）『ペルリ提督　日本遠征記（1），（2），（3），（4）』岩波書店。
海野福寿（1967）『明治の貿易』塙書房，8-25 頁。
和田正彦（1991）『近現代の東南アジア』放送大学教育振興会。
箭内健次（1959）『長崎』至文堂。
箭内健次編（1960）『長崎県の歴史』文画堂。
山脇悌二朗（1964）『長崎の唐人貿易』吉川弘文館。
山脇悌二朗（1980）『長崎のオランダ商館』中央公論社。
山口和雄（1947）『幕末貿易史』生活社。
横浜市（1959）『横浜市史　第２巻』横浜市。
横浜開港資料館編（1994）『幕横浜商人とその時代』有隣堂。
横浜輸出絹業史刊行会（1958）『横浜輸出絹業史』横浜輸出絹業史刊行会。
安岡重明（1970）『日本資本制の成立過程』ミネルヴァ書房。
ゾーフ，フイッセル（1941）（斉藤阿具訳『ゾーフ日本回想録，フイッセル参府紀行』奥川書房。

第3章

明治維新から戦前昭和期までの日本の東南アジア・南洋進出の歴史と国際経営

はじめに

本章では，**明治維新から第2次世界大戦前までの日本企業の東南アジア・南洋への進出や投資**に関して，国際経営の観点から概説する。なお，戦前，東南アジア地域と南洋群島を合わせて「**南洋**」とよび，東南アジアを「**外南洋**」，南洋群島を「**内南洋**」とよんでいた。なお，戦前期，東南アジアを中心とした南洋を「**南方**」とよぶこともあった。**南洋群島**は，第1次終戦後の1920（大正9），日本が「**委任統治領**」として支配することになった。

本章で明らかにするように，戦前日本は，財閥，民間企業，拓殖会社，貿易会社，商人，個人などが東南アジア・南洋に進出し，海外直接投資により，ゴム・麻・砂糖キビ等の栽培，鉄鉱石・銅等の資源開発，商業，小売，行商，サービス，貿易，製造業，水産，林業，海運，金融などの事業を行った。本章は，これまで**研究が乏しかった戦前期の日本企業の東南アジア・南洋への直接投資**に関して，**国際経営の視点**から光を当てて，解明しようとするものである。

第1節　明治から戦前昭和期までの日本企業の南洋進出の歴史と日本移民

1　日本企業の南洋進出の歴史

明治から戦前昭和期までの日本企業の東南アジア・南洋進出の歴史をみると，最も早いのは明治初期，シンガポール，マレー半島，蘭印（インドネシア）などを中心とした**日本人移民**である。特に有名なのは，「**からゆきさん**」，「**娘子軍**」などとよばれる日本人遠征娼婦とその経営者（犯罪者，やくざ等が多いといわれている）である。当時，南洋各地に，かなりの数の「から（唐）ゆきさん」がいた。この多くは，日本で誘拐されて南洋に連れてこられた女性であった。その女性などの主に日本人を顧客として，日本人の商店が**シンガポール**などの南洋に創られた。1885（明治18）年，シンガポールに呉服，食料を扱う中川商店ができたのが，シンガポール邦人店の元祖であるといわれている[1)]。

1905（明治38）年の日露戦争終結後，日本人は東南アジアへの「**商業**」に進出する者が増えていった。その当時の日本人は，**行商者**も多かった。行商人の多くは売薬を目的と「**薬売行商**」であり，マレー半島，ジャワ，スマトラ，ボルネオの方まで行商に行った。

明治末から大正，戦前昭和期にかけて，日本は「**南進論**」が主張され，「**南洋ブーム**」もあり，南洋に多くの日本人が関心を示した。この時期，かなりの日本人が**マレー**，**シンガポール**，**蘭印**（インドネシア），**フィリピン**などの南洋に行った。その中には，南洋で「**農業栽培事業**」を営む企業や個人が出た。南洋進出はブームとなり，貿易，小売，サービス，農業栽培などを行う日本人が南洋に移住した。

日露戦争に日本は勝利した後の明治末の1907（明治40）年頃から，最初はマレーの「**ゴム栽培事業**」に，その後スマトラ，ジャワ，ボルネオなどの蘭印へ日本の財閥，企業家，個人がこぞって進出した。代表的**財閥**として**三井**，**三菱**，**古河**，**大倉**，**日産**，**野村**，**明治製糖**などがあった。その他に，現地に設立された三五公司，南亜公司，熱帯産業などの日系企業が栽培事業を営んだ。

その後，フィリピンの「**ベンケット道路工事**」のための日本人移民の救済をきっかけとして，「ダバオ開拓の父」とよばれた「**太田慕三朗**」が設立した**太田興業**などの会社が，1907（明治40）年頃からフィリピンの「**ダバオ**」を中心として「**マニラ麻栽培**」を始めた。1918（大正7）年には日系栽培会社が約66社，在留日本人が約1万人であった。その後，新土地法の制定による日本人の土地獲得の制限，第1次大戦後の世界的不況による麻価格の暴落等，経営環境は困難を極め，一部の日系企業は撤退したが，1924（大正13）年頃から麻市場が好転したこともあり，徐々にダバオ日本人麻産業は回復し事業の拡張も行われるようになった。1924（大正13）年頃には，ダバオ在留の日本人は，約1万7千人に達した[2)]。

1918（大正 7）年第 1 次大戦が終わり，日本は「**南洋群島**」を「**委任統治**」することになり，本格的に南洋群島に進出するようになる。大正から戦前昭和期まで，「**松江春次**」が社長の「**南洋興発株式会社**」を中心として多くの日本企業がサイパンをはじめとする南洋群島に設立され，多数の日本人が移民として主に**砂糖キビ栽培**に従事した。

1920（大正 9）年から始まった**石原廣一郎**が創設した「**石原産業**」によるマレーのバトパハでの「**スルメダン鉱山の鉄鉱石開発**」は，日本の戦前における最初の東南アジア地域への本格的な資源開発のための海外直接投資であった。同年，マレー鉱山開発を目的でシンガポールに本店を置く現地法人として**石原産業公司**が設立された。その翌年の 1921（大正 10）年，日本に初めてスルメダン鉱山から鉄鉱石を積み出し**八幡製鉄**に運ばれた。このような時期に東南アジアで資源開発を行っている日本企業は皆無であり，石原産業は日本企業で最初の「**南方資源開発企業**」であった。石原産業は，その後，南洋を中心として，各種の天然資源開発，海運，倉庫等に事業を拡張し，「**南洋財閥**」とよばれる企業集団・コンツェルンに成長した。石原産業の南洋投資は，その金額，規模，地域的広がり等において戦前期における代表的な海外進出の事例であった。

その他に，戦前昭和期までに，各種栽培，小売，サービス，商業，貿易，海運，金融，製造，水産，林業などの業種の日本企業が，マレー，シンガポール，蘭印，フィリピン，南洋群島を中心とした地域に進出し，かなりの日本人が南洋に居住するようになったのである。

第 2 次大戦の戦間期，日本は東南アジアのかなりの地域を占領することとなり，軍の命令により，主として日本の大企業による南洋進出が行われた。その中心は，鉄鉱石，原油など天然資源開発事業であった。その他に，製造業，サービス業，小売業などの多くの業種が，日本軍の指名により南洋進出を行った。

しかし，1945（昭和 20）年の**日本の敗戦**により，南洋での日本の事業はすべて消滅することとなった。終戦時，南洋群島では，約 1 万人の民間人が犠牲となり，残った日本人は，収容所での生活を長く余儀なくされた。東南アジアでは，多くの日本人民間人が犠牲となり，残りの人は苦労して日本に引き上げた。

南洋財閥として君臨した石原産業，南洋興発などの南洋事業は，すべて破壊されたか，現地に接収された。戦後，石原産業は，日本に事業を持っていたため，現在まで会社は存続している。しかし，南洋興発は，すべて南洋群島での事業であったため，会社は戦後すぐ消滅した。石原産業と南洋興発は，戦後対照的な運命をたどった。

2　日本の移民・殖民と南洋―沖縄移民の重要性

戦前期，日本の人口過剰，貧困は，海外への移民の促進要因となり，ハワイ，北米，南米，南洋，オーストラリア，中国，満州などへの「**日本人移民**」の増加となった。特に「**沖縄」からの移民**は多かった。沖縄以外では，熊本，広島，和歌山，山形などの地域に日本人移民が多かった。南洋では，フィリピンのダバオ，南洋群島などで，沖縄からの移民の割合がかなり高かった。明治以降，日本では，積極的に植民・移民すべきという主張を持つ「**植民論**」や「**植民思想**」が唱えられ，国も**殖民政策**（植民地と海外への移民政策）を遂行した。また，大学でも**植民政策**（植民地の政策）に関連する講座が開設され，植民論を研究する学者も増え，社会的風潮として移民・殖民に関して高い関心をしめすようになった。さらに，日本の農民，商人，企業家などが，開拓者精神を持って海外進出をうかがっていた。政府としては，主に海外の植民地や委任統治地などを管理するために「**拓務省**」，「**台湾総統府**」，「**南洋庁**」などを設置し，その統治と植民政策を推進した。このように，**戦前期日本の南洋進出**は，日本の植民・殖民政策，移民の動向と密接に関連がある。

大正，戦前昭和期の「**南洋移民**」の多くを占めたのは，**沖縄県人**であった。太平洋戦争直前の1939（昭和14）頃，南洋地域での日本人移民全体に占める沖縄県移民の割合をみると，南洋群島では約6割，フィリピンのダバオでは約7割であった[3)]。また，シンガポール，マレー，蘭印においても，沖縄県人の割合は高かった。以上のように，戦前期日本の南洋進出において，「沖縄移民」の果たした役割は大きかったのである。

第2節　戦前日本の南洋・南方への企業進出と直接投資

1　戦前日本の対南洋・南方投資に関する主要な先行研究

戦前期日本の南洋・南方への対外投資の全般にわたり研究した**戦前の代表的な著作**として，樋口弘（1941），樋口弘（1942），Helmut G. Callins（1941），外務省調査課（1942），南洋団体連合会（1942），南方年鑑刊行会（1943），拓務省『拓務要覧（各年版）』，南洋庁『南洋群島要覧（各年版）』，などがある。樋口弘（1941）は，戦前の日本企業の東南アジア地域，いわゆる南洋への投資の全貌について，統計資料，事例も加えて詳細に分析している。戦前日本の南洋への国際経営を解明した先駆的研究であり，高く評価できる著作である。樋口弘（1942）は，戦前の南方への投資に関して，欧米企業の南方投資を比較しながら，日本企業の南方投資の産業別状況，地域別状況，性格，国際経営環境等について分析している。Helmut G. Callins（1941）は，アメリカで行われた東南アジア全般のわたる外国投資の総合的調査をまとめたものである。外務省調査課（1942）は，アメリカ人学者の Helmut G. Callis “Foreign Capital in Southeast Asia” を，外務省が翻訳し，外部に公表しない内部資料としたものである。これは，戦前の南洋諸国の投資の状況に関して，統計調査等の資料を用いて詳細に分析している研究である。南洋団体連合会（1942）は，南洋地域の地勢，人口，民族，南洋植栽企業形態，貿易，財政・金融，交通，教育，民族，鉱工業，農業，水産，林業，各国の状況，等について，包括的に概説している研究である。南方年鑑刊行会（1943）は，南方・南洋の治政，自然環境，民族，宗教，文化，社会，経済，植民政策，邦人南方発達史，国別の概況，等について詳説している大部な著書である。研究書ではないが，拓務省が編集・発行した**『拓務要覧』**，および，南洋庁が編集・発行した**『南洋群島要覧』**は，南洋や南洋群島への政府の取組や統計が示されており，史料として極めて貴重である。

第2次大戦後に，**戦前の南洋・南方への対外投資の全般にわたり研究した著書**は余り多くなく，日本の戦時の南方統治期の研究が多い。主要な研究として疋田康行編著（1995），杉山伸也・イアン・ブラウン編著（1990），等がある。杉山伸也・イアン・ブラウン編著（1990）は，10人の外国人を含む研究者が，第1次大戦から第2次大戦までの時期の日本の東南アジア進出について，国際経済や国際経営等の視点から研究した好著である。疋田康行編著（1995）は，第2次大戦の戦間期に「南方共栄圏」とよばれ日本が軍政の下においた東南アジア地域に関して，日本企業の進出，貿易，財政・金融政策，財閥の進出，運輸政策，労務動員政策，敗戦処理と戦後再進出等について詳細に分析した共同研究による大著である。なお，著者の研究として，戦前期の日本企業の東南アジア・南洋進出の全貌を国際経営と歴史の視点で解明した丹野勲（2017），および，南洋日本人移民の歴史を解明した丹野勲（2018），がある。

2　戦前の日本の南洋・南方への企業進出の概要と投資額

日本の南洋・南方投資でもっとも古いのは，1907（明治40）年前後から始められたゴムや椰子の栽培事業である。南洋での「**ゴム栽培事業**」は，第1次大戦前にゴムの市場価格が暴騰し，日本の資本家がゴム事業を創始するものが続出し，英領マレーや蘭領印度を中心としてゴム栽培事業への本格的進出となった。その後，明治40年代になると，フィリピンのダバオ地方において，「**マニラ麻の栽培事業**」が始まり，大きな発展を遂げた。南方では，ゴムやマニラ麻を中心として，**椰子**，**砂糖**，**茶**，**珈琲**，**綿花**などの栽培事業への投資が行われた。

また，「**鉄鉱石**」を中心とした資源開発への投資もかなりあった。**英領マレー半島**における**石原産業株式会社**や**日本鉱業株式会社**等の鉄鉱石などである。その他に，南洋各地における漁業，林業，商工業，銀行，海運，倉庫等の投資があった。

日本が委託統治を行った**南洋群島**では，**南洋興発株式会社**が中心となって開拓事業が行われ，「**砂糖キビ**」を中心とした各種栽培事業，水産，交通，海運，鉱業，商業，その他の事業への投資が行われた。

日本の戦前の東南アジア・南方地域（マレー，ボルネオ，蘭印各島，フィリピン，仏領印度支那，タイ，豪州，ニューカレドニヤなどを含んでいる）への**南方地域全体の投資額**は，第2次大戦以前においてどの位であろうか。この点に関しては，政府の厳密な統計はないが，推定しうる統計があるので，以下で述べてみたい。

拓務省編纂『拓務要覧』昭和11年度版によると，1936（昭和11）年までの

図表３－１　戦前の日本人南方投資の内訳

（単位：千円）

	栽培業	林業	水産業	商業	鉱業	計
マレー	30,679	600	2,614	3,256	42,785	69,934
北ボルネオ	13,730	6,294	―	61	―	20,085
蘭印	27,273	―	3,541	8,838	2,543	42,296
フィリピン	67,000	2,237	―	7,419	1,330	87,986
仏印	―	―	―	903	―	903
タイ	500	―	―	434	237	1,171
その他	―	3,000	5,380	―	14,419	22,799
計	139,282	22,131	11,536	20,911	61,314	255,174

出所：南洋協会（1939）『南洋経済懇談会参考資料（第4）企業投資関係調査』，15頁をもとに著者が一部修正した。

日本の南方投資の総額を２億円超と推定している[4)]。南洋協会（1939）『南洋経済懇談会参考資料（第4）企業投資関係調査』（南洋協会）では，「**戦前の日本の南方投資額**」は，図表３－１であるとしている。これによると，日本の南方投資総額は，２億5,517万円程度となっている。樋口弘（1942）によると，戦前の日本の南方投資総額は，２億５千万円から３億円程度であると推定している[5)]。

日本企業の戦前の南方投資に関して業種別にみると，**栽培業**，**林業**，**鉱業**，**水産業**，**商業**，**拓殖会社**が多かった[6)]。図表３－２は，「**開戦前の日本企業の地域別・業種別にみた東南アジア・南方進出企業**」をあらわしたものである。

日本企業の戦前の南方・東南アジア投資に関する統計や進出企業などから，**英領マレーのゴムと鉱業**，**フィリピンのマニラ麻と林業**，**蘭領インドネシアの各種栽培業**，等への進出が多かったことがわかる。**日本企業の南方・東南アジアへの直接投資の金額は，第２次大戦直前の時期において，全体として「3億円程度」**（現在の物価水準からみると，当時の１円が現在の1,000円と仮定すると，**3,000億円**となる）であったと考えられる。日本の投資額は，**欧米諸国の対東南アジア地域への投資額の10分の１弱程度**の金額である。欧米諸国のイギリス，フランス，オランダ，アメリカは東南アジア諸国のほとんどを**植民地支配**していたこと，また東南アジア貿易は**東インド会社**の貿易からかなり長い歴史を有していることなどを考えると，欧米諸国の東南アジア・南方地域への投資は，日本の対南方・東南アジア投資に比較すると多いのは当然であろう。しかし，日本は，かなり短期間の間に，植民地支配をしていない南方・東南アジアへ直接投資を行ったことになり，当時の価値で考えると直接投資額合計で3億円は決して少ない額ではない。むしろ，日本の対南方・東南アジア投資は，大正から昭和初期までの20―30年程度の期間で，ゴム，麻，各種栽培業，鉱業資源などの投資がかなり拡大・増加したことは注目するべきであろう。

第3節　南洋の国際経営環境―西欧植民地と委任統治地

明治から戦前昭和期，南洋地域の国際経営環境に関して重要であると考えられる西欧植民地としての東南アジア，および委任統治地としての南洋群島について検討してみよう。

1　西欧植民地としての東南アジア

戦前日本の南洋進出の国際経営環境として最も重要なのは，タイを除く東南アジアは「**西欧列国の植民地**」で，「**南洋群島」は日本の委任統治地**であったことである。東南アジア地域は，「**統治国の植民政策**」によって支配された。そのため，統治制度，関税，貿易，外資政策，土地制度，外資企業の許認可等が統治国の政策に左右された。また，西欧列国の植民地支配の影響で，東南アジアの社会がヨーロッパの支配国民，東洋外国人（華僑，インド人），土着原住民の3重の社会階層の併存という「**複合社会**」が形づくられた[7)]。「統治国の植民政策」は，イギリス，フランス，オランダ，アメリカで微妙に相違があった。日本の東南アジア進出において，「**仏領インドシナ**」（現在のベトナム，ラオス，カンボジア）への進出が極めて少ないのは，「**フランスの統治政策**」が，外資を制限し，フランスとの交易を第一とする政策を採ったこともその1つの理由である。「**オランダの統治政策**」は，外資に対した寛容であったため，「**蘭領印度**」（現在のインドネシアの多く）には比較的進出しやすかった。なお，オランダは，蘭領印度に対して，「**強制栽培制度**」[8)]をとっていた。「**イギリスの統治政策**」は，アジアに多くの植民地を持っていたが「**シンガポール**」と「**マレー**」では，鉄鋼石を中心とした資源開発，ゴム栽培，商業，貿易等では比較的外資を受け入れた。「**アメリカの統治政策**」も，「**フィリピン**」への外資投資につい

図表３－２　開戦前の日本企業の東南アジア・南方進出

A　表(南方地域)

地別	栽培業	林業	鉱業	水産業	工
マライ	昭和ゴム 野村東印度拓殖 東山農事 熱帯産業 三五公司 南洋ゴム マライゴム 南亜公司 古河拓殖 9	0	日本鉱業 石原産業 鋼管鉱業 飯塚鉄鉱 日沙商会 5	永福産業(大昌) 1	三井物産
北ボルネオ	日産農林 ボルネオ殖産 タワオ産業 3	日産農林 タワオ産業 2	日沙商会 1	ボルネオ水産 (日本水産) 1	日産農林 ボルネオ殖産
蘭印(スマトラ)	三井農林 東山農事 野村東印度拓殖 大倉農場 スマトラ拓殖 古河拓殖 6	0	0	永福公司(大昌) 玉城組 日本水産 3	野村東印度殖産 三井物産 東山農事 三菱商事
蘭印(爪哇)	武長商店 南国産業 2	0	石原産業 1	永福産業(大昌) 中尾組 金城組 3	千田商会 竹腰商事 加藤 〃 ヒマラヤ鉄工所 大同貿易 武長商店 南国産業
蘭印 セレベス、ニューギニア ボルネオ、小スンダ	南洋拓殖 〃 興発 小林常八 南洋林業 台湾拓殖 江川農園 6	ブートン農業 日産農林 南洋拓殖 〃 林業 ボルネオ物産 雪本商店 野村東印度殖産 南洋興発 8	0	ボルネオ水産 (日本水産) 1	南太平洋貿易 緒方商会 坪野〃 日蘭公司 野村東印度殖産 ボルネオ物産 ブートン産業 白沙拓殖 日産産林
フィリッピン	太田興業 古河拓殖 大日貿易 3	比島木材 古河拓殖 南国企業 住友商店 日比興業 〃 企業 岩井商業 三井物産 8	石原産業 日本鉱業 2	0	三非物産 古河拓殖 三菱商事 太田興業
ビルマ	0	0	0	0	三井物産 日本棉花 三菱商事
合計	29社	18社	9社	9社	
会社数	25	17	5	5	

陸上交通，保険其他ノ関係会社

業	商　　業	蓄産業	海運業	港湾業	金　融
1	三井物産　弘栄商会 千田商会　日本製薬 三菱商事　士母田公司 伊勢屋商店　大同洋行 加藤洋行　神戸海陸 日本売薬　山中商店 日本薬房　江南株式 西山商会　浅野物産 南洋商行　江畑洋行 三鼎商会　近江屋商店 坂本商店　下田洋行 パイロット万年筆 野村東印度拓殖 24	0	大阪商船 日本郵船 南洋海運 3	日本鉱業 石原産業 飯塚鉱業 3	横浜正金 台湾銀行 華南銀行 3
タワオ産業 日沙商会 4	0	三井物産 1	南日本汽船 大阪商船 2	タワオ産業 ボルネオ物産 日沙商会 日産農林 4	0
4	野村東印度殖産 三井物産 大同貿易 3	0	南洋海運 1	0	0
7	東洋棉花　江南株式 日本 〃　丸福洋行 三興支店　大信 〃 三菱商事　SGK 新興合名 岩井 〃　佐藤商店 桜井洋行　守谷 〃 綿屋 〃 13	0	南洋海運 1	南洋倉庫 相馬商会 2	正金銀行 台湾 〃 三井 〃 3
ボルネオ興業 南洋林業 南洋興発 12	野村東印度　北島商店 南洋興発　雪本 〃 二葉商会　東洋棉花 日印 〃 三井物産 三菱商事 江商株式 三興株式 SGK 新興合名 12	東洋拓殖 1	南洋海運 日本郵船 2	南洋倉庫 〃 興発 南太平洋貿易 3	台湾銀行 1
4	三井物産　三菱商事 古河拓殖　太田興業 比島木材　ボルネオ物産 住友商会　南国企業 日比興業　日比 〃 岩井商店　南洋物産 大同貿易　安住商会 大阪 〃　大平洋行 神戸海陸物産 17	0	大阪商船 1	石原産業 住友商会 比島木材 3	台湾銀行 1
3	三井物産　江商株式 岩村印刷　三興 〃 千田商会　丸永商店 東洋棉花　安宅 〃 鐘紡商事 青柳商店 10	三菱商事 大倉 〃 2	日本郵船 千田商店 山下汽船 3	0	正金銀行 1
35社	79社	4社	13社	15社	9社
28	58	4	6	3	14

出所：赤澤・粟屋・立命館編（1994，b）『石原廣一郎関係文書　下巻』361-362頁。

ては，原則として受け入れた。

植民地と本国との貿易関係において重要な問題は，「**関税政策**」であった。当時の植民地関税政策には，同化関税政策，差別関税政策，無差別関税政策の3つがあった[9)]。

「**同化関税政策**」とは，植民地を本国の関税区域内に包容するもので，植民地と本国との交易品には原則として関税を課さないとするものである。植民地に輸入する外国品に対しては，関税を課す。**フランスの植民地政策**は，この政策を採っていた。同化関税政策は，本国に対する植民地原産品の供給を容易にし，植民地市場における本国品を保護するうえで極めて有利な制度である。しかし，本国以外の国との外国貿易を阻害する恐れがある。事実，**仏領インドシナ**と日本との貿易については，かなりの関税がかかったため，貿易は活発ではなかった。

「**差別関税政策**」とは，本国と植民地共に同一関税制度を適用されず，別個の関税政策を適用するものである。本国と植民地間では，相互に特恵的税率を規定する。**イギリスの植民地政策**は，この政策を採っていた。すなわち，植民地と本国，植民地と外国とで，違った税率を課し，植民地と本国では安い税率という特恵的税率を課すという制度である。差別関税政策は，外国の競争に対し，植民地市場における本国の優位性を確保し，本国に対する植民地原料品の供給を容易にする。同化関税政策とこの点ではほぼ共通するが，差別関税政策の方が植民地産業に対する拘束は緩やかで，外国貿易をまったく阻害するものではない。イギリスが統治した**マレー**と日本との貿易については，関税はかかったが，貿易もかなりあった。

「**無差別関税政策**」とは，本国品，外国品を問わず，同一の関税を課すというものである。**オランダの植民地政策**は，ほぼこの政策を採った。オランダは，原則として関税を低率にした形での無差別関税政策であった。**蘭印**と日本との貿易については，関税に関しては有利なため，かなりの交易関係があった。

昭和に入る頃になると，国際経済は「**ブロック経済**」の傾向が表れてきた。ブロック経済とは，強国が自己の植民地・勢力圏を確保し，他の勢力を排除しつつ，これを政治的・経済的に支配統制しようとする結合である。具体的な支配統制の内容は,「関税障壁」,「輸入割当」,「割当制などの貿易政策」,「資源の開発」,「資金の移転」,「移植民などの統制」, その他「政治的・軍事的関係」に及んだ。当時は, **イギリス・ブロック**, **アメリカ・ブロック**, **フランス・ブロック**, **ソビエト・ブロック**, などがあった。このように, 昭和から戦前期にかけて, 世界がブロック経済の方向に動いたので, 日本の南洋進出も国際経営環境として困難な問題に直面した。

以上のように, **南洋・東南アジア**では, 国・地域により国際経営環境はかなり相違していた。それは, **統治国の植民地政策**に違いがあったからである。**関税**, **貿易**, **外資政策**, **土地制度**, **許認可**等は統治国の政策に左右された。明治から戦前昭和期までの日本企業の南洋進出環境は, その国の政策によりかなり影響, 規定されたのである。**戦前期日本の南洋・南方進出**は, 国際政治・国際経済等の国際経営環境に翻弄された歴史である。その意味において, 南洋・東南アジアは, 日本の支配が及ばない外国であり, 台湾, 朝鮮, 満州, 中国とは異なった, 日本企業が独力で海外での現地経営, 国際経営を行ったのである。

2　委任統治地としての南洋群島

「**南洋群島**」は, 南洋・東南アジアと違い日本が支配する「**委任統治地**」であつた。厳密にいえば委任統治地は,「**国際連盟**」に統治内容等を報告する義務があり, 完全な日本の植民地ではない。しかし, 日本は「**南洋庁**」などを設置して, 準植民地として実質的に支配した。南洋群島は, 小笠原諸島の南方以北の太平洋中に散在するマーシャル, カロリン, マリアナの三群島に大別する1,400余りの島からなる。特に大きな島として, **サイパン**, **ヤップ**, **パラオ**, **トラック**, **ポナペ**などがある。南洋群島は, 東はハワイ, 西はフィリピン, 南はニューギニア, 北は小笠原諸島・硫黄島諸島に面する, 広大な地域である。しかし, 面積は南洋群島のすべての島の陸地を合わしても東京とほぼ同じ面積に過ぎない。

南洋群島へは,「**南洋興発株式会社**」,「**南洋拓殖株式会社**」,「**南洋貿易株式会社**」を中心とした国策企業や民間企業などが多く南洋群島に進出した。南洋群島での日本の統治では, **砂糖キビ**などの栽培事業と製糖業, 各種製造業, 小売，サービス業，漁業，天然資源開発などの拓殖事業を，「**日本人移民**」を中心として行われた。南洋群島は，日本が委任統治を行っていたことから，東南アジア諸国と比較すると，日本企業の現地経営での自由度が高く，会社設立，各種許認可，関税といった点で障害がかなり少なかった。

第４節　南洋・南方進出の拠点としての台湾

戦前期，日本の南洋・南方進出において，**台湾**の役割は重要である。台湾は，いわば「**南進**」の拠点・基地であった。歴史的にみると，日本は1895（明治28）年に「**台湾総統府**」を設置し，台湾は最初の**植民地**であった。台湾での統治，植民，企業進出，拓殖事業，栽培農業等は，日本の南進の足掛りとして，重要な経験であった。日本の戦前期の南洋進出における台湾の役割・意義として以下があるであろう。

第１は，南に位置する**台湾の領有が日本の南洋・南方への関心を戦前期に高めた**ことである。南国台湾の植民地経験は，日本の海外，南洋進出のきっかけとなり，南洋・南方地域への経済的，政治的，文化的な関心が高まった。

第２は，日本の**台湾統治が植民地統治の経験**となり，南方経営の蓄積となったことである。台湾の植民地化は，南洋への殖民・移民，拓殖事業，栽培事業，企業進出等の基礎的経験となった。

第３は，**台湾が南洋研究・情報の戦前期の拠点**であったことである。台湾総統府の各種南洋調査活動，および**台湾帝国大学**の南洋農業研究，熱帯医学研究，南洋地域研究，等は特筆すべき研究調査活動である。

第4は，**台湾が南洋・南方の海運・輸送の戦前期の拠点**であったことである。南洋・南方への船舶の中継地として，貿易の中継基地として台湾の意義は大きかった。

第５は，**台湾が南洋・南方への投資の戦前期の１つの拠点**であったことである。1916（大正5）年，**台湾拓殖会社**は，マレー半島のゴム園を買収しゴム園経営に乗り出した。また，**大日本製糖**，**台湾製糖**などの製糖会社を中心とした台湾日系企業は，海外直接投資を行い南洋・南方へ事業進出した。

第６は，**台湾が南洋・南方への資金供給の拠点**，**南洋拓殖事業の拠点**であったことである。**台湾銀行**，**華南銀行**，**台湾拓殖会社**などの企業が，この点で重要な役割を果たした。

第5節　南洋進出企業の国際経営戦略と現地経営

戦前期日本の南洋進出を国際経営理論の関点から，当時の現地経営について検討してみよう。

1　南洋日系企業の出資形態—完全所有子会社と合弁会社

海外子会社の形態を国際経営理論からみると，**海外直接投資**により海外子会社を設立する場合，100％出資の「**完全所有子会社**」と，現地企業などと共同で出資して設立する「**合弁会社**」の形態がある。よりコントロールの程度を最大化したい企業では，完全所有子会社を選好する。一方，現地政府が特定の産業などで外資の完全所有を規制している場合や，市場でのリスク・不確実が高い場合，現地資本との合弁事業を採る場合がある。戦前期の南洋では，この理論がほぼ当てはまり，日本が委任統治をしていた南洋群島と東南アジア諸国では，事情が異なっていた。

内南洋としての**南洋群島**は，そもそも現地資本が育っていなく，日本の委任統治でリスク・不確実が低い状況にあったため，現地日本企業形態は日本側100％出資の完全所有子会社，および日本企業や日本の統治地域の日系企業（台湾，朝鮮，満州など）が複数出資した合弁企業であった。いわゆる外国資本や現地資本との合弁会社は，南洋群島では，日本が委任統治時地域ではほとんどなく，それ以外の南洋群島やパプアニューギニア等で若干の外国資本との合弁企業が存在する程度であった。

これに対して，東南アジア地域の**外南洋**では，純粋な日本資本による日系企業以外に現地企業等との合弁会社も存在した。当時の外南洋は，タイを除いて欧米列国の植民地であり，現地政府が許認可，投資などで規制している場合あり，市場でのリスク・不確実が高い状況であった。特に，天然資源開発については，日本側100％出資について規制がある国もあった。また，栽培事業のほとんどが，**土地の租借**で行なった。そのため，東南アジアの日系企業では，合弁事業を採る企業が一部存在したのである。

2　南洋日系企業の性格・目的

南洋日系企業の性格・目的を**国際経営理論**からみると，現地市場型，資源開発型，輸出型，部品・工程分業型，製品分業型，などに分類できる。なお，現地への直接投資では，１つの目的のみではなく，複数の目的で設置される場合がある。

第１の**「現地市場型」の海外直接投資**は，進出国での市場での販売，サービスを目的とした投資が現地市場型直接投資である。この形の投資は，従来の輸入から現地生産への転換という意味で，「**輸入代替型直接投資**」ともいわれる。現地市場型投資は，大規模な市場や急速な市場成長が見込まれる諸国，および，関税の付加，あるいはそのおそれに反応してしばしばおこなわれる。さらに，現地市場への輸出の増大によって，現地政府との通商政策上の軋轢が生ずる可能性がある場合，現地生産に切り替えるという貿易摩擦回避のための直接投資がある。戦前期の中国や満州での主に繊維産業の日本企業進出（**在華紡**）は，ほぼこれに当てはまるであろう。一方，戦前期の南洋では，南洋群島以外，製造業での輸入代替型直接投資は少なく，現地市場型の海外直接投資のほとんどが現地市場でのサービスを目的とした比較的小規模な投資であった。戦前期南洋では，小規模なサービス産業の直接投資が多かった。この形態の投資では，小売，行商，卸売，貿易，飲食，宿泊，運送，金融，各種サービスなどの業種が中心であった。

第２の**「資源開発型」の海外直接投資**は，鉱物，農作物，畜産，木材，水産などの資源を開発するための直接投資である。戦前の日本企業の南洋投資は，このような資源を求めて南洋に進出するという目的が最も多かった。マレーやボルネオを中心としたゴム栽培，フィリピンのダバオを中心としたマニラ麻栽培，南洋群島を中心とした砂糖キビ栽培をはじめとする各種栽培事業，および石原産業を中心とするマレーなどの鉱山開発は，資源開発型の海外直接投資である。この資源開発を目的とした鉱山事業は，比較的大規模な投資であった。その他に，南洋では，資源開発関連投資として，林業，水産業関連などの投資もあった。大企業の天然資源開発を目的とした南洋投資の場合は，自社やグループ会社で原材料を調達するという垂直的統合を目的とする海外直接投資でもあった。

第3の**「輸出型」の海外直接投資**は，完成品・部品などの輸出拠点として設置するための投資である。理論的には，この型での直接投資の主要な動機は，進出国での各種のコスト優位性を利用することによって輸出競争力を高め，企業の優位性を獲得しようとする海外生産戦略である。この形の投資には，**「労働コスト削減型」**，**「原材料コスト削減型」**，**「部品コスト削減型」**，**「タックスヘブン（税金回避）型」**などがある。戦前期日本のアジア・南洋投資では，中国，満州への繊維産業，いわゆる**在華紡**の進出がこの輸出型の海外直接投資の代表であった。日本の繊維企業は，中国や満州での低賃金の労働力を利用し，また繊維材料を安く入手し，輸出拠点および現地市場向けに直接投資を行ったのである。在華紡には，2種類の企業形態があった。一つは，**中国や満州の法令**により日本側が100％出資の「完全所有子会社」や現地資本との「合弁企業」として設立された企業である。二つは，当時の中国・満州では外国企業の**治外法権**が認められており，中国や満州の法令によらず**日本の法律**により現地に工場を設立することが出来たため，**「日本の国内工場の分工場」**として設立した形態である。一方，南洋地域においては，当時，日本資本の製造業の進出が少なく，そのため製造業における輸出型の海外直接投資はほとんどなかった。

第4の**「工程分業型」の海外直接投資**は，国際的なレベルで，部品・工程の分業を目的とする投資が部品・工程分業型直接投資である。この型での直接投資の主要な動機は，進出国での各種の優位性を利用することによって，部品・工程生産の最適立地を狙った投資である。戦前期日本のアジア・南洋投資では，製造業においてはこの形の投資はほとんどなかった。しかし，資源開発投資（栽培業など）においては，資源を加工したり，製品化するという工程分業型の投資はあった。当時は，製造業においては，現在のようにグルーバルなレベルで工程分業型を行うというまで国際経営が進展していなかったので，当然であろう。

第5の**「製品分業型」の海外直接投資**は，完成品を国際的に分業することを目的とする投資が，製品分業型直接投資である。製品分業には，理論的には，技術レベルがそれほど違わない製品を各国で分担生産する形と，技術レベルの異なる製品を分担生産する形がある。戦前期日本のアジア・南洋投資では，この形の投資もほとんどなかった。戦前期ではグルーバルなレベルで製品分業を行うまで，国際経営が進展していなかったのである。

以上のように，戦前の日本企業の南洋投資は，第1の南洋進出国での市場での販売，サービスを目的とした現地市場型の海外直接投資，および第2の鉱物，農作物，畜産，木材，水産などの資源を開発するための資源開発型の海外直接投資，および第4の工程分業型の海外直接投資（資源の加工・製品化のみ）がほとんどであった。ただし，中国，満州への在華紡の進出については，第3の輸出型の海外直接投資であった。第5の製品分業型の海外直接投資については，南洋地域，中国，満州，台湾ともほとんどなかった。

3　南洋日系企業と現地経営

南洋日系企業の当時の「**現地経営**」について検討してみよう。

南洋での日系企業の経営管理として，日本人が直接，経営者，管理者として経営・管理していたが，現場の労働者については，地域により相違があった。ほとんど地域の**南洋日系企業**は，現地人に経営を任せるのではなく，日本人が経営・管理を担った。しかし，現場の労働者については，「**日本人中心の南洋事業地域**」と，「**現地人中心の南洋事業地域**」があった。

日本が委任統治した**南洋群島**については，実際に作業する労働者は，ほぼ日本人であった。「**日本人移民**」を募集して，日本の移民によって作業が担われた。南洋群島での日本の事業の中心は，南洋興発等による砂糖キビ等の栽培事業であるが，その労働者は，現地人ではなく日本人であった。また，フィリピンの**ダバオ**を中心とした**マニラ麻栽培**に従事する労働者についても，現地人ではなく日本人労働者が中心であった。

これに対して，**マレー**，**蘭印**での日系企業のゴム等の**栽培事業**は，労働者はほとんどが現地人か「**苦力（クーリー）**」であった。マレーでは，**ゴム栽培**に従事する労働者は，日本からの日本人移民によって担われたものではなかった。

ゴム栽培園で実際に作業したのは，苦力とよばれる中国人，マレー人などを中心とした現地人であった。

なぜ南洋の地域によって，このような労働者が日本人か，現地人かという差異が生じたのであろうか。

第1は，**南洋群島**は現地人の人口が少なく，現地人は労働に適さないと判断し，**日本人移民**の受け入れによる労働力確保という戦略を採ったと考えられる。フィリピンにおいては，ダバオでの**マニラ麻栽培**が日本人事業の中心で，ダバオでの最初のマニラ麻栽培園が**ベンケット道路工事**完了で失業した日本人によって担われたという歴史もあり，日本人移民の受け入れによる労働力確保という戦略を採った。**マレーでのゴム栽培**は，日本企業のみではなく，イギリス人，ドイツ人，フランス人，アメリカ人などの西欧諸国の経営するゴム園が多数あった。そこでの労働は，苦力を中心とする現地人が働いていた。マレーでは，当時，現地人をゴム園労働者として供給する制度・システムが存在していた。日本企業は，この労働者供給制度から，労働者を提供してもらい，労働者として働かせていたのである。

第2は，南洋での日系現地企業の企業形態は，**日本側100%出資が中心**であったが，統治国・現地資本との**合弁企業形態も少数存在**したことである。**南洋群島**は日本の委任統治地ということもあり，ほぼすべての現地企業が，日本側出資100%の完全所有形態の企業であった。その中には，日本企業，または日本が植民地などに設立した企業など，複数の日本企業が出資する現地企業もあった。これに対して，東南アジアの南洋地域は，欧米列強の植民地であったこともあり，多少事情が違っていた。**蘭印**，**マレー**，**フィリピン**などの南洋において，栽培事業は100%日本出資の現地企業がほとんどであったが，鉱物などの**天然資源開発**などの現地企業については一部統治国・現地等との**合弁企業形態**が存在していた。これは，天然資源開発は，日本側100%出資の形では，現地政府の許可が得られず，**資源ナショナリズム**もあり，合弁形態を採る現地日系企業も一部存在した。合弁形態の現地企業では，労働者は現地人が中心とならざるを得ない。ただし，東南アジア南洋地域の日系企業の多くは，合弁形態であっても，**日本人経営者**を派遣し，日本人による経営・管理を重視していた。

第３は，**南洋群島**は，日本の**委任統治地**ということもあり，日本人の移民地という視点を重視したためである。日本は，過剰人口を抱え，特に沖縄はその傾向が強かった。移民地としての南洋群島であったのである。南洋群島では，沖縄県人が半数以上を占め，1940（昭和15）年には，約５万人の沖縄県民が居住していた。貧困や人口過剰を抱えていた**沖縄県人**が新天地を求めて南洋群島に移民した。南洋群島は沖縄県人にとって南国は暮らしやすかったこともある。また，フィリピンの**ダバオへの日本人移民**も，同じような背景がある。日本の南洋への進出は，日本人移民と密接な関連があるのである。

第６節　南洋への日本の投資事業と戦略

明治から戦前昭和期までの日本企業の南洋投資事業に関する重要な点を検討してみよう。

１　ゴム，麻，砂糖キビ等の栽培事業への南洋進出

戦前における**欧米の植民地事業**の中心は，**「プランテーション」**（plantation）であった。英，仏，蘭，米などの欧米列国の**植民地統治**において，**ゴム**，**麻**，**砂糖キビ**，**コーヒー**，**茶**，**香辛料**等の各種栽培事業は重要であった。当時の世界の国際経営の１つがプランテーション経営で，それが植民地支配に結びついていた。すなわち，当時の国際経営は，多くの側面で植民地支配と密接に結びついていたのである。

戦前期日本の南洋進出においても，このような欧米列国の状況と密接に関係していた。日本の委任統治地であった**南洋群島**においては，**砂糖キビ**を中心としたプランテーション事業がその中心であった。**フィリピン**，**マレー**，**蘭印**（現在のインドネシアの多く）などの東南アジア地域においては，**欧米列国の植民地支配のもとで，日本はゴム，麻，砂糖キビ，等の栽培事業に進出**した。すなわち，**戦前の日本企業の南方・南洋進出は，農業栽培のプランテーション事業に重点**があった。マレー，蘭印ではゴム栽培，フィリピンでは麻栽培，南洋群島や台湾では砂糖キビ栽培が重要な事業であった。

2　天然資源開発への南洋進出

当時の世界の国際経営の主要事業のもう1つは「**天然資源開発**」であり，それも植民地支配・統治とかなり結びついていた。**鉄**，**銅**，**原油**などの重要資源は，**資源ナショナリズム**を生み，周知のように戦争の原因の1つともなった。欧米列国のアジアでの植民地支配においても，天然資源開発については当然センシティブであった。このような国際環境下で当時日本の南洋での資源開発は難しい状況にあったが，**石原産業株式会社**の南洋での資源開発は，極めてユニークなものであった。

「**石原産業**」は，1920（大正9）年，マレーの**スルメダン鉱山**で鉄鉱石の採掘を目的としてシンガポールに本店を置く現地法人として設立された，南洋発祥の**南洋財閥**であった。石原産業は日本企業で最初の南方資源開発企業であるといえる。石原産業は，その金額，規模，地域的広がり等において戦前期の代表的な南洋地域の資源開発企業である。創立者の**石原廣一郎**は，戦前期日本の南洋進出を象徴する人物である。石原産業の海外事業運営では，現地法に基づく海外子会社を完全所有形態や合弁企業を南方地域で設立していた。石原産業の南方事業は，**シンガポール石原産業公司**を統括会社として，現地会社としてジャワ石原鉱山，マニラ石原産業などを設立して，大戦前には南洋で11鉱山を有する南洋資源財閥に成長した。石原産業の戦略の特徴としては，資源開発を中心として，船舶輸送，倉庫，精錬事業などを含む垂直統合型であったことである。戦前の日本企業として，このような海外での資源開発から輸送，倉庫，精錬にいたる「**垂直的統合戦略**」を採った企業は少なく，石原産業は戦前期の**コンツェルン**としては，特異な存在であった。

このように，石原産業がイギリスの植民地支配が行われていた**マレー鉱山開発**が成功したのは，統治国のイギリスがマレーでの天然資源開発を外国企業にも認めていたこと，現地政府とその国王の理解があったこと，またその他の南洋地域での事業では現地資本と合弁企業形態で事業展開を行ったこと，などがその要因であろう。さらに，資金的には台湾からの支援，特に「**台湾銀行**」からの融資が大きく，また，鉄鉱石の販売では「**八幡製鉄**」が安定的に大量に購入する契約を結んだこと，などもその要因として挙げられるであろう。

戦前期，南洋で石原産業以外に資源開発の投資を行った日本企業として，**日本鉱業**，鋼管鉱業，飯塚鉄鋼，ボルネオ産業，興南産業などがあるが，いずれも1鉱山のみの規模であった。

しかし，第2次大戦の戦間期になると，日本の南方地域占領により，軍の指名により**三菱**，**三井**，**住友**などの主要財閥企業や大手企業が相次ぎ南洋に進出し，資源獲得を目的とした資源開発が行われるようになった。

3　拓殖会社の南洋進出

戦前，朝鮮，台湾，南洋群島など日本の植民地や委任統治地の拓殖事業を行う目的で準国策企業として「**拓殖会社**」があった。朝鮮では**東洋拓殖株式会社**，台湾では**台湾拓殖株式会社**，南洋群島では**南洋拓殖株式会社**が設立された。**松江春次**が社長となり設立された**南洋興発株式会社**も南洋群島で拓殖事業に関連する会社としてユニークな会社であった。これらの拓殖会社は，その地での拓殖事業はもちろんであるが，南洋進出においても重要な役割を果たした。

「**東洋拓殖株式会社**」は，マレーのジョホールでゴム栽培園を直営した。その他に，東洋拓殖は，蘭領ボルネオにゴム，椰子の栽培を主目的とする蘭領印度拓殖株式会社，および林業を主目的とする南洋林業株式会社を設立した。また，東洋拓殖は，フィリピンのダバオのマニラ麻事業を主に行う**太田興業株式会社**に対して，かなりの額の事業融資を行った。

「**台湾拓殖株式会社**」は，1916（大正5）年にマレー半島ジョホール州のゴム園を買収し，ゴム園経営に乗り出した。戦前昭和期，台湾拓殖は中国の海南島でも各種事業を行ない，仏領印度では鉄鉱開発を主目的とする印度支那産業株式会社を設立した。また，その子会社の印度支那産業は，タイのバンコク近郊で棉花栽培事業を主目的とする台湾棉花株式会社を設立した。さらに，台湾拓殖は，南洋において在留日本人企業助成のための拓殖金融などを行った。

「**南洋拓殖株式会社**」は，南洋群島以外の地域で南拓興業株式会社を設立し事業を行った。南洋興発は，蘭領ニューギニアで棉花栽培，グマール樹脂採集を主目的とする南洋興発合名会社を設立した。

以上のように，拓殖会社は，南洋進出企業への資金支援や出資，または拓殖会社自身が南洋で事業を行ったり，子会社を設立するなど，日本の南進の重要な支援・拠点企業であった。

4　商業・小売・サービス・貿易の南洋進出

日本人の南洋への貿易や商業の進出の歴史は古い。豊臣秀吉の時代に，南洋には多くの「**日本人町**」があり，タイの**アユタヤ**，ベトナムの**ホイアン**，フィリピンの**マニラ**などが有名である。その後，江戸時代に入り鎖国となったため，南洋日本人町は消滅し，南洋との交易は長崎の**出島**での**オランダ貿易**により細々と行なわれるのみとなった。明治に入ると，状況は一変し，明治初期には日本人が南洋各地に渡って商売を営むようになった。最初は，**からゆきさん**，それを経営する者，行商人，商人，農業栽培者など雑多で多様な日本人が一獲千金を目指してベンチャー精神で南洋に赴いた。**商業・貿易の海外進出**は，もともと最も古い国際経営の形態であり，南洋では歴史的に**華僑**の海外進出が盛んであった。日本人の明治期の商業進出で注目されるのは，「**行商**」である。南洋に日本人行商の多くは薬の行商で，南洋以外に朝鮮，中国等にも多く進出していた歴史があった。このように，日本の**薬売行商**の国際性，先進性は極めて興味深い。

南洋に進出した商業者は，「**南洋移民**」として商売を始めた個人や中小企業がほとんどであった。多様な業種・形態で南洋に進出した。南洋での日本人の商業，小売，卸売，サービス業は，多くは現地市場，特に現地日本人への販売・サービスを目的としたものであった。小売，飲食，貿易，サービス，行商，宿泊，建築，製造，修理，職人，栽培等で，現地に滞在する日本人を主な顧客とする形で，南洋に進出した。

大正から，昭和にかけて，「**南洋ブーム**」もあり，多くに日本人が南洋に関心を示し，南洋で商売をするものが増加した。日本人は，当時，一獲千金を狙って，個人，富豪，企業，財閥などが，盛んに移住・殖民，海外投資，海外企業設立，海外事業などを行い南方に進出した。特に，**商業の分野の進出地**は，シンガポール，マレー，蘭印，フィリピンなど中心であった。また，南洋・南方に在住していた日本人商業資本家の南洋投資もあった。

戦前昭和期にも，かなりの日本人が，東南アジア・南洋に移住し，活発な商業活動を行った。日本人相手の小売店，卸売店，旅館や娯楽といったサービス業，貿易などに従事するかなりの数の日本人が南洋に滞在していた。特に，シンガポール，マレー，蘭印，フィリピン等を中心として，商業目的の日本人の移民・殖民・移住が増加した。

第2次大戦期では，軍の指名などにより占領した地域を中心に，デパートや大規模小売店などが相次いで南洋に進出するようになった。

戦前期の日本の南洋への商業進出を総括すると，日本人の南洋への商業進出は徐々に増加してきたが，もともと南洋・南方では「**華僑・華人**」が商業・流通に確固たる地位を築いたため，日本人商人はこの華僑の支配を崩すことが出来ず，日本人相手の商売に留まっていた。すなわち，華僑・華人の商業・流通優位の南洋では，日本の商業支配は困難であったのである。

5　製造業の南洋進出

戦前期の日本企業の東南アジア・南洋進出は，日本の委任統治地であった南洋群島を除くと，「**製造業**」は比較的少なく（フィリピンは多少進出していた），農業栽培，商業，小売，サービス，貿易，等が中心であった。戦前期南洋・東南アジアでは，製造業の経営は，華僑，欧米，現地資本がほとんどで，日本資本は極めて少なかった。日本の**製造業の南洋進出**は，時期的には戦前昭和期には入ってからである。大工，石工，塗工，洗濯業者，飲食料品，嗜好品製造等の現地日本人を顧客とする事業者がほとんどで，工業的技術は高くない業種に従事する者が多く，小規模な事業が多かった。

蘭領印度は，日本人の製造業者は少なく，規模も小規模であった。比較的大きな日系製造企業としては，スマトラの熱帯産業のゴム乾溜工場，ボルネオの野村東印度拓殖のゴム乾溜工場と，ジャワのケグレン農作会社の製糖工場などがあった。**フィリピン**は，ダバオにマニラ麻栽培の日本人が多くいたため，南洋諸国において最も多くの工業者がいた。製材，製菓，シャツ製造，味噌醸造，家具製作，木炭製造，靴製造，清涼飲料水製造等を行っていた。1935（昭和10）年頃から日本とフィリピンの合弁企業として，ナショナル工業のゴム靴製造，パリンタワク・ビール・ブリユーアリの麦酒醸造，南洋水産株式会社の缶詰製造などが設立された。英領**マレー**は，日本人工業者は少なく，日本の製造企業も少なく小規模であった。**仏領印度支那**は，統治国フランスの植民地政策により外国資本の進出を妨げていたため，日本の製造業の進出は極めて少なかった。**タイ**も日本の製造業の進出は極めて少なかった。

以上から，戦前期日本の南洋への製造業への進出は，フィリピンが最も多く，次に蘭印，マレーで多かったが，仏領印度支那，タイでは極めて少なかった。フィリピン，蘭印，マレー等の小規模な製造業者は，在留日本人を中心とした現地市場への供給・販売を目的とするもの，および日本へ原材料などを輸出するもの，等が多かった。戦前期日本の製造業の南洋進出は，南洋群島を除くと極めて遅れていたと言えるであろう。

6　水産，林業の南洋進出

戦前期日本の南洋進出で重要であるにもかかわらず，意外に知られていないが，興味深いのは「**水産業の進出**」である。明治初期の1883（明治16）年，**オーストラリアの木曜島**に「**真珠貝移民**」として日本人が移住したことなどが端緒となる，日本人の南洋への真珠貝採取事業への進出があった。

大正の初めごろから，日本の水産業の南洋への進出が本格化した。日本の水産業の南洋への発展は，マレー半島，スマトラ，ジャワ，ボルネオ，セレベス，フィリピン，オーストラリア等，極めて広大な地域に及んだ。日本漁船は，南洋の各港を根拠地として，株式会社，漁業組合，個人などによって営まれた。このような南洋の水産業の担い手は，沖縄県人が多かった。南洋での歴史が古い真珠貝採取事業では，戦前昭和期も盛んで，場所はオーストラリアとパプアニューギニアの間の「**アラフラ海**」，事業の基地は「**パラオ**」で，採取船は多い時には240隻程度，少ない時でも80隻程度出漁して活躍していた[10)]。また，**オーストラリア**の「**木曜島**」や「**ブルーム**」でも日本人移民による「**真珠貝採取事業**」が行われていた。さらに，**ニューギニア**のニューブリテン島の「**ラバウル**」でも日本人移民による高瀬貝採取の漁業が行なわれていた[11)]。

以上のように，日本の南洋への水産業の進出は，戦前期日本の南洋進出の隠れた側面を現していると言えるであろう。

日本の南方への「**林業の進出**」は，1918（大正7）年，1919（大正8）年頃からである。その後，進出が増加し，1939（昭和14）年当時，日本の南方への林業投資額は2,000万円を超える規模となった。その事業地は，フィリピンとボルネオが中心であった。南方での日本の林業事業は，三井，三菱，日産，岩井，安宅，古河，栗林，東洋拓殖等の大手財閥，大手貿易会社が出資した企業が多かった。これらの日系林業企業は，木材輸出を自社で行う企業と商社に委ねる企業があった。

7　商社，金融，海運，倉庫の南洋進出

戦前期日本企業の南洋進出で，それを間接的に支援した企業として商社，金融，海運，倉庫等の存在があった。

戦前期南洋には，三井物産，三菱商事などの総合商社，各種の専門商社，特定の国に設立された日系資本の地場商社，小規模な貿易会社等，多様な「**商社**」があった。戦前期日本の南洋進出において商社の役割は大きかった。南洋での商社は，貿易活動が中心であったが，海外経営のサポート，海外直接投資の支援・サービスや現地情報の提供機関としても重要な存在であった。また，商社は，領事館と共に現地日本人会，商工会の中心的な役割も果たしていた。特に財閥系の「**三井物産**」は，南洋進出が古く，1891（明治24）年にシンガポールに出張所（明治25年に支店となる）を開設，その後南洋各地に支店を開設し，戦前期の南洋貿易で大きな役割を果たした[12)]。

「**銀行**」などの金融機関も，戦前期南洋に進出した。南洋での日系銀行の活動は為替業務が中心であったが，各種金融的サービスも行っていた。南洋での日系銀行は，現地日系企業や日本人に対して融資や預金等の業務を行っていたが，融資の額はそれほど多くなかった。南洋で支店等を持ち，活動していた銀行として，横浜正金銀行，台湾銀行，華南銀行，三井銀行等があった。「**横浜正金銀行**」は，シンガポール，マニラ，バンコク，スラバア，バクビア，スマランの南洋各地に古くから支店を設けており，戦前期日本の南洋進出，特に貿易に関連する為替業務においてに大きな役割を果した。「**台湾銀行**」は，台湾

に設立した日系の銀行であるが，シンガポール，マニラ，スラバア，バタビア，スマランに支店を持ち，南洋の日系企業，日本人に対して為替，預金，融資等の業務を行う，いわば日本の南進のための銀行であった。「**華南銀行**」は，台湾で日本資本と台湾資本との合弁で設立された銀行であるが，シンガポール，スマランに支店を持ち，主に南洋の華僑に対して為替，預金，融資等の業務を行った。「**三井銀行**」は，スラバヤにのみに支店があった。

銀行ではないが，南洋での融資業務を担ったのが，日系の「拓殖会社」である。特に，**東洋拓殖**は，南洋において各種の長期融資を行った。

「**海運**」，「**輸送**」，「**倉庫**」企業の南洋進出も，南洋での現地経営のサポート，インフラとして重要な存在であった。戦前期に南洋航路を開設していた企業として，**日本郵船**，**大阪商船**，**南洋海運**，**石原産業海運**，**三井物産船舶部**，等があった。これらの南洋航路は，南洋での貿易，商業，投資，移民等において極めて重要なものであった。また，南洋での倉庫企業として，石原産業系の**南洋倉庫**があった。

以上のように，明治から戦前昭和期にかけて，**日本の南洋進出を促進したインフラ要因**として，海運，金融，倉庫などの進出，および通信の発達は重要であった。明治から南洋の多くの地で，日本との**南洋航路**が開設され，南洋には，人，物の交流が本格化した。銀行を中心とした金融の南洋進出は，日本の南洋進出での貿易為替，融資，預金等において強力なサポートとなった。**通信の発達**では，国際電話，電信，無線の発達により，海外でビジネスが容易に行なえるようになったのである。

おわりに—戦前期日本企業の南洋進出の評価

明治・大正・昭和初期の戦前期日本において，**東南アジア（南方）投資の金額は総額で約3億円**（当時の1円を現在の1,000円であると仮定すると**現在価値で3,000億円**となる）程度とそれほど多くないが，**ゴム，麻，砂糖キビなどの各種栽培，鉱物採取，農業栽培，天然資源，商業，サービス，貿易，水産，林業**などへの企業や個人の進出数は多く，戦前期日本の国際経営において南洋の重要性は高いと言える。日本の戦前期の南洋進出は，**土地租借権の取得**という少ない投資額で事業を営むことのできる各種栽培事業が中心であったこともあり，中国，満州，台湾等と比較すると投資額は多くなかった。しかし，南洋進出は，**進出の業種が多様**であったこと，企業のみではなく**個人の進出も多かった**こと，それに伴い**日本人南洋移民**が多かったこと，**南洋ブーム**と呼ぶべき社会風潮が起こったこと，悲劇的結果となったが政治的・侵略的な**南進**となったこと等，日本の歴史，政治，社会，経済，経営，思想に大きな痕跡を残した。

企業経営の視点でみると，**南洋群島を除く東南アジア地域の南洋は，「欧米列国の植民地（タイを除く）」で，まったくの外国での事業であったため，戦前期日本企業の南洋進出は現地で企業を興し運営するという，まさに「国際経営」そのものであった。**

【注】

1）入江寅次（1942）『邦人海外発展史』，236 頁。

2）樋口弘（1941）『南洋に於ける日本の投資と貿易』，12 頁。

3）沖縄県教育委員会（1974）『沖縄県史 7　移民』，388 頁，360 頁。

4）拓務省（1936）『拓務要覧昭和 11 年度版』，582 頁。

5）樋口弘（1942）『南方に於ける資本関係』，2-3 頁。

6）赤澤史郎・粟屋憲太郎・立命館 100 周年史編纂室編（1994，b）『石原廣一郎関係文書　下巻』，338-339 頁をもとに著者作成。

7）「複合社会」という概念は，イギリスのファーニヴァルがインドネシアの植民地社会を分析した結果作り出されたものである。ファーニヴァルの邦訳，ファーニヴァル著，南太平洋研究会訳（1942）『蘭印経済史』，605-635 頁参照。

8）蘭印への統治国オランダの強制栽培制度とは，村落の全耕地の約 5 分の 1 については，その作物の種類は農民でなく政府が決め，収穫物は政府が一方的に決めた価格で買い取る制度である。作物の主たるものは，コーヒー，藍，砂糖キビ，茶，煙草，綿花，胡椒などであった。しかし，この強制栽培制度は，19 世紀末にはほぼ廃止された（大林太良（1984）『東南アジアの民族と歴史』，280-281 頁）。なお，蘭印への統治国オランダの植民政策については，レーベル・I（池田雄蔵訳）（1941）『蘭領東印度』，が詳しい。

9）堀眞琴（1939）『植民政策論』，255-269 頁。

10）森田幸雄（1940）「楽土南洋を語る」，『楽土南洋』（昭和 15 年 12 月号）。

11）オーストラリアの日本人移民による真珠貝採取事業については，多くの研究があるが，Mary Albertus Bain（1982），Full Fathom Five, Jones Noreen（2002），*Number 2 Home*，和歌山県（1957）『和歌山県移民史』，小川平（1976）『アラフラ海の真珠』などが代表的研究である。小川平（1976）『アラフラ海の真珠』は，和歌山県出身の豪州木曜島を中心とした日本人移民について記した素晴らしい史料である。また，小林織之助（1942）『東印度及豪州の点描』にも当時の詳しい記述がある。ニューギニアのラバウルでの日本人移民の高瀬貝採取漁業については，拓務省拓務局（1938）『豪州委任統治領ニューギニア事情』91-92 頁に詳しい記述がある。さらに，著者の研究として丹野勲（2018）『戦前の南洋日本人移民の歴史』がある。
12）日本経営史研究所（1976）『挑戦と創造―三井物産100年の歩み』，58頁。

参考文献

赤澤史郎・粟屋憲太郎・立命館100周年史編纂室編（1994, a）『石原廣一郎関係文書　上巻』柏書房。
赤澤史郎・粟屋憲太郎・立命館100周年史編纂室編（1994, b）『石原廣一郎関係文書　下巻』柏書房。
秋保一郎（1942）『東亜植民政策論』時潮社。
朝日新聞大阪本社編（1942）『南方圏要覧』朝日新聞社。
庵崎貞俊・古山鉄郎『新南嶋大観（1915）』南洋研究会。
江川薫（1913）『南洋を目的に』南北社。
越村長次（1919）『南洋渡航須知』南洋協会台湾支部。
遠藤正（1942）『蘭印の設営』湯川弘文社。
古川義三（1956）『ダバオ開拓記』古川拓殖株式会社。
ファーニヴァル（南太平洋研究会訳）（1942）『蘭印経済史』実業之日本社。
外務省調査課（1942）『東南亜細亜に於ける列国の投資』外務省調査課。
樋口弘（1941）『南洋に於ける日本の投資と貿易』味燈書屋。
樋口弘（1942）『南方に於ける資本関係』味燈書屋。
Helmut G. Callins（1941），*Foreign Capital in Southeast Asia*, Institute of Pacific Relations（日本国際協会訳『東南亜細亜における外国投資』同盟通信社）。
堀眞琴（1939）『植民政策論』河出書房。
原勝郎（1928）『南海一見』東亜堂書房。
原不二夫（1986）『英領マラヤの日本人』アジア経済研究所。
濱田恒一（1941）『蘭印の資本と民族経済』ダイヤモンド社。
入江寅次（1942）『邦人海外発展史』井田書店。
稲田周之助（1912）『植民政策』有斐閣。
井出諦一朗（1929）『黎明の南洋』淳風書院。
井上清（1913）『南洋と日本』大正社。
井上雅二（1941）『南進の心構え』刀江書院。
井上雅二（1942）『南方開拓を語る』畝傍書房。
石原廣一郎（1942）『南日本の建設』清水書房。
石田龍次郎（1939）『世界地理第6巻　外南洋Ⅰ』河出書房。
ジャガタラ友の会（1943）『ジャガタラ閑話―蘭印時代邦人の足跡』ジャガタラ友の会。
Jones Noreen（2002），*Number 2 Home*（北条正司他訳『第2の故郷―豪州に渡った日本人先駆者たちの物語』創風社出版）。
河津暹（1940）『植民政策』有斐閣。
黒田謙一（1942）『日本植民思想史』弘文堂書房。
小林一彦・野中正孝（1985）『ジョホール湖畔―岩田喜雄南方録』アジア出版。
勝間順蔵（1924）『南洋の文化と富源の実際』白鳳社出版。
蒲原廣二（1938）『ダバオ邦人開拓史』日比新聞社。
加田哲二（1940）『植民政策』ダイヤモンド社。
景山哲夫（1941）『南洋の資源と共栄圏貿易の将来』八紘閣。
亀山哲三（1996）『南洋学院―戦時下ベトナムに作られた外地校』芙蓉書房出版。
小林織之助（1942）『東印度及豪州の点描』統正社。
小林織之助（1942）『南太平洋諸島』統正社。

小林一彦・野中正孝（1985）『ジョホール湖畔—岩田喜雄南方録』アジア出版。
梶原保人（1913）『図南遊記』梶原保人。
菊池正夫（1937）『躍進の南洋』東亜協会。
国松久弥（1941）『新南洋地誌』古今書院。
三菱経済研究所（1937）『太平洋における国際経済関係』三菱経済研究所。
松澤勇雄（1941）『国策会社論』ダイヤモンド社。
Mary Albertus Bain（1982）, ***Full Fathom Five,*** Artlook Books（足立良子訳（1987）『真珠貝の誘惑』勁草書房）。
室伏高信（1936）『南進論』日本評論社。
松澤勇雄（1941）『国策会社論』ダイヤモンド社。
松岡正男（1926）『植民及移民の見方』日本評論社。
松本國男（1981）『シャミル島—北ボルネオ移民史』恒文社。
松本忠雄（1940）『蘭印と日本』ダイヤモンド社。
日本経営史研究所（1976）『挑戦と創造—三井物産 100 年の歩み』三井物産株式会社。
日本評論社編（1935）『南洋読本』日本評論社。
根岸勉治（1962）『熱帯農企業論』河出書房新社。
野間海造（1944）『人口問題と南進論』慶應出版社。
永田秋濤（1917）『図南録』実業之日本社。
西村竹四朗（1941）『シンガポール三十五年』東水社。
西野睦夫（1943）『人口問題と南方圏』室戸書房。
野村汀生（1937）『シンガポール中心に同胞活躍　南洋の五十年』新嘉坡南洋之日本人社。
西川俊作・山本有造編著（1990）『日本経済史 5　産業界の時代　下』岩波書店。
南方年鑑刊行会（1943）『南方年鑑　昭和 18 年版』東邦社。
南洋団体聯合会（1942）『大南洋年鑑』南洋団体聯合会。
南洋協会（1939）『大南洋圏』南洋協会。
南洋協会（1941）『南洋協会主催　南洋経済懇談会参考資料（第 4）企業投資関係調査』南洋協会。
南洋庁『南洋群島要覧（各年版）』南洋庁。
南洋経済研究所（1942）『日本売薬南方進出繁盛記』南洋資料第 115 号，南洋経済研究所。
沖縄県教育委員会（1974）『沖縄県史 7　移民』沖縄県教育委員会。
小川平（1976）『アラフル海の真珠—紀州のダイバー百年史』あゆみ出版。
大森清次郎（1914）『南洋金儲百話』南洋通商協会。
大林太良（1984）『東南アジアの民族と歴史』山川出版社。
『楽土南洋』（昭和 15 年 12 月号）輝文館・大阪クッパ社。
レーベル・I（池田雄蔵訳）（1941）『蘭領東印度』岡倉書房。
地理教育研究会（1939）『地理教育　南洋研究号』第 30 巻第 5 号，中興館。
杉山伸也・イアン・ブラウン編著（1990）『戦間期東南アジアの経済摩擦—日本の南進とアジア欧米』同文館。
疋田康行編著（1995）『「南方共栄圏」—戦時日本の東南アジア経済支配』多賀出版。
シンガポール日本人会（1978）『南十字星』シンガポール日本人会。
島崎新太郎（1931）『南洋へ—蕃島を踏破して』新時代社。
島津久賢（1915）『南洋記』春陽堂。
佐野実（1913）『南洋諸島巡航記』鍋島能寛。
澤田謙（1943）『海外発展と青年』潮文閣。
副島八十六（1916）『帝国南進策』春陽堂。

東亜研究所（1941）『南洋諸地域の鉄鉱』東亜研究所。
台湾総統府官房調査課（1935）『南洋各地企業須知』台湾総統府官房調査課。
台湾総統府（1933）『台湾事情　昭和８年版』台湾総統府。
台湾南方協会（1941）『南方読本』三省堂。
拓務省（1936）『拓務要覧昭和11年度版』拓務省。
拓務省拓務局（1938）『豪州委任統治領ニューギニア事情』拓務省拓務局。
台湾銀行（1939）『台湾銀行四十年誌』台湾銀行。
田沢震五（1921）『南洋見たまゝの記』新高堂書店。
武井十郎（1930）『踏査二十三年　富源の南洋』博文館。
多田惠一（1929）「南洋楽土　大ボルネオ　附　南洋渡航案内』南洋開発社出版部。
鶴見祐輔（1917）『南洋遊記』大日本雄弁会。
東郷實（1936）『人口問題と海外発展』日本青年館。
立野斗南（1936）『南方経論』秋豊園出版部。
徳川義親（1931）『じゃがたら紀行』十文字書店。
丹野勲・榊原貞雄（2007）『グローバル化の経営学』実教出版。
丹野勲（2017）『日本企業の東南アジア進出のルーツと戦略―戦前期南洋での国際経営と日本人移民の歴史―』同文舘。
丹野勲（2018）『戦前の南洋日本人移民の歴史―豪州，南洋群島，ニューギニア―』お茶の水書房。
内田嘉吉（1913）『国民海外発展策』拓殖新報社。
和歌山県（1957）『和歌山県移民史』和歌山県。
渡邉薫（1935）『比律賓在留邦人発達史』南洋協会。
矢内原忠雄（1912）『植民及植民政策』有斐閣。
矢内原忠雄（若林正丈編）（2001）『「帝国主義下の台湾」精読』岩波書店。
山崎直方（1916）『我が南洋』広文堂書店。
山田毅一（1910）『南洋行脚誌』弘道館。
山田毅一（1916）『南進策と小笠原諸島』遊天義塾出版部。
山田毅一（1934）『南洋大観』平凡社。
山本美越乃（1917）『我国民ノ海外発展ト南洋新占領地』京都法学会。
吉岡利起（1942）『マレーの実相』朝日新聞社。
八木實通（1916）『爪哇とセレベス』進省堂。
吉野作造編（1915）『南洋』民友社。
山崎一平・山本有造（1979）『長期経済統計14　貿易と国際収支』東洋経済新報社。
吉田信友編（1927）『南洋事情（上）（下）』海外事情普及会。

第2編

第２次大戦後から現在までの日本の国際経営の歴史

—アジア進出を中心として—

第4章

第2次大戦終結後の日本の東南アジアへのGHQ占領下の輸出，戦後賠償，海外投資

—1945年の敗戦から1960年代前半までの日本企業の東南アジア進出の歴史と戦略—

はじめに

本章の問題意識は，**第2次大戦終結**により日本企業の東南アジアの事業は全て喪失したが，**終戦後，日本企業の東南アジアへの輸出や海外投資などによる企業進出**はどのような経緯で復活し，発展したかである。また，**日本企業の東南アジアでの戦前の事業と戦後の事業とのつながり，関連についても問題意識の中にある。**

戦前期，東南アジアでの日本の民間の海外投資，直接投資による事業としては，第3章で論じたように，明治時代から始まった最も古いものとしては，ゴム栽培，麻栽培，砂糖キビ栽培などの農園，商業，貿易などの事業があり，その後，鉱業開発，製造業，漁業・水産などの投資もあった。規模が大きいものとして，日本の石原産業株式会社によるマレーシアを中心とした鉱山開発，日本の大手企業によるゴム栽培事業などがあった。戦前期には，東南アジアの現地市場や現地日本人での販売を目的とした食品製造や軽工業および商業（商店など），主に日本への輸出を目的とした鉱業開発やゴム・麻・砂糖キビなどの農園開発，漁業・水産，林業，貿易業など活発に行われていた。戦時中は，日本が東南アジアのかなりの地域を占領したこともあり，軍の主導による日本企業の各種の鉱山開発なども盛んに行われた。

1945（昭和20）年，日本の敗戦により，日本の東南アジア事業はすべて喪失

し，撤退を余儀なくされ，日本人はほとんど引揚げた。戦後，一般日本人（軍人以外の民間人）「**引揚者**」は約320万人（軍人を含めると引揚者は約630万人），その内，東南アジアからの一般日本人引揚者は約5万6千人であった[1)]。残された東南アジアでの日本の事業のほとんどは，現地政府や現地企業に引き継がれ，戦後の東南アジア諸国の経済発展に貢献した。第2次世界大戦で，日本は約310万人の人命と，国富の約4分の1を失った。敗戦後，国内での解雇者に海外からの復員者が加わり大量の失業者が発生して，生活物資の不足や激しいインフレーションが生じていた。日本は，敗戦により，貿易や海外投資を含めたほぼすべての東南アジアでの事業活動は，GHQの命令・規制のもとにおかれることとなった。

本章は，**終戦の1945（昭和20）年から日本経済が復興し，東南アジアへの貿易や海外投資が開始され，一定の成果を上げるようになった1960年代前半までの約20年間の日本企業の東南アジア進出の歴史と戦略**について考察する。その際，戦後進出の大きなきっかけとなり，影響を与えた，「**GHQ占領下の輸出**」，「**戦後賠償**」，「**東南アジアへの海外投資の黎明期**」を中心として論ずる。

第1節　敗戦からGHQ占領，経済復興と成長の時期

1　日本の敗戦とGHQによる占領

ポツダム宣言に基づいて，「**連合国軍最高司令官総司令部**（**GHQ**：General Head Quarters)」が，日本の占領政策を担うことになった。第2次大戦終結後の1945（昭和20）年から1952（昭和27）年まで，日本は，**GHQ**（連合国軍総司令部）の占領下にあった。

GHQの命令により，「**農地改革**」，「**財閥解体**」，「**労働三法の制定**」（**労働基準法，労働組合法，労使関係調整法**）など，「**経済の民主化**」が行なわれた。大戦後の日本経済は混乱していたが，日本経済を回復させるために1947（昭和22）年から「**傾斜生産方式**」をとり，石炭・鉄鋼・電力・肥料などの基幹産業に重点的に**復興金融公庫**などの資金や資材を配分し，生産は回復した。GHQは，1948（昭和23）年，均衡予算，徴税強化，復興金融公庫の廃止など9項目からなる「**経済安定九原則**」が発令された。この実現のため，GHQ財政顧問ドッ

ジの指導の下に，1949（昭和24）年から厳しい財政引き締め政策（「ドッジ・ライン」）がとられ，インフレーションは終息した。また，1949（昭和24）年から**「1米ドル＝360円の単一為替レート」**が設定され，日本は国際市場に復帰した。さらに，同年**「シャウプ勧告」**により，税制の合理化と適正化が図られた。

1950（昭和25）年に勃発した**「朝鮮戦争」**により，アメリカ軍を中心とする国連軍の**「特需」**などで，景気は回復した。1949（昭和24）年と比べ1951（昭和26）年の輸出は2.7倍，鉱工業生産は1.7倍へと急増した。日本は，1952（昭和27）年に**「IMF（国際通貨基金）」**に加盟し，同年，**日本の1人当たりの実質国民所得がほぼ戦後水準に回復した**[2)]。1955（昭和30）年には，**「GATT（関税と貿易に関する一般協定）」**に加盟し，国際経済への復帰も進んだ。

以下から，**終戦から1960年代前半までの戦前初期の日本の海外進出**について，東南アジアを中心として考察する。

2　GHQによる占領時代の日本企業の海外進出―輸出を中心として

日本は，終戦の1945（昭和20）年から1952（昭和27）年まで，**「GHQの占領下」**にあった。そのため，日本の貿易は，GHQのもとに商工省の外局として**「貿易庁」**の国営貿易方式で多くの制約のもと運営された[3)]。すなわち，GHQは，1946（昭和21）年，日本政府に対して輸出入物資の取得・販売に当たる貿易庁を設置し，ここで輸入物資を保管・管理すると同時に，国内業者から輸出物資を買い上げて輸入代金の支払いをした[4)]。ただし，海外の業者との輸出入の取引等はGHQの名によってなされ，実質はGHQによる貿易であった。

GHQは，貿易分野において独占的地位にあったとして，1947（昭和22）年，三井物産と三菱商事を解散させ，その清算は1950（昭和25）年に完了した。その後，三井物産と三菱商事は，従業員が独立するなどで多数の貿易会社に分かれた[5)]。

1947（昭和22）年から，GHQの統制のもとで，**「民間貿易の一部制限付き再開」**がなされ，占領下の日本制と意味で**「メード・イン・オキュパイド・ジャパン（Made in Occupied Japan）」**として輸出が行なわれるようになった。このように1947（昭和22）年の民間貿易再開から1952（昭和27）年の講和条約発効までに製造された輸出製品には，メード・イン・オキュパイド・ジャパンと表示された。ただし，1949（昭和24）年，GHQにより“Made in Japan”や“Japan”表示が一部に認められるようになった[6)]。

GHQは，1948（昭和23）年頃から，日本の輸出貿易を促進するために，日本の「**貿易会社の海外支店の設置**」，「**輸出信用保険制度**」，「**日本政府の海外事務所の設置**」，などを認めるようになった[7)]。日本の貿易はGHQの統制下にありながらも，輸出・輸入といった貿易活動はふたたび活発になってきた。図表4－1は，「**終戦（1945（昭和20））－1946（昭和21）年末，1947（昭和22）年，1948（昭和23）年の日本の貿易**」についてみたものである。輸出額・輸入額とも終戦時から増加しているが，輸出より輸入が多いという状況があり，貿易赤字としての入超額がかなり増えている。図表4－2は，1947（昭和22）年，「**1948（昭和23）年の日本貿易の品目**」について戦前期（昭和9年）と比較してその推移をみたものである。1947（昭和22）年と1948（昭和23）年の輸出は，各品目別の比重がほぼ戦前の状態に回復している。**輸出品**（昭和22年度）では，**繊維製品**が半数以上の第1位で，以下鉱産物・窯業及び金属製品，雑品（含木材・紙），機械器具類の順である。GHQは，**綿製品**の輸出を促進することを特に重視し，そのために原材料の原綿の輸入を1946（昭和21）年から再開させた[8)]。このように，日本の戦後初期の輸出において，綿製品を中心とした繊維製品は，極めて重要な輸出産業であった。**輸入品**では，**食料**の比重がかなり高く，以下繊維類，化学製品・ゴム，鉱産物・窯業品・金属及び機械類の順である。戦前期に比較すると，戦後の食糧難から，食糧品の比重が極めて高くなっている。図表4－3は，1947（昭和22）年，「**1948（昭和23）年（1−9月）の日本**

図表4－1　終戦から昭和23年までの日本の貿易

	輸出額（千ドル）	輸入額（千ドル）	入超額（千ドル）
終戦-昭和21年末	103,292	305,393	202,101
昭和22年	173,568	526,130	352,562
昭和23年	258,621	682,612	423,991

出所：経済安定本部（1949）『経済現状の分析』経済安定本部，17頁。

図表４－２　日本の貿易の品目

輸　出　(單位　千ドル)

	23年1－9月		22年		昭和9年の比率
農水産物・かん詰（含油脂）	7,179	(4.7)	5,717	(3.3)	(7.9)
皮革製品	4,246	(2.8)	345	(0)	－
化学製品・ゴム	8,938	(5.9)	4,749	(2.8)	(4.8)
繊維製品	85,976	(56.6)	133,499	(76.5)	(58.4)
鉱山物・窯業及金属製品	22,483	(14.8)	14,039	(7.8)	(9.4)
機械器具類	8,652	(5.7)	7,073	(4.1)	(5.8)
雑品（含　木材・紙）	14,577	(9.6)	8,146	(4.7)	(13.7)
合計	152,051	(100.0)	173,568	(100.0)	(100.0)

輸　入　(單位　千ドル)

	23年1－9月		22年		昭和9年の比率
食糧	241,630	(47.0)	307,436	(58.4)	(7.6)
油脂類	8,592	(1.7)	5,130	(1.2)	(6.6)
化学製品・ゴム	42,059	(8.2)	80,132	(15.4)	(2.5)
繊維類	124,294	(24・2)	82,823	(15.7)	(43.0)
木材・紙類	1,522	(0.3)	1,780	(0.3)	(3.4)
鉱山物・窯業品・金属及機械類	80,421	(15.7)	48,414	(9.2)	(28.6)
皮革類	3,453	(0.6)	221	(0)	(0.9)
その外	11,173	(2.2)	194	(0)	(7.4)
合計	513,144	(100.0)	526,150	(100.0)	(100.0)

(註) 昭和9年の比率には朝鮮・台湾等に對する移出入を含まない。

出所：経済安定本部（1949）『経済現状の分析』経済安定本部，18-20 頁。

図表４－３　日本貿易の地域

			米国	その他米州諸国	アジア・豪州	欧州・アフリカ
23年1-9月	金額	輸出	42,400千ドル	2,200千ドル	75,200千ドル	32,300千ドル
		輸入	341,700千ドル	72,000千ドル	76,000千ドル	23,300千ドル
	比率	輸出	27.9%	1.4%	49.4%	21.2%
		輸入	66.5%	14.1%	14.8%	4.5%
22年	比率	輸出	11.6%	0.4%	68.8%	19.2%
		輸入	91.9%	0%	5.9%	2.2%
昭和9年	比率	輸出	18.4%	5.2%	57.5%	18.9%
		輸入	34.2%	3.5%	45.6%	16.7%

出所：経済安定本部（1949）『経済現状の分析』経済安定本部，20-21 頁。

貿易の地域」について戦前期（昭和９年）と比較してみたものである。**輸出**では，**アジア・豪州**の比重がかなり高く，次が**米国**となっている。**輸入**では，**米国**の比重が極めて高い状況であった。これは，敗戦後日本は，米国からの各種の援助を受けていたためであろう。

3　1949（昭和24）年から単一・固定レート1米ドル360円の設定と輸出入貿易の許可制の廃止

終戦の1945（昭和20）から1949（昭和24）年までの間，「**外国為替レート**」は決まっておらず，商品によってレートの違う「**複数制外国為替レート**」であった。輸出の場合は国内業者に払う価格は国内の市場価格を基準とし，輸入の場合は国際的に適当とされる価格で取引をされた。そのため，輸入における為替レートと輸出における為替レートが相違するという，複数外国為替レートとなっていた。例えば，輸出商品の円ドルレートは商品によって異なり，1ドル100円から700円程度まであった（平均は331円）[9]。

終戦から4年目の1949（昭和24）年，このような不安定な外国為替レートを改善するために，単一で固定された「**1米ドルが360円の為替レート**」を設定した。このような「**単一・固定レート**」**の設定は，日本の輸出を促進**するものであった。1米ドル360円の為替レートは，**当時の購買力平価からすると，円安傾向**であったことから，日本企業の輸出には有利に作用した。

GHQは，1949（昭和24）年12月から日本からの「**輸出の許可制を廃止**」して，輸出業者はバイヤーと取引商品の数量，価格について直接交渉できるようになった。輸出手続きは原則として，事前許可を受ける必要はなく，戦略物資，食料などを除き，売り手と買い手が自由に契約することができた。この場合，GHQと通産省は「**輸出契約の事後審査**」をするに止まった。輸入については，1950（昭和25）年1月から日本からの原則的には**輸入の許可制を原則廃止**した[10]（ただし，「**為替割当**」，「**外貨資金の許可範囲内**」などを通して制限を受けた）。

4　輸出の拡大

終戦後の時期，日本は輸入が多く輸出が少ないため，大幅な「**貿易赤字**」の状況であった。1米ドル360円の単一・固定レートを設定した前年の1948（昭和23）年当時の日本の貿易収支をみると，輸入が6億8,300万ドルで輸出が2億5,900万ドルという大幅な貿易赤字であった[11]。その貿易赤字は，「**アメリ**

力の援助」によって賄われていた。日本政府は，このような貿易赤字の克服，日本経済の回復のため，「**輸出の促進**」にも重点を置いた。1950（昭和25）年8月から，日本**商社**の海外支店や駐在員事務所は，希望先の政府が認めれば，設置できるようになった[12)]。また，1950（昭和25）には，政府の信用機関として輸出金融などを目的とする「**日本輸出入銀行**」が設立された。

1950（昭和25）年から日本の「**海外航路の海運**」がGHQにより許可されるようになった。1950（昭和25）年には大阪商船の南米東岸定期航路，1951（昭和26）年には日本郵船のバンコク定期航路が再開し，その後順次海外定期航路が再開された。1953（昭和28）年には，日本の海運はほぼ戦前の航路を回復した。

図表4－4は，「**戦前期（1934－36年平均）及び1950（昭和25）年から1953（昭和28）年までの日本の貿易**」についてアジア貿易を中心としてみたものである。日本は，単一為替レートを設定したこと，輸出の許可制を廃止したこと，日本商社の海外支店や駐在員事務所の設置が認められたこと，日本経済が回復してきたことなどもあり，1951（昭和26）年頃までは**東南アジアなどへの輸出は順調に拡大**した。1952（昭和27）年と1953（昭和28）年は輸出がやや停滞した。輸出額を東南アジアの国別にみると，インドネシアが最も金額が多く，ビルマ，タイもかなりの輸出増加がみられた。輸入では，マレー，タイ，インドネシア，フィリピンからの輸入額が多い。これらの東南アジア諸国へは，日本から綿糸・綿製品などの繊維品，鉄鋼製品，機械，車両（鉄道車両など），化学品（肥料など），セメント，陶磁器等を輸出し，各国の資源（ゴム，鉄鉱石，ボーキサイト，マニラ麻等），食料品（米・糖等），木材などを日本に輸入した。

第2節　戦後賠償による日本の東南アジア進出

1　日本の賠償と開発プロジェクト

1951（昭和26）年に米国サンフランシスコで署名された「**対日平和条約**」第14条により，日本は，第二次世界大戦で相手国に与えた損害及び苦痛を償なうために，「賠償を支払う義務」を負った。その日本の「**戦後賠償**」に関して，対象国，賠償額や期間などの具体的な点は，すべて賠償を請求する国と日本と

図表４－４　日本の対アジア貿易

（単位　金額　百万ドル）

	前前（1）		1950年		1951年		1952年		1953年	
	金額	%	金額	%	金額	%	金額	%	金額	%
輸入総額	950.9	100.0	969.9	100.0	2,044.3	100.0	2,028.2	100.0	2,409.6	100.0
東南アジア										
インド			17.8	1.8	52.4	2.6	73.0	3.6	75.1	3.0
パキスタン	93.5	9.8	39.0	4.1	102.5	4.6	82.4	4.1	108.0	4.4
ビルマ			17.7	1.8	30.6	1.4	29.8	1.5	50.2	2.0
セイロン	0.7	※	0.2	※	1.5	0.1	2.3	0.1	2.2	0.1
マレー	6.5	0.7	39.1	4.1	58.7	2.9	54.3	2.7	50.4	2.0
シンガポール	14.0	1.5	0.3	※	4.1	0.4	6.7	0.3	13.0	0.5
英領ボルネオ(2)	3.2	0.3	3.9	0.4	9.0	0.2	17.2	0.8	21.6	0.9
香港	0.7	0.1	0.6	※	5.9	0.3	6.8	0.3	7.9	0.3
フイリッピン	7.7	0.8	22.5	2.3	49.6	2.5	51.2	2.5	62.7	2.5
タイ	1.5	0.2	43.5	4.5	51.0	2.5	62.5	3.1	84.7	3.4
インドシナ	4.4	0.5	1.6	0.1	2.9	2.1	4.7	0.2	14.7	0.6
インドネシア	24.7	2.6	13.4	1.4	54.8	0.7	27.5	1.4	48.8	2.0
合計	157.0	16.5	199.6	20.5	423.0	20.3	418.3	20.6	539.3	22.4
極東										
中共	102.1	11.8	39.5	4.1	20.8	1.0	14.9	0.7	29.7	1.2
朝鮮	134.4	14.1	16.1	1.7	7.1	0.3	20.2	1.0	8.6	0.3
台湾	89.4	9.4	37.9	4.0	53.0	2.6	63.8	3.1	64.0	2.6
合計	325.9	35.3	93.5	9.8	80.9	3.9	98.9	4.8	102.3	4.1

	前前（1）		1950年		1951年		1952年		1953年	
	金額	%	金額	%	金額	%	金額	%	金額	%
輸出総額	928.4	100.0	820.2	100.0	1,354.5	100.0	1,272.9	100.0	1,274.8	100.0
東南アジア										
インド			20.3	2.5	51.7	3.8	36.7	2.9	27.4	2.1
パキスタン	74.7	8.1	55.6	6.8	117.0	8.6	117.8	9.2	14.9	1.2
ビルマ			16.3	2.0	18.1	1.4	21.2	1.6	33.1	2.6
セイロン	4.4	0.5	7.1	0.9	17.4	1.3	17.3	1.3	13.9	1.1
マレー	0.5	※	4.4	0.5	11.6	0.9	11.6	1.8	7.4	0.6
シンガポール	16.5	1.8	13.7	1.7	56.6	4.2	51.5	4.0	32.1	2.5
英領ボルネオ(2)	0.1	※	0.2	※	0.2	※	0.7	※	0.5	※
香港	13.7	1.5	53.3	6.5	61.6	4.6	80.7	6.3	62.2	4.9
フイリッピン	13.2	1.4	18.3	2.2	36.9	2.7	19.6	1.4	27.5	2.2
タイ	10.8	1.2	42.6	5.2	45.2	3.3	36.4	2.9	52.6	4.1
インドシナ	1.1	0.1	2.1	0.3	9.7	0.7	8.5	0.6	7.6	0.6
インドネシア	41.7	4.5	46.3	5.7	128.4	9.5	59.8	4.7	105.4	8.3
合計	176.7	19.1	280.2	34.2	554.4	41.0	461.8	36.2	384.6	30.2
極東										
中共	169.5	18.3	19.6	2.4	5.8	0.4	0.6	※	4.5	0.4
朝鮮	156.5	16.9	18.1	2.2	14.8	1.1	40.8	3.2	106.8	8.4
台湾	59.7	6.4	38.0	4.6	50.6	3.7	60.7	4.8	61.0	4.8
合計	385.7	41.6	75.7	9.2	71.2	5.2	102.1	8.0	172.3	13.5

[注]（1）1934～36年平均。　（2）サラワク，ブルネイ，北ボルネオ

出所：通商産業省編（1954）『昭和29年　日本貿易の現状』通商産業省，14-15頁。

の間の個々の交渉に委ねられた。ただし，この平和条約では，賠償を要求しうる国は，その現在の領域が日本の軍隊によって占領され，日本によって損害を与えられた国に限られていた。

この条約に従って日本に賠償を請求し交渉を行なったのは「**フィリピン**」,「**ベトナム**（当時の**南ベトナム**）」の２カ国であったが,「**ビルマ**」と「**インドネシア**」はそれぞれ**個別に日本と賠償協定**を結んだ。また「**中国**」（国府）と「**インド**」は，それぞれ単独の「**平和条約で賠償請求権を放棄**」したほか,「**カンボジア**」および「**ラオス**」も，それぞれ1954（昭和29）年および1957（昭和32）年，**賠償請求権を放棄**した。日本が戦後賠償を支払う相手国は，フィリピン，ベトナム，ビルマ，インドネシアの４か国となった。ただし，賠償請求権を放棄したカンボジア，ラオスに対しても，日本は「**準賠償として無償資金・技術協力の供与**」を行った。さらに，**シンガポール**，**マレーシア**，**タイ**に対してもこのような準賠償に相当する「**開発援助**」を行った。

1954（昭和29）年，日本は「**ビルマとの賠償協定**」が妥結し，日本国とビルマ国との「平和条約」ならびに「賠償及び経済協力に関する協定」が署名され，1955（昭和30）年に発効した（後に，再検討条項に基づいて，1963（昭和38）年ビルマへの賠償額を増やすことで合意した)。次いで1956（昭和31）年,「**フィリピンとの賠償協定**」がマニラで署名され，同年発効された。さらに「**インドネシアとの賠償協定**」が1958（昭和33）年，ジャカルタにおいて「平和条約」とともに署名され，同年発効した。そして最後にベトナムとの交渉も妥結し，1959（昭和34）年，サイゴンにおいて「**南ベトナムとの賠償協定**」が署名され，1960（昭和35）年に発効した[13)]。

図表４－５は,「**東南アジア諸国への日本の戦後賠償額**」を表したものである。東南アジア諸国への賠償額は，ビルマが720億円（2億ドル)，フィリピンが1,980億円（5億5,000万ドル)，インドネシアが803億880万円（2億2,308万ドル)，ベトナムが140億4,000万円（3,900万ドル)，ラオスが10億円（300万ドル)，カンボジアが15億円（450万ドル)，総計で4,172億4,880万円（11億5,958万ドル）と，巨額であった。期間は，1955（昭和30）年から1977（昭和52）年までの22年間であった。

図表4－5　賠償，無償経済協力，その他の特殊債務支払予定額

単位　億円、() 内は百万ドル

年別	1955	1956	1957	1958	1959	1960	1961	1962	1963	1964	1965	1966	1967	1968	1969	1970	1971	1972	1973	1974	1975	1976	1977	合計
1.賠償及び無償経済協力																								
(1)ビルマ																								
イ.賠償	72	72	72	72	72	72	72	72	72	72														720
	(20)	(20)	(20)	(20)	(20)	(20)	(20)	(20)	(20)	(20)														(200)
ロ.無償経済協力											42.12	42.12	42.12	42.12	42.12	42.12	42.12	42.12	42.12	42.12	42.12	40.68		504
											(11.7)	(11.7)	(11.7)	(11.7)	(11.7)	(11.7)	(11.7)	(11.7)	(11.7)	(11.7)	(11.7)	(11.3)		(140)
(2)フィリピン		90	90	90	90	90	90	90	90	90	90	108	108	108	108	108	108	108	108	108	108			1,980
		(25)	(25)	(25)	(25)	(25)	(25)	(25)	(25)	(25)	(25)	(30)	(30)	(30)	(30)	(30)	(30)	(30)	(30)	(30)	(30)			(550)
(3)インドネシア				72	72	72	72	72	72	72	72	72	72	72	11.088									803,088
				(20)	(20)	(20)	(20)	(20)	(20)	(20)	(20)	(20)	(20)	(20)	(3.08)									(223.08)
(4)ヴィエトナム						36	36	36	16.2	16.2														140.4
						(10)	(10)	(10)	(4.5)	(4.5)														(39)
(5)ラオス					5	5	(協定援助期間は1961年以降4年間延長している)																	10
					(1.5)	(1.5)																		(3)
(6)カンボディア					5	5	5	(協定援助期間は1962年以降2年間延長している)																15
					(1.5)	(1.5)	(1.5)																	(4.5)
小計	72	162	162	234	244	280	275	270	250.2	250.2	204.12	222.12	222.12	222.12	161.208	150.12	150.12	150.12	150.12	150.12	150.12	40.68		4,172.488
	(20)	(45)	(45)	(65)	(68)	(78)	(76.5)	(75)	(69.5)	(69.5)	(56.7)	(61.7)	(61.7)	(61.7)	(44.78)	(41.7)	(41.7)	(41.7)	(41.7)	(41.7)	(41.7)	(11.3)		(1,159.58)
2.タイ特別円新協定による支払予定額								10	10	10	10	10	10	10	26									96
								(3)	(3)	(3)	(3)	(3)	(3)	(3)	(7)									(28)
3.ガリオア、エロア協定による支払予定額									158.04	158.04	158.04	158.04	158.04	158.04	158.04	158. 04	158.04	158.04	158.04	158.04	62.64	62.64	62.64	2,084.4
									(43.9)	(43.9)	(43.9)	(43.9)	(43.9)	(43.9)	(43.9)	(43.9)	(43.9)	(43.9)	(43.9)	(43.9)	(17.4)	(17.4)	(17.4)	(579)
合計	72	162	162	234	244	280	275	280	418.24	418.24	372.16	390.16	390.16	390.16	345.248	308.16	308.16	308.16	308.16	308.16	212.76	103.32	62.64	6,352.888
	(20)	(45)	(45)	(65)	(68)	(78)	(76.5)	(78)	(116.4)	(116.4)	(103.6)	(108.6)	(108.6)	(108.6)	(95.68)	(85.6)	(85.6)	(85.6)	(85.6)	(85.6)	(59.1)	(28.7)	(17.4)	(1,766.88)

出所：賠償問題研究会編（1963）『日本の賠償』世界ジャーナル社，20-21頁。

日本が賠償として供与されたのは，主に「**資本財**」であった。その資本財としては，水力発電所・ダム，鉄道，港湾，通信施設，肥料・セメント・パルプなどの工場・プラント，農業・水産開発，水利・水道施設等の資本財の建設や資材などが主要な部分であった。これは，供与国の経済開発，社会福祉等のための資本財であった。このように**戦後賠償の資本財中心主義がとられた理由**として以下がある。第1は，**戦後賠償を長期の経済建設や経済開発**に使用するのが，賠償受入れ国の経済発展や生活水準の向上のために最も有意義であったことである。第2は，日本としては賠償によって，**戦後賠償受入れ国民の対日感情の好転**をはかるために，すぐなくなる消費財よりは，長く賠償を印象づける洪水防止のダム，発電所などの資本財を供与する方が優るためである。第3は，通常輸出困難なプラント類や，従来輸出されていなかった資本財を賠償で供与することで，**戦後賠償が将来の進出の基盤**を築くことが，日本にとって望ましいことであるからである。第4は，賠償受入れ国への日本の輸出品が，繊維品等の消費財が主で，資本財は比較的少なかったので，**戦後賠償で資本財を供与することは消費財に比し通常（民間）貿易と競合するおそれが少ない**ことである。このように，戦後賠償として供与する生産物は，資本財を原則とした。

このような日本の東南アジア諸国に対する戦後賠償は，「**資本財の輸出効果**」をもたらし，将来の日本の東南アジアへの直接投資や貿易のきっかけの1つとなった，すなわち，長期にわたる東南アジア現地での各種のプロジェクトの建設等の戦後賠償の経験は，**将来の日本企業のインフラ建設等への海外投資・直接投資の基盤**となった[14)]。

なお，戦後賠償協定により，東南アジア諸国は日本に対してそれ以降賠償請求権を放棄した。このような賠償協定の締結により，韓国で問題となっている日本の賠償責任等の問題は，東南アジア諸国では一切生じていない。

2　ビルマへの賠償の事例

(1) ビルマとの賠償協定と主に資本財の供与

ビルマ（現在はミャンマー国）は，日本が賠償協定を結んだ最初の国で，発効したのは1955（昭和30）年である。1955（昭和30）年4月からが賠償の第1年度で，最終は1962（昭和37）年の第8年度で，支払総額が約576億円であった。

ビルマとの賠償協定では，ビルマ側が賠償を経済開発に利用しようという考えをもっていたので，インフラや資本財を中心とした計画が定められた。「**バルーチャン発電所計画**」が最も大きなプロジェクトで，国営綿紡績工場の整備，ラングーン港復旧計画，農業開発，船舶・鉄道車輌・自動車等の輸送の整備，各種機械，ポンプおよび耕運機・電気器具・自動車の組立や製造プラント，等であった。このように資本財が中心であったが，経済開発計画との結びつきが薄い魚缶詰，鉄板，肥料等の消費財も，ビルマ側の事情で供与された[15)]。

（2）バルーチャン発電所建設計画

賠償でビルマ側が最優先としていたのは，**バルーチャン水力発電所の建設計画**であった。金額でもこの計画のための賠償契約は，約102億円と大きかった。ビルマ政府は，独立後，工業化による経済開発を目指し，低廉で豊富な電力の供給を重視していた。そこで水力発電所建設のため，全国の建設候補地の調査が行われ，その候補地の中から地理的優位性などからバルーチャン水力発電所の建設が決定された。この時期，日本との賠償協定が成立したため，ビルマ政府はこの計画を賠償で建設することとした。

バルーチャン水力発電所計画は，ビルマの二大都市**ラングーン（現在のヤンゴン）**と**マンダレー**のほぼ中間に位置するサルウィン河の上流バルーチャン河に発電所を建設し，南方のラングーンおよび北方マンダレーに送電する計画であった。ビルマは，多民族国家（当時の人口は約2,000万人）で，最も人口の多いビルマ族（約1,400万人）の他，カレン族，シャン族，カチン族，チン族等の少数民族が主として北部や東部の山地に居住し，政治的に複雑な関係にあった。特に，カレン族との対立があり，「**カレン族の反乱や内乱**」なども起こったこともあった。日本の賠償によって建設されたこのバルーチャン発電所は，これら少数民族の居住地にあったので，ビルマ政府は特に少数民族に配慮し，少数民族に対して協力，完成後の利益などを強調し，協力を要請した。このようなこともあり，バルーチャン発電所は，計画通り完成させることができた。

バルーチャン発電所建設は，日本企業の**日本工営株式会社**が調査，設計，監督を行ない，工事は**鹿島建設株式会社**が請け負い建設した。また，この工事では，発電機，変圧器，輸送等の自動車，各種プラント，建設機械，送電線，セメント，鋼材なども賠償で調達された。工事に従事した者は，日本人技術者約235人，ビルマ人技術者約100人，ビルマ人労務者約2,880人であった。

バルーチャン発電所は，ビルマでの経済効果が持続的で広範囲であるという点，また日本にとっても，日本の建設会社の海外進出の足場を作った点からみて，ビルマ賠償の代表的なものといえる[16)]。

(3) 鉄　道

ビルマの国内交通の中で，「**ビルマの鉄道**」は河川航運とともに重要である。戦前の時期，ビルマ国有鉄道の総延長は2,059マイルで，ラングーン（現在のヤンゴン）を起点として南北に走っていたが，第2次大戦によって大きな打撃を受けた。大戦後，英軍によってある程度まで復旧されたが，独立後の内乱によって鉄道はまた被害を受け，施設は荒廃した。

1956（昭和31）年から実施された日本の賠償によって大量の鉄道車輌，レール，信号装置等が提供された。また同年，535万ドルの世界銀行の借款も成立した。この2つの柱によって，橋梁の復旧・軌道の改善，車輌の更新と増強，重建設機械等の購入などにより，鉄道の復旧強化計画は大いに進捗した。

日本からの**ビルマの鉄道関係の賠償契約**は，1963（昭和38）年までに約72億7,800万円に達し，世銀借款の約4倍と巨額なものであった。日本の賠償によって供与されたものは，客車155輌，貨車1,080輌，給水車20輌，油槽車19輌，保線車15輌，点検車20輌などの車両，およびレール30,466トン，ポイント，継目板，犬釘，ボルト等の保線材料，信号装置，橋げた，給水塔その他の資材であった[17)]。日本の車両製造企業を中心としたビルマへの賠償による輸出は，日本の鉄道関連企業の国際的展開において重要な経験と実績となった。

著者は，ビルマのヤンゴンを訪れた際ヤンゴン駅を訪問したが，古い車両がかなり多かったことから，この日本の賠償で供与した車両や鉄道関連の施設がまだ使用されている可能性もあるように思われた。

（4）輸送関連の供与

ビルマの「**海運**」への援助として，1960（昭和35）年，日本の賠償として各760総トンの内航貨客船2隻を供与した。

「**ビルマの道路交通**」への援助として，1963（昭和38）年までに，賠償として自動車類合計約75億5,000万円相当を供与した。うち，乗用車は約1億円，モーターサイクル約2億8,000万円で，その他はトラック，バス，ジープ等でトラックが大部分を占めていた[18)]。

（5）工場建設

ビルマの国営工場の機械設備の全部又は一部を日本の賠償によって調達したものに，国営綿紡績工場の漂自染色プラント，生糸工場，セメント工場，国防省缶詰工場，ミルク・バター工場等がある。なお，これらの工場には賠償によって日本から技術者が派遣されて技術指導に当ったものが多い。また，**ビルマの民営中小工業**にも，日本の賠償で，工場の績織布機械，編物機械，染色機械，食品加工機械，工作機械，印刷機，木工機械などが賠償によって供与された。さらに，奥地の諸州が経営している諸種の小規模工場が日本の賠償を利用して設立され，日用品の生産を行なって奥地の経済開発に役立った。例を挙げると，カレン州立製氷工場，同州立印刷工場，同州立機械修理工場の機械設備はすべて賠償によって調達された[19)]。

さらに，日本の賠償，および日本企業との技術協力協定により，ポンプ・耕運機製造工場，電気器具製造工場，トラック・バス製造工場等の建設と運営（合弁企業形態など）を行った。

（6）農業開発

ビルマにおける「**農業肥料**」は，多くを輸入に頼っていた。ジュート，棉花，甘蕪，落花生等の主要農産物の生産を高めるために肥料が使用されていた。

ビルマの農業開発のため，日本は賠償を通じて硫燐安25,500トン，硫安6,000トンを供与した。また，1万台をこえるビルマにおける**農業用ポンプ**が賠償供与され，米及びジュート作付け，その他の灌漑に大きな役割を果たした。

ポンプを使用することによってジュート及びデルタ地帯米は二毛作が可能になったという，大きな成果が上がった[20]。

3　インドネシアへの賠償の事例

（1）インドネシアとの賠償協定

「**インドネシアとの賠償協定**」は，1958（昭和33）年に締結，発効され，その賠償総額は803億880万円（2億2,308万ドル）で，12年の期間であった[21]。協定によれば，賠償として供与されるのは，インドネシア政府の要請に基づき両政府間の合意する場合を除いて，資本財であった。賠償は，プラント・工場，建設，船舶，自動車・鉄道車両，機械等の「**資本材**」がその大部分を占めた。ホテルの建設では大成建設など日本の大手建設会社が担当し[22]，首都ジャカルタの**ホテルインドネシア**が有名である。なお，インドネシア賠償で注目すべきものとしては，「**学生および研修生の日本への派遣**」がある。日本への大学留学生，各種分野の研修生の教育訓練経費を，賠償によって支払われた。このようなインドネシアの人づくりに対する支援は，日本の国際援助，日本企業の現地人材の育成にとっても重要なことであろう。

（2）インドネシアとの経済協力協定

インドネシアとは，賠償協定と同時に，1960（昭和35）年に，「**経済協力協定**」（「経済開発借款に関する日本国政府とインドネシア共和国政府との間の交換公文」）が締結され，日本は20年間に4億ドルの商業上の投資，長期貸付又は類似のクレデイットを，インドネシアに対して行なうものと定められた。このインドネシアに対する経済協力の実例としては，プルダニア銀行への日本の民間投資，**北スマトラ石油開発**や**スラウエシ・ニッケル鉱山開発**等における**生産分与方式による借款供与**，カリマンタン森林開発，セラム島製糖工場建設，等があった。

（3）プルダニア銀行

「**プルダニア銀行**」は，日本とインドネシア資本による合弁事業で，インドネシアが外国資本の対インドネシア直接投資を排除する政策を決定する以前の，1956（昭和31）年に設立された。日本側から**石原産業**，**大和銀行**が資本金5,000万ルピアの49％を出資し，残り51％のインドネシア側出資分についても，日本が全額貸付け，貸付金はインドネシアへの配当金により返済されることとなった。

プルダニア銀行は，日本の進出企業が必要とする現地資金調達を目的として発足したが，インドネシア経済の悪化等のため，当初の目的は果たし得ず，現地人企業を対象とする産業銀行としての業務を行なうことが中心となった。

日本側出資企業の「**石原産業株式会社**」は，戦前，**石原廣一郎**が創立し，マレーシア，インドネシアなどの東南アジアで大規模な鉱山開発を行った新興財閥として著名であり，戦後もこの人的関係により，プルダニア銀行に出資することとなった[23)]。

4　ベトナムへの賠償の事例

（1）賠償，借款，経済開発借款

「**ベトナム共和国（当時の南ベトナム）と日本との賠償協定**」，「**ベトナムへの借款に関する協定**」，および「**経済開発借款に関する協定**」が，1959（昭和34）年，ベトナムのサイゴン（現ホーチミン）で署名され，翌年1960（昭和35）年に両協定が発効した。賠償協定は，日本がベトナムに対し3,900万ドルを5年間供与するとした。また，借款協定は，日本が日本輸出入銀行により750万ドルまでの貸付をベトナムに対して行うこととし，交換公文でこの借款がダニム水力発電所建設計画に充てられることを定めた。さらに，経済開発借款に協定では，910万ドルまでの長期貸付等を行うことを規定している[24)]。

当時のベトナムは，不安定な政治状況であった。戦前フランス領インドシナの最大国（他はラオスとカンボジア）であるベトナムは，1954（昭和29）年，「**ジュネーヴ協定**」によって，南北に分割された。日本は，資本主義国であった南部の**ゴー・ディン・ディエム大統領**を首班とする「**ベトナム共和国（南ベトナム）**」と外交関係を持った。ジュネーヴ協定の成立後，1958（昭和33）年共和制を施行し，ゴー大統領は，各種の改革を行なったが，1959（昭和34）年頃から，農村部などで「**共産ゲリラ**」の活動が活発になってきた。ゴー政権は米国からの援助を得て，共産ゲリラの鎮定に努めたが，1963（昭和38）年にはクーデターがたくらまれるなど，政権は不安定であった。ゴー政権は，米国よりの多額の資金援助を受けていた。このような，南ベトナムの政治情勢の中で，日本の戦後賠償が行なわれたのである。

（2）ダニム水力発電所建設

「**ダニム水力発電所建設**」は，ベトナムへの賠償のほとんどをなすもので，賠償総額3,900万ドル中3,700万ドル，および日本輸出入銀行借款750万ドル全額がこの建設に使用された。

ダニム水力発電所は，南ベトナムの首都サイゴン（現ホーチミン）の東北約250キロメートルに位置し，避暑地ダラットの東南にある**ドラン盆地**に建設する。**ダラット**は，戦前の仏統治時代にフランス人避暑地として開発された高原地帯の都市で，ベトナム人の新婚旅行のメッカとして知られており，著者も何度か訪れたが，歴史的遺産が多く，魅力的な町である。ダニム水力発電所は，高さ38メートル，堤長1,460メートルのアームダムを築き，1億5,000m^{2}の貯水池を作る。この水で分水嶺を隔てた東海岸に得られる800メートルの落差を利用して，最大16万キロワット，年間常時8.8万キロワットの電力を発電する。これを約250Kmの高圧送電線によりサイゴンなどに送電する。

ダニム水力発電所は，ビルマのバルーチャン発電所と同じく，「**日本工営株式会社**」の調査・設計，工事監理により行われた。この計画は，日本工営の社長であった**久保田豊**がベトナム政府に粘り強く交渉し，開発案を提案し，フランスの開発案と競合の末，国連が裁定して決定したものであった。1961（昭和36）年からダニム水力発電所の建設が始まった。1963（昭和38）年には，発電所の1号機が完成し，4万キロワットの電力を発電した。引き続いて，2・3・4号機も次々完成した。1964（昭和39）年には，第1期工事が竣工した[25)]。日本の東南アジア賠償における大規模建設工事において，日本の海外技術コンサルタント会社のパイオニアである日本工営が大きな役割を演じた。

5　合弁企業の設立と技術協力契約のケース―ビルマの事例

日本の**ビルマへの戦後賠償**では，現地資本との「**合弁会社**」を設立したり，「**技術協力契約**」を結んで現地生産するという形態も生まれた[26)]。

(1) 合弁企業の設立

日本の**パイロット万年筆株式会社**は，1958（昭和33）年に合弁によって万年筆およびインク製造工場を建設し，1960（昭和35）年から製造を始めた。この事業は両国の民間会社間の協力によって行なわれているもので，この工場の機械設備の一部も賠償供与された[27)]。金具部分を日本から輸出し，現地で組み立てを行った。

しかし，1963（昭和38）年ビルマ政府が**民間企業を国有化する方針**を発表したことから，この合弁会社の事業存続は出来なくなった[28)]。

(2) 技術協力契約による現地生産

「**東洋工業（現在のマツダ）**」は，約4,000台の三輪トラックを主として賠償によってビルマに輸出した。ビルマ政府はこれの国産化をはかることとなり，1962（昭和37）年，軽トラックの組立製造について東洋工業と10年間の技術協力協定を結んだ。これに基づいて機械設備，原材料，派遣技術者の費用を合せて1963（昭和38）年までに約10億2,100万円の賠償契約が成立した。1963（昭和38）年，国防省第一工廠内に工場が完成して組立を開始した。すなわち，東洋工業とビルマ国防工廠およびビルマ国際貿易公社との間に技術協力契約および技術役務契約を締結し，ビルマで主として小型四輪トラックおよび軽四輪トラックの「**ノック・ダウン（KD）**」による組み立て生産が始められた。

「**日野自動車工業**」は，ビルマ政府の要望によって，バスおよびトラックの組立工場を作ってその国産化をはかることになった。1962（昭和37）年，国防省と日野自動車との間に10年間の技術協力協定が成立した。これに基づいて1963（昭和38）年に機械設備約4億7,800万円の賠償契約が結ばれた。工場は，1963（昭和38）年に組立を開始し，バスと大型トラックの生産を始めた[29)]。

ビルマは，当時電気器具のほとんどすべてを輸入に依存していたが，ビルマ政府内には家庭用電気器具の国産化の希望が強く，「**松下電器産業（現パナソニック）**」に対し協力を求めてきた。松下電器はこれに応じ，1962（昭和37）年，国防省と10年間の技術協力協定を締結した。これに基づいて1963（昭和38）年に機械設備および部品について約19億400万円の賠償契約が成立した。これによって国防省第一工廠（工場）内で電球，蛍光灯，エアコン，冷蔵庫，ウォーターターラー，アイロン，扇風機，洗濯機，炊飯器等の生産を始めた。

農業用ポンプが賠償により調達され，灌漑排水に利用され，農民の間で好評であるのみならず，農業の増産に貢献したと評価されたため，ビルマ政府は農業用ポンプの国産化を要望した。それで，日本の「**久保田鉄工**」とビルマ国防省は，1962（昭和37）年，ポンプおよび耕運機の組立製造について10年間の技術協力協定を結んだ。これに基づいて機械設備，原材料，派遣技術者の費用を合せて，1963（昭和38）年までに約6億1,000万円の賠償契約が成立した。これによってラングーン国防省第一工廠（工場）の既存設備に若干のポンプ製造用機械を補充し，1963（昭和38）年から部品の製造およびポンプ・耕運機の組立を開始した。

以上のように，日本はビルマに対する戦後賠償の資金の一部で，設備，機械などを供与し，合弁形態や技術協力契約により現地生産を行うための支援を行った。

6　日本工営の東南アジアでのケース―日系建設コンサルタント会社の事例

このような東南アジア諸国への日本の戦後賠償において，建設技術・開発コンサルタント会社である「**日本工営株式会社**」の役割は重要であった。日本工営は，東大土木工学科を卒業後内務省に入り，その後独立して土木の技術コンサルタント会社を設立し，戦前，朝鮮の赴戦紅水力開発事業での水力発電所や水豊発電所，また海南東での開発事業に携わった「**久保田豊**」が，戦後に設立したエンジニアリング・コンサルタント会社である。日本工営は，ビルマ，ベトナム，インドネシアへの戦後賠償において，大きな関与をした。

ビルマの賠償事業であるバルーチャン水力発電所の建設事業は，もともと日本工営が戦後賠償以前から進めていた開発事業であった。その経緯は以下である。1953（昭和28）年，久保田豊が東南アジア視察の一環として訪れたビルマであったが，ビルマ政府は産業振興のため電力開発計画があり，久保田に支援を求めた。すなわち，ビルマのアラカン北方アキャブ付近，ビルマ中部を流れるペグー川およびシャン高原のバルーチャンに３ヵ所の電力開発計画があり，久保田に意見書を求めた。久保田は，バルーチャン川の開発が最も有利で，バルーチャンの発電所は他の２つの計画地点に比べて同じ建設費で２倍の発電量が確保されることを指摘した。久保田は，発電所・変電所・送電線の建設計画から発生電力の消化計画にいたるまでの意見書を作成し，ビルマ政府に提出し，ビルマ政府から1954（昭和29）年，正式にバルーチャン開発の基礎調査の依頼を受けた。久保田は，東京本社から調査員を呼び，基礎調査を始め，設計書を完成した。こうして，バルーチャン開発事業は，基礎設計の段階から実際の工事請負の段階へ移っていったが，日本の建設会社の推薦を頼まれ，**鹿島建設**が引き受けることとなった。日本工営は，調査の段階から工事の管理も引き受け，ビルマ政府と鹿島建設をはじめとする日本の業者との間に介在して，機械器具の発注から工事の契約にまで関与した[30)]。

ビルマのバルーチャン水力発電所計画では，第３期にわたる開発で，第二発電所が最初の建設で，出力合計16万８千キロワット，第一期計画８万４千キロワットに設定された。第二発電所の建設資金は111億円，送電線建設費79億円で，総額190億円程度であった。

この建設資金の調達を契機として，日本とビルマとの賠償問題がおこったのである。ビルマと日本との戦後賠償交渉は，1954（昭和29）年から始められ1955（昭和30）年に正式に妥結した。その際，久保田は日本の吉田茂首相にも会って，このビルマのバルーチャン水力発電所計画を戦後賠償とすることを要請している。久保田は，私的な資格ではあったが，バルーチャン開発事業にたずさわっていた関係で，日本とビルマの双方の意思疎通につとめた。バルーチャン水力発電所の工事現場までには，資材輸送のため新しく道路を建設しなければならなかった。その**トングーロードの建設**は，日本工営を中心として行い，危難に満ちた工事であった。

このトングーロード建設やバルーチャン水力発電所の工事については，その建設に携わった日本工営の社員による体験記である伊藤博一（1963）『トングーロード—ビルマ賠償工事の五年間』（岩波新書）が出版され，その本には賠償工事の実情が生き生きと描かれている[31]。

ベトナムのダニム水力発電所の建設と日本工営との関わりについて少し詳しくみてみよう。**日本のベトナムへの戦後賠償で最も規模の大きいものがダニム水力発電所の建設**であり，日本工営はこの建設に中心的に関与した。1955（昭和30）年，ベトナムは17度線で南北に分割されたが，久保田豊は当時の南ベトナム政府の公共事業大臣に面会して，ダニム開発調査を申し出た。その後，久保田は，ダニム開発の踏査のための招請を南ベトナム政府から受けた。久保田は，ベトナムの現地を踏査してのち，ゴ・ディン・ディエム首相（のちの大統領）などと会い，ベトナム政府の予算で，日本工営はダニム開発の調査設計として約1億6,000万円の契約が成立した。サイゴンの西北方250キロ，1,500メートルの高地にダラットという有名な避暑地があり，その東方に北から南へ流れてサイゴン河に合流する，流域800平方キロのダニム河がある。ダムサイトは標高1,020メートルの地点で，長さ1,450メートル，高さ40メートルの土堰堤を築く。容積350万立方メートル，有効貯水量1億5,000万立方メートルのダムから，東海岸に分流すると，3.4キロの高圧水路で第一発電所は有効落差710メートルが取れ，最大出力16万キロワットとして計画された。フランス側も，日本工営の計画にあわて，ほとんど同時期に設計書を提出した。南ベトナム政府は，2つの設計書の判定を国連に依頼し，国連では技術委員を指定してダニム開発計画書を検討することになった。検討を開始して1年後，国連は日本工営案を採用するという結論を出した。

ダニム水力発電所の設計が決まって問題になるのは資金である。日本政府と南ベトナム政府との間に戦後賠償交渉が始められたのはちょうどこのころであり，種々交渉の結果，ダニム開発事業を賠償による資金援助とすることが両国の決定となった。工事の管理・監督は日本工営が行なうこととなった[32]。

日本工営は，まずダニム開発に関するプロジェクト，ダムや水路などの土木工事，水圧鉄管，水車発電機，変圧器などの機器，送電線など十数種類の仕様書をつくり，これを日本国内の業者に入札させる。入札の検討がおこなわれ，日本のベトナム賠償団へ提出され，さらにベトナム政府へ回付された。ベトナム側では公共事業運輸通信長官を主査とする委員会が検討し，日本工営の意見を聞いた後，正式に決定された。こうして土木工事は**鹿島建設**と**間組**に，発電機は**三菱電機**，水車は**東芝**など，国内主要メーカーが参加した[33]。

第3節　日本の東南アジアへの直接投資の黎明期―終戦から1950年代頃まで

1　対外投資の個別許可制度

1949（昭和24）年，日本は，単一で固定された「**1米ドルが360円の為替レート制度**」を設定した。

日本の対外投資は，基本的には「**外国為替および外国貿易管理法**」（昭和24年）にもとづいて，**対外投資の**「**個別許可制度**」をとっていた。これは，子会社設立，合弁会社，支店への送金にかかわりなく適用された。すなわち，民間企業の外国投資は，日本銀行を経由して大蔵省の承認を得るよう書面で申請しなければならなかった。大蔵省は，関係各省，とりわけ通産省と協議の上最終決定された。実際の慣行としては，書面申請に先立って，申請者と関係各省との予備折衝が行なわれ，この機会を通じて，政府は行政指導をすることができた。対外投資の許可・不許可の基準にして，政策当局は，(a) 日本の国際収支に悪影響をおよぼさないこと，(b) 国内経済に重大な支障をきたさないこと，(c) 被投資国の政情を考慮して指導し，また，被投資国への日本の投資が過当競争を引き起こさないよう調整したようである[34]。

2　戦後初期昭和20年代から30年代初頭までの日本の海外投資

日本の海外投資は，1945（昭和20）年の**第二次世界大戦の敗戦**によって，戦前の東南アジアの投資権益をすべて失い，戦後ゼロからの再出発を余儀なくされた。

戦後「日本の海外投資が再開」されたのは1951（昭和26）年頃である。その契機となったのは，1950（昭和25）年に始まった「**朝鮮戦争**」である。日本は，

図表４－６　海外投資許可実績

（千ドル）

	26年度	27年度	28年度	29年度	30年度	31年度	合　計
鉱　　　業	2,621	182	826	777	1,614	4,651	10,671
繊維・繊維機械製造業	—	—	200	2,420	2,342	6,230	11,192
商　　　業	325	1,630	786	1,013	3,515	3,434	10,703
そ　の　他	33	95	363	893	806	3,685	5,875
合　　　計	2,979	1,907	2,175	5,103	8,277	18,000	38,441

（大蔵省資料）

出所：日本輸出入銀行（1963）『十年の歩み』日本輸出入銀行，71 頁。

戦後の復興期において原材料などは「**援助輸入**」によってカバーされていたが，朝鮮戦争により生じた原材料入手難などにより「**資源開発投資**」へと向かわせた。このように，日本は資源開発投資を皮切りに戦後の海外投資が再開された。

図表４－６は，1951（昭和 26）年度から 1956（昭和 31）年度までの「海外投資額認可実績」をみたものである。1951（昭和 26）年度頃から鉱業，商業などの海外投資が始まり，1956（昭和 31）年度までの海外投資額は，許可ベースで約 3,800 万ドルとなった。その内訳は，**資源開発のための鉱業投資，繊維・繊維機械製造業投資**および**商社支店など商業投資**の三者がそれぞれ 1,000 万ドル程度を占め，海外投資の主流をなった。

3　戦後初期の資源開発投資

戦後初期における日本の海外投資をリードしたのは**資源開発投資**で，その中心は「**鉄鉱石の開発・輸入**」であった。1951（昭和 26）年，インド・ポルトガル領の「**ゴアでのシリガオ鉄拡山開発**」は，その最初のものであった。これは，開発用機械を輸出すると同時に鉄鉱石の長期輸入契約を結び，輸出代金は輸入鉄鉱石の値引き（この値引き分を開発用機械輸出代金などの返済に充てる）によって決済する「**輸出金融の資源開発の方式**」がとられた。これは，開発用機械の輸出金融という形式をとっていたものの，その性格はむしろ「**海外資源開発**」というべきものであった。

このような輸出金融の資源開発の方式は，朝鮮戦争下における緊急物資の調達を目的とした「**東南アジア開発構想**」（日米経済協力の一環）に対する GHQ の示唆によるものであった。そして外資の進出に警戒的な東南アジアなどの発展開発国に適応する一種の投資形態として利用され，戦後の日本の資源開発投資の一典型ともなった。このような資源開発投資は，東南アジアではこのゴアのほかに「**マレーのタマンガン鉄鉱山**」，「**フィリピンのララップ鉄鉱山とトレド銅山**」，などへと次第に拡大され，1956（昭和31）年にはこうした開発輸入の鉄鉱石が鉄鉱石輸入総額の約20％に達した[35]。

戦後の海外投資の再開にあたって，政府系銀行である「**日本輸出入銀行を通ずる財政資金の援助**」が与えられた。すなわち，資源開発投資については**輸出金融**の形式で，1948（昭和23）年から日本輸出入銀行の融資が行なわれ，また1953（昭和28）年から海外投資への融資という「**投資金融**」が開始された。このような制度的な日本輸出入銀行を通した国の財政資金の援助が，戦後初期の日本の海外投資を特色づけるものである。この日本輸出入銀行融資の対象は，主として現物出資ないし設備輸出を伴う輸出の変形ともいうべき投資や原材料の安定的入手のための投資など，商品の輸出入に密着した投資に限定されていた。すなわち初期の海外投資は，輸出の拡大と輸入の安定という貿易政策に追随し，これを補完するものとしてのみ，政策的な援助の配慮が加えられたのである[36]。

図表4－7は，**1951（昭和26）年度から1956（昭和31）年度までの「日本輸出入銀行の資源開発関係の融資」**をみたものである。**融資形式**としては，前述したように**輸出金融**と**投資金融**があり，1956（昭和31）年までの融資承諾額は約27億円で，そのうち約21億円は**鉄鉱石開発**に向けられた。

4　戦後初期の日本の海外資源投資―「四大投資」とインドネシアでの北スマトラ石油への海外投資

日本は昭和20年代後半から昭和30年代になると敗戦後の混乱期を乗り越え急速に復興し，日本経済が成長し，海外投資が行なわれるようになった。1955（昭和30）年から1973（昭和48）年まで日本経済は，年平均10％前後という**高度経済成長**をとげた。1956（昭和31）の経済白書では，「**もはや戦後ではない**」と記されるまで回復した。

図表4－7　資源開発関係融資承諾実績―31年度まで

(百万円)

開発物質	融資承諾年度	相手国	融資承諾額	融資形式
鉄鉱石	26～29	ゴア	(2件)　466	輸出
	28	香港(馬鞍山)	134	投資
	30	フィリピン(ララップ)	518	輸出
	31	マレー(タマンガン)	943	輸出
	小計		2,062	
銅鉱石	28～29	フィリピン(トレド)	(2件)　253	輸出
ニッケル鉱石	28～31	ニューカレドニア	(3件)　69	輸出
	31	ニューカレドニア	44	輸入
	小計		113	
錫鉱石	30～31	タイ(チャンプラ)	(4件)　130	投資
木材	29	沖縄(八重山)	63	投資
	30	フィリピン(アラスアサン)	35	輸出
	小計		98	
マグネシアクリンカー	28	インド	35	輸出
合計			2,690	

出所：日本輸出入銀行（1963）『十年の歩み』日本輸出入銀行，71頁。

昭和30（1955）年代前半にスタートしたサウジアラビアとクウェートの中立地域での「**アラビア石油**」，アメリカ領での「**アラスカ・パルプ**」，ブラジルでの「**ウジミナス製鉄**」，インドネシアでの「**北スマトラ石油**」への海外投資は，**戦後初期の「四大投資」**として有名である。これらの投資は，いずれも政府の要請もとナショナル・プロジェクトとして**日本輸出入銀行**の資金を投入して実行された。そのため，民間企業の自主的判断による海外投資とは言い難いものであった。

戦後初期のこの四大投資は，昭和30（1955）年代前半にスタートしたが，東南アジアで行われたのは**インドネシアでの北スマトラ石油への海外投資**である。

戦前からインドネシア（蘭領東印度）は，東南アジアにおける最大の石油産出国で，その中心はスマトラ島であった。その北部の「**北スマトラでの油田開発の権利**」は，戦前インドネシアはオランダの植民地であったこともあり，オランダの「**ロイヤル・ダッチ・シェル社**」グループが保有し，原油開発を行なっていたが，戦後インドネシアは独立したこともあり，インドネシア政府がこれを接収し，国営企業P・T・Perminaによりその復旧開発を行なっていた。しかし，その復旧は進まなかったため，1958（昭和33）年，日本に対し援助の要請を行ない，日本との協議を続けた。日本は，当初，契約期間を30年とする合弁企業による開発方式を提案したが，インドネシア側は外資に対する警戒心が強く，この提案を受入れなかった。そこでさらに交渉を重ねた結果，1959（昭和34）年，日本側は融資（総額約188億円）よる信用供与を行い，インドネシア側は年間生産量の一定割合を無償で日本側に提供することで返済するという方式―いわゆる「**プロダクション・シェアリング方式**」―によって開発を行なうという基本的了解に達し，両当事者間で覚書が締結され，1960（昭和35）年に正式な調印が行なわれた。この油田開発事業は，本格的な日本とインドネシアの経済協力案件の最初のものとして注目された。

協定調印後，日本側では，①北スマトラ油田の復旧，開発，調査に関する援助ならびに投融資，②石油および石油製品の販売ならびに輸送，③関連する作業用機械，器具ならびに資材の製造，売買および輸出，④その他付帯関連する事業，を目的とする**北スマトラ石油開発協力株式会社**が，1960（昭和35）年に東京で設立された。資本金は20億円，出資はすべて日本側で，海外経済協力基金（37.5%），石油精製関係17社（21.6%），商社関係8社（14.1%），機械資材21社（14.0%），石油開発公団（5.0%），電力3社（4.3%）であった[37]。

5　戦後初期の繊維，商業・製造業，漁業等の海外投資

図表4－8は，1953（昭和28）年度から1956（昭和31）年度までの「日本輸出入銀行の海外投資金融融資の承認実績」をみたものである。

「**繊維産業（繊維機械部門を含む）の海外投資**」は，1953（昭和28）年頃から開始され，1955（昭和30）年から1956（昭和31）年の2年間に集中して行なわれた。繊維産業は，戦後早い時期に回復し，**1952（昭和27）～1954（昭和29）年頃には世界一の繊維品輸出国**という戦前の地位を取り戻した。しかし，発展途上国で繊維品の自給体制の強化や輸入制限等の危惧があり，それらの対応戦略として，**繊維企業の海外投資**が行なわれた。この投資先は，**中南米諸国**（メキシコ，エルサルバドル，ブラジル）に集中していたが，これは同地域が綿花の産地であ

図表４－８　海外投資金融融資承諾実績

（百万円）

	投資先国	投資事業	投資形式	投資額	本行融資額
28年度	ビルマ	漁業	現金出資	15	11
	台湾	麻紡織	現物出資	58	24
	インド	万年筆製造	現物出資	11	8
	香港	鉄鉱山開発	開発設備貸与	243	134
	合計			327	（4件）176
29年度	沖縄	森林開発	現金出資	120	（1件）63
30年度	メキシコ	紡織機製造	現物出資	1,008	582
	ブラジル	万年筆製造	現金出資	71	47
	タイ	錫鉱山開発	現金出資	92	（2件）64
	エルサルバドル	綿紡績	現物出資	432	252
	メキシコ	ゴムベルト製造	現物出資	20	12
	合計			1,623	（6件）958
31年度	ブラジル	綿紡績	現金出資	382	267
	タイ	錫鉱山開発	現金出資	95	（2件）66
	ブラジル	紡織機 工作機製造	現金現物出資	630	（2件）336
	合計			1,107	（5件）669

出所：日本輸出入銀行（1963）『十年の歩み』日本輸出入銀行，74頁。

るとともに綿製品輸入国であり，しかも外資の進出にさほど禁止的でなく，投資環境も比較的整備されていたことによるものであった。アジアでは，**台湾**で1953（昭和28）年という最も早い時期に，**麻紡績生産**に対する現物出資による日本企業の海外投資があったことは注目される。

繊維産業の投資形式は，紡織機械などの**現物出資**，および綿紡績などへの**現金出資**があった。**日本輸出入銀行は，1953（昭和28）年以降，投資金融の形式で融資**され，融資承諾額は綿紡績業約5億円，紡織機製造業約9億円，合計約14億円であった[38)]。

戦後初期の時期に「**商業・貿易，製造業，漁業などの海外投資**」があった。商業・貿易部門の投資は，貿易商社の取引拡大やメーカーの海外販路開拓をめざすもので，戦後の輸出競争激化に伴い次第に増加した。製造業の海外投資は，1953（昭和28）年度にインドへの万年筆製造，1955（昭和30）年度メキシコへゴムベルト等の製造への海外投資があった。漁業事業の海外投資は，1953（昭和28）年度にビルマへの現金出資による海外投資があった。

6　1960年代前半までの日本の東南アジアへの直接投資

図表4－9は，**1951（昭和26）年から1964（昭和39）年度までの「日本の業種別・地域別海外投資の累計」**を示したものである。「**債券取得**」の合計額では，東南アジア地域が他の地域に比較して最も多い金額となっている。**東南アジアの生産的事業での「証券取得」（株式が中心）**については**繊維工業**（約1,448万ドル，52件）が最も金額が多く，以下，食品工業（約801万ドル，50件），鉄鋼機械工業（約520万ドル，19件），機械工業（約490万ドル，24件），電気工業（約439万ドル，35件），窯業（約422万ドル，19件），化学工業（約298万ドル，34件），鉱業（約290万ドル，37件），水産業（約94万ドル，15件），農林業（約91万ドル，8件），の順である。また，**東南アジアの生産的事業での「債券取得」**については**鉱業**（約6,439万ドル，45件）が最も金額が多く，以下，食品工業（約982万ドル，18件），農林業（約288万ドル，11件），窯業（約255万ドル，2件），繊維工業（約162万ドル，2件），機械工業（約119万ドル，1件），建設業（約93万ドル，1件），化学工業（約41万ドル，6件），電気工業（約38万ドル，5件），鉄鋼機械工業（約33万ドル，1件），水産業（約12万ドル，2件），の順である。**東南アジアへの商業の投資の累計**については，証券取得が約346万ドル（69件），債券取得が約10万ドル（2件），となっている。ただし，この統計で注意すべきことは，東南アジアには，インドなどのいわゆる南アジアも含まれ，厳密に言うと東南アジアと南アジアを合わせた地域の合計金額である。

図表4－10は，**1951（昭和26）年から1964（昭和39）年度までの「日本の形態別海外投資の推移」**を示したものである。これをみると，「**債券取得**」，「**海外直接事業**」，「**支店への海外投資**」はそれほど増えていないが，「**証券取得への海外投資**」はかなり増えている。証券取得でも，生産事業への海外投資の増加が著しい。この証券取得の投資の多くは，「**海外直接投資**」といえる形態である。**日本の海外投資は，1960（昭和35）年前後の頃から急激に増加**していることがわかる。

7　戦後初期の海外投資統計

当時の日本の対外投資の統計で注意すべき点は，「**海外投資額**」として（1）

図表４－９　わが国の業種別・地域別海外投資の累計（1951 ～ 1964 年度）

（単位　千ドル）

	生産的事業																	
	農林業		水産業		鉱業		建設業		食品工業		繊維工業		化学工業		窯業		鉄鉱金属工業	
	件数	金額	件数	金額	件数	金額	件数	金額	件数	金額	件数	金額	件数	金額	件数	金額	件数	金額
証券取得	18	2,853	40	4,627	56	8,013	10	3,284	68	13,231	109	45,840	49	5,274	28	5,014	32	49,364
東南アジア	8	910	15	942	37	2,902	8	249	50	8,012	52	14,484	34	2,989	19	4,224	19	5,202
中南米	5	324	14	2,364	5	602	—	—	10	1,899	39	25,514	8	737	7	740	11	43,096
中近東	—	—	2	143	—	—	—	—	—	—	—	—	—	—	1	30	—	—
アフリカ	—	—	4	360	2	434	—	—	—	—	14	5,041	—	—	—	—	2	1,066
北米	—	—	2	527	6	2,648	2	3,035	2	250	—	—	1	500	1	20	—	—
その他	5	1,619	3	291	6	1,427	—	—	6	3,070	4	801	6	1,048	—	—	—	—
債権取得	20	4,591	22	4,558	57	76,436	4	1,400	34	16,392	4	3,084	7	903	8	3,292	4	7,130
東南アジア	11	2,889	2	128	45	64,390	1	935	18	9,821	2	1,628	6	410	2	2,553	1	333
中南米	7	1,270	18	8,474	6	5,874	3	465	16	6,571	—	—	—	—	6	739	3	6,797
中近東	—	—	—	—	—	—	—	—	—	—	—	—	—	—	—	—	—	—
アフリカ	—	—	—	—	—	—	—	—	—	—	2	1,456	—	—	—	—	—	—
北米	—	—	1	69	3	5,660	—	—	—	—	—	—	1	493	—	—	—	—
その他	2	432	1	887	3	512	—	—	—	—	—	—	—	—	—	—	—	—
海外直接事業	1	60	—	—	7	183,230	—	—	—	—	—	—	—	—	—	—	—	—
支店	—	—	—	—	—	—	—	—	—	—	—	—	—	—	—	—	—	—
合計	39	7,504	62	14,185	120	267,679	14	4,684	102	29,623	113	48,924	56	6,177	36	8,306	36	56,494

	生産的事業								その他									
	機械工業		電気工業		その他		計		商業		諸業		移住		計		合計	
	件数	金額	件数	金額	件数	金額	件数	金額	件数	金額	件数	金額	件数	金額	件数	金額	件数	金額
証券取得	73	56,340	48	6,314	75	27,112	606	227,266	622	67,788	181	33,095	12	1,449	815	102,332	1,421	329,598
東南アジア	24	4,903	35	4,394	41	6,229	342	55,440	69	3,463	47	4,185	—	—	116	7,648	458	63,088
中南米	41	48,578	10	1,754	15	1,130	165	126,738	76	4,688	41	1,743	12	1,449	129	7,880	249	134,618
中近東	—	—	—	—	—	—	3	173	8	213	1	467	—	—	9	680	12	853
アフリカ	—	—	—	—	1	504	23	7,405	2	91	1	7	—	—	3	98	26	7,503
北米	1	463	1	15	15	19,000	31	26,458	324	52,461	77	23,307	—	—	401	75,768	432	102,226
その他	7	2,396	2	151	3	249	42	11,052	143	6,872	14	3,386	—	—	157	10,258	199	21,310
債権取得	11	5,156	7	555	12	45,490	190	173,987	14	1,125	19	29,101	128	13,062	161	43,288	351	217,275
東南アジア	1	1,190	5	381	2	5,165	96	89,823	2	99	8	1,132	—	—	10	1,231	106	91,054
中南米	10	3,966	2	174	—	—	71	34,330	3	91	3	25,274	121	11,930	127	37,295	198	71,625
中近東	—	—	—	—	—	—	—	—	—	—	—	—	—	—	—	—	—	—
アフリカ	—	—	—	—	—	—	2	1,456	—	—	—	—	—	—	—	—	2	1,456
北米	—	—	—	—	10	40,325	15	46,547	9	935	6	2,429	6	1,125	21	4,489	36	51,036
その他	—	—	—	—	—	—	6	1,831	—	—	2	266	1	7	3	273	9	2,104
海外直接事業	—	—	—	—	—	—	8	183,290	2	484	12	23,878	18	2,542	32	26,904	40	210,194
支店	—	—	—	—	—	—	—	—	245	16,864	—	—	—	—	245	16,864	245	16,864
合計	84	61,496	55	6,869	87	72,602	804	584,543	883	86,261	212	86,074	158	17,053	1,253	189,338	2,057	773,931

（注）1. 債権取得には、現地法人に対する延払輸出は含まない。　2. 諸業とは、金融機関、運輸倉庫、映画、飲食店等である。
（出所：通産省、経済協力の現状と問題点、1964）

図表4－10　わが国の形態別海外投資の推移

（単位　千ドル）

	証券取得						債権取得		海外直接事業		支店		合計		（参考）現地法人への延払輸出	
	生産事業		商業等		計											
	件数	金額	件数	金額	件数	金額	件数	金額	件数	金額	件数	金額	件数	金額	件数	金額
1951～1954	24	4,338	61	3,743	85	8,081	10	4,082	—	—	30	854	125	13,018	—	—
	(4)	(850)	(13)	(1,001)	(17)	(1,851)										
1955	15	3,029	40	3,561	55	6,500	4	2,177	—	—	23	687	82	9,455	—	—
	(5)	(1,134)	(12)	(1,135)	(17)	(2,269)										
1956	28	8,694	52	3,244	80	11,938	15	5,505	3	1,114	49	2,521	147	21,078	3	409
	(12)	(3,783)	(13)	(1,629)	(25)	(5,412)										
1957	28	15,923	26	2,410	54	18,333	24	13,785	5	427	15	589	98	33,134	5	552
	(12)	(9,455)	(5)	(228)	(17)	(9,683)										
1958	30	19,457	44	5,667	74	25,124	32	28,013	3	10,952	11	550	120	64,639	4	671
	(20)	(3,936)	(25)	(4,613)	(35)	(8,549)										
1959	47	10,874	83	10,698	130	21,572	37	17,533	4	9,091	21	1,865	192	50,060	6	4,821
	(16)	(6,415)	(44)	(6,405)	(60)	(12,820)										
1960	70	20,944	91	11,285	161	32,228	46	23,438	6	37,209	12	1,574	225	94,455	5	2,162
	(18)	(10,564)	(40)	(6,932)	(58)	(17,495)										
1961	61	35,621	78	11,572	139	47,193	50	37,040	4	77,816	12	1,059	205	163,108	5	4,481
	(24)	(28,340)	(29)	(7,544)	(53)	(35,884)										
1962	81	23,624	97	15,313	178	38,939	39	30,962	4	24,754	26	3,814	247	98,469	6	104,635
	(22)	(8,000)	(43)	(10,686)	(65)	(18,688)										
1963	110	35,693	110	13,860	220	49,553	45	23,731	8	36,885	29	2,729	302	112,902	7	3,217
	(33)	(8,863)	(40)	(7,645)	(73)	(16,508)										
1964	112	49,082	133	20,979	245	70,060	49	31,009	3	11,946	17	623	314	113,638	—	—
	(50)	(36,296)	(56)	(15,192)	(106)	(51,487)										
計	606	227,284	815	102,331	1,421	329,616	351	217,284	40	210,195	245	16,864	2,057	773,959	41	120,948
	(206)	(117,641)	(320)	(63,009)	(526)	(180,651)										

（注）1. 証券取得の（　）内数字は既設法人への出資であって内数である。
2. 証券取得の商業とは、商社、メーカー、金融機関等の海外出先機関としての商業業務、金融業務等を行なう現地法人の設立等のための出資である。
3. 債権取得には現地法人に対する延払輸出は含まない。
4. 海外直接事業には不動産取得も含む。
5. 支店とは、商社、メーカー等の海外出先機関であるが現地法人ではない。

（出所：通産省、経済協力の現状と問題点、1964）

「証券取得」，(2)**「債権収得」**，(3)**「海外直接事業」**，(4)**「支店の設立・拡張」**の4つの形態に分類し，各形態の認可額を表していることである。

第1の**「証券取得」**とは，海外で現金，現物（機械設備，工業所有権），ノウハウなどを出資し，株式などの証券を取得して経営に参加する形態（全額出資または合弁）である。ただし，この証券取得統計では，出資比率の基準はなく，たとえ10％以下の少数所有であっても，外国でのすべての証券取得の金額が含まれている。すなわち，証券取得は，海外で事業を行なう現地法人に対し，現金あるいは設備機械類やノウハウ等の現物出資により証券（株式）を取得し，事業経営に参加する方式で，最も一般的な投資形態で，現在の統計ではその多くが**海外直接投資（原則10％以上の出資）**に分類される。

第2の**「債権取得」**とは，出資によらず，設備，機械，特許権などの工業所有権および長期運転資金を現地企業に貸付ける形態である。すなわち，海外の企業に対する工業所有権，設備資金または運転資金の貸付を目的とする投資である。

第3の**「海外直接事業」**とは，日本側企業が現地法人を設立しないで，相手国の鉱業権，土地所有権などを直接取得して，自らの手で事業を行なう形態である。すなわち，不動産，鉱業権，採掘権等の取得，施設の設置等により日本企業が自ら事業を行うものである。この形態は，アラビア石油など資源開発を中心とした投資が代表的である。

第4の**「支店の設立・拡張」**は，日本企業が海外に支店を設立したり，拡張するための投資形態である。貿易商社，メーカーなどの支店，駐在員事務所などの設置のための海外投資である。

1970年代頃までは，**「現在の海外直接投資の基準」**（10％以上の出資や永続的な関係がある外国企業の株式の取得又は金銭の貸付け，および支店，工場等の設置・拡張資金）による統計が公表されていなかったので，**証券取得**は，現在の統計の基準からすると，**海外直接投資**のみならず**間接投資**も含んだものとなっている。また，**当時，発展途上国などでは，外資政策が制限的で，株式取得などの証券取得による出資は認めないが，貸付金債権の取得は認める場合があった。**このような場合，**日本企業の債券取得は，直接投資の代替**として直接投資とほぼ同じ機能を果たしているケースもあった。また，証券取得には，現に直接投資を行い海外で活動している事業に対する**追加投資や工場拡張**といった資金も含まれた[39]。

8　戦後初期の東南アジアへの海外投資の特徴

日本の東南アジアへの海外投資などによる企業進出は，**1950（昭和25）年頃から，鉱山開発，繊維，商業・貿易，製造業などや戦後賠償に関連した事業**などが始まった。この時期，日本には**GHQによる規制，国際収支難や外貨事情などがあり，海外直接投資は厳しく管理**されていたためもあり，**東南アジアへの直接投資**は件数も少なく，投資金額も小さかった。

東南アジアへの日本の海外投資は，前述した**北スマトラ石油**などの**資源開発のような鉱業などの開発輸入**のウェイトが高く，また，**輸出市場の確保をねらった繊維，雑貨，食品，機械，電気，窯業，化学などの進出**，および**貿易商社**などの海外支店の設置，などもあった。**この時期の東南アジア投資の特徴として，株式の出資など証券取得による直接投資ではなく，債権取得による進出も多かった**ことである。**債権取得**とは，東南アジアでの事業について，現地に会社を設立するなどの出資によらず，設備，機械等の設備資金および運転資金の貸付（融資），技術，特許権，工業所有権，契約生産等の供与，などの債権取得の形態である。

戦後初期の東南アジア諸国はまだ外国資本の受け入れ体制が不十分なこともあり，進出企業も比較的小規模なものが多く，海外投資の金額もまだ少なかった。また，現地会社設立などの直接投資による進出の場合は，**現地資本との合弁による形態**が中心であった。また，直接投資ではないが輸出代替として，現地企業への**ノック・ダウン（KD）や技術援助契約による現地生産・組み立てによる進出**もあった。1961（昭和36）年に**松下電器**が，南ベトナムのバオチューエンダイソアイ社に対して技術援助契約を締結し，ラジオ組み立てなどを行った事例は，注目される[40]。

第4節　戦後日本企業のアジア進出の黎明期―台湾とタイ

1　日本企業の台湾への企業進出

台湾を含めて東南アジアをみると，日本企業は最も早い時期に台湾への直接投資を行い企業進出した。その意味で，日本企業の戦後のアジア進出において，**台湾の役割**は大きかった。それは，戦前台湾は日本が長い間統治し，日本企業が活発に事業活動を行い。その**台湾と日本との人的ネットワーク等の遺産**があったこともあろう。特に，電機，繊維，薬品，自動車関連などの**日本企業の台湾進出は，1960（昭和35）年前後から始まった**。

日本企業が1960年代から台湾への直接投資による進出が始まったのは，「**輸入代替**」としての**現地生産による現地販売**という理由があるが，台湾政府の外資政策によるところも大きい。1960（昭和35）年前後からの「**台湾の外資政策の変遷**」についてみてみよう[41)]。

台湾は，アジア諸国の中で，外国人投資の受入れに対しては早くから積極的であった。それは，台湾（中華民国）は，中国本土（中華人民共和国）と政治的対立があり，政治的に不安定なところがあり，経済的な成長と自立を求めたこともある。台湾は，1954（昭和29）年には「**外国人投資条例（台湾）**」を，1955（昭和30）年には「**華僑帰国投資条例（台湾）**」が公布された。外国人投資条例は，外国人投資に対する権利と義務を定めたものである。華僑帰国投資条例は，華僑に対して適用され，内容は外国人投資条例とほぼ同一である。華僑・外国人投資条例に基づいて認可された投資は，国内企業と同等の待遇を享受することが保証された。1953（昭和28）年から「**第1次経済建設4カ年計画（台湾）**」が開始され，内需向け産業の育成に重点を置き，これらの産業の保護・育成，**外国からの直接投資の導入**，国内民間投資奨励，化学肥料や電力などの分野での公営企業の設立，等の政策が実施された。1950年代の外国投資受入れ実績は必ずしも多くはなかった。

1960（昭和35）年前後には，「輸入代替のみならず輸出志向も重視」する産業政策に転換した。1959（昭和34）年に外国人投資条例が，1960（昭和35）年に華僑帰国投資条例が改定された。主要な改正点は，投資分野に対する規制を緩和する一方，投資元本送金の保証，利益送金の保証，投資事業に関する国内法の適用除外，内国民待遇など，投資奨励的側面を強調するものであった。さらに1960（昭和35）年には，「**投資奨励条例（台湾）**」が公布された。その内容は外資系，民族系を問わず，新規や拡充の投資を対象とした諸優遇措置を定めている。奨励措置は租税上の優遇措置，工業用地の開発，公営事業の協力を骨子としている。また外資事業へは，権利と保障が約束されている。

政府は産業の近代化と**外資導入を促進**するため投資環境改善策を打ち出し，1965（昭和40）年，その具体化の１つとして「**輸出加工区設置管理条例（台湾）**」を立法化した。そして1966（昭和41）年には，高雄市に第１号の輸出加工区が設置された。アジアで最も早い，画期的な「**高雄輸出加工区**」の出現である。**輸出加工区**は，就業機会の創設および輸出の拡大を目的とした輸出専門工業団地である。輸出加工区の工場に対しては，**税金の減免**というインセンティブがある。すなわち，①国外から輸入する自社用機械設備，原料，燃料，材料および半製品の輸入関税，②製品および自社用機械設備，原料または半製品の物品税，③営業税，④輸出加工区内の新設標準工場または管理所が，同区内にある私有建造物を買収したものを購入した際の契約税，等に対して減免措置を行なった。輸出加工区で生産した製品は，特別の事情があるもの以外は原則としてすべて輸出する義務があった。**1960（昭和35）年の「投資奨励条例」立法化とこの輸出加工区の設置という２大投資要因によって，台湾は1960年代を通じて外国資本の流入は順調に増加**した。

このような，台湾政府の**外資導入政策**もあり，**1960（昭和35）年前後から日本企業の台湾への直接投資は増加**した。1965（昭和40）年頃までに台湾に進出した代表的企業として以下がある。

台湾で最も早い時期に台湾に進出した電気会社は**日本電気**で，1958（昭和33）年，日本電気80％出資で現地資本との合弁で台湾通信工業公司（電線，電話等生産）が設立された。1959（昭和34）年には，**ヤンマーディーゼル**が36％出資で現地資本と合弁で中国農業機械公司（耕運機等生産）を設立した。1960（昭和35）年には，**久保田鉄工・三井物産**（68％出資）が合弁で新台湾農業機械公司，**東芝**（15％出資）が合弁で大同製鋼機械公司，を設立した。1961（昭和36）年頃からは，日本の大手企業が相次いで台湾に直接投資などを行い進出した。

日本の「電機企業」として，1961（昭和36）年，設立された**三菱電機・三菱商事**出資（40%出資）の中国電器公司，1962（昭和37）年，設立された**松下電器**出資（60%出資）の台湾松下電器公司，1962（昭和37）年，設立された**三洋電機**出資（52%出資）の台湾三洋電機公司，1964（昭和39）年，設立された**日立製作所**出資の台湾日立公司，などがある[42)]。

「繊維会社」では，1962（昭和37）年，設立された**三菱レーヨン・三菱商事**出資（45%出資）の台菱紡績公司がある。また，**東レ（東洋レーヨン）**も，1964（昭和39）年頃から現地資本と合弁企業を数社設立している[43)]。

「自動車会社」では，**日産自動車**が直接投資ではなく，技術援助契約による契約生産形態である**ノック・ダウン（KD）**により台湾で自動車生産を始めた。すなわち，1957（昭和32）年，台湾企業の**裕隆汽車製造会社**とノック・ダウン（KD）契約を行い，自動車の主要部品を日本の日産から輸入して，現地工場でダットサン乗用車，ニッサントラック，バスなどの組立て，販売をした。その後，台湾での部品の国産化の比率を徐々に高める計画であった[44)]。

製薬会社では，1962（昭和37）年に，**タケダ**，**田辺**，**塩野義**が進出した[45)]。

2　日本企業のタイへの企業進出

東南アジアの中で**タイ**は，最も早い時期に日本企業が直接投資を行った国である。日本企業が1960年代からタイへの直接投資による進出は，現地生産を行い現地市場で販売するという「**輸入代替**」を目的とするものが多かったが，タイ政府の外資政策によるところも大きい。1960（昭和35）年頃からのタイの外資政策の変遷についてみてみよう[46)]。

タイの**1960年代から外資奨励政策**の環境面での整備，および**輸入代替を目的とする外資政策**を行なった時期である。1960（昭和35）年には，外国投資の促進のための機関として「**投資委員会（Board of Investment：BOI）**」が設立された。また，同年に，それまでの産業奨励法を改正し，「**産業投資奨励法（タイ）**」を制定した。タイ政府は，国家経済社会開発計画として，1961（昭和36）年から第1次5カ年計画を開始した。この国家計画の政策目標は，民間活力の活用，インフラの整備，国内外の民間企業の投資促進に重点を置いた。その政策に沿って，1962（昭和37）年に，産業投資奨励法を大幅に改正した「**1962年産業投資奨励法（タイ）**」を制定した。この産業奨励法は，**外資を積極的に導入し，輸入代替型の工業を育成**することを狙いとしている。

タイ政府は，繊維製品等，消費財の**輸入関税を大幅に引き上げる一方，国内産業への外国資本投資を税制面で奨励する政策**をとった。**外資に対する法人税の免除**期間の延長，**利益送金の保証**等の優遇措置を行なった。1965（昭和40）年には，投資委員会の権限強化を目的とした機構改革を行ない，総理府の直轄機関とした。この頃から，国内産業保護のために導入された高関税を回避し，タイ市場を確保する**輸入代替を目的**とし，政府の産業投資奨励法にも誘発されて，日系企業を初めとする外国企業は，タイへの直接投資を行ない，企業進出を果たす企業が増加した。

このような，タイ政府の輸入代替を主目的とする**外資導入政策**もあり，**1960（昭和35）年頃から日本企業のタイへの直接投資は増加**した。1965（昭和40）年頃までにタイに進出した代表的企業として以下がある。

「自動車会社」では，**日産自動車**が**ノック・ダウン（KD）**により自動車生産を始めた。すなわち，1962（昭和37）年，タイでの総代理店であったサイアムモーター社（タイの主要財閥であるサイアムグループの企業）と協力してノック・ダウン（KD）組立工場を建設し，ブルーバード，ニッサントラックなど4車種のKD組立てを開始した[47)]。

「繊維会社」では，**東レ（東洋レーヨン）**が，1962（昭和37）年に現地資本と合弁企業でTTTM（Thai Toray Textile Mills）を設立しレーヨン混紡合繊紡織を，1963（昭和38）年にTNT（Toray Nylon Thai）を設立しナイロン糸などを，製造した[48)]。**帝人**は，1965（昭和40）年頃に現地資本と合弁企業を設立している。

「電器会社」では，**松下電器**が1961（昭和36）年に戦後初の海外生産子会社として松下60％出資のナショナル・タイを設立し，乾電池の現地生産を始めた[49)]。

おわりに

第2次大戦終結の1945（昭和20）年から1960（昭和35）年代前半頃までの

約20年間の日本の東南アジア進出の特徴について考察してみよう。

第1は，**終戦の1945（昭和20）年から1952（昭和27）年まで，「GHQの占領下」**にあったため，日本の貿易，海外投資は，GHQの管理・統制のもとで行われていたことである。このように，終戦後の時期，貿易を中心とした日本企業の国際化において，GHQの関与が大きかったのである。**1947（昭和22）年から，民間貿易の一部制限付き再開がなされ，「メード・イン・オキュパイド・ジャパン（"Made in Occupied Japan"）」**と明記して輸出が行なわれた。その後，**1949（昭和24）年より，"Made in Japan"**や"Japan"表示が一部に認められた。日本の貿易はこのようにGHQの統制下にありながらも，輸出・輸入といった貿易活動はふたたび活発になってきた。しかし，日本企業の**海外投資**は，GHQが認めていなかったので，GHQ占領時全くなかった。

第2は，貿易活動を中心として日本企業の国際化を考えると，「**戦前と戦後のつながり**」という視点が重要であることである。GHQの統制下の**1948（昭和23）年頃の日本の輸出は，各品目別の比重がほぼ戦前の状態に回復**し，輸出品では，半数以上が「**繊維製品**」で，**鉱産物・窯業，金属製品，雑品，機械器具**類の順であった。地域別にみると，輸出では，**アジア**の比重がかなり高く，次が**米国**であった。以上のように，日本は，戦後数年で輸出などの貿易は回復し，アジア・米国を中心とした輸出が拡大した。戦後の輸出品で，戦前と同じく「繊維製品」が重要で，日本経済の回復において繊維製品の役割は大きかった。また，戦前と同じく，アジア地域への輸出も重要であった。さらに，戦後初期に日本の**貿易会社・商社の海外支店等の設置**も復活した。以上のように，日本の貿易において，戦前と戦後は断絶しているのではなく，つながりを感じるのである。この意味で，日本のアジアへの国際経営を研究する上で，**戦前と戦後の時期を一貫して捉えて分析**することが必要であろう。

第3は，**1955（昭和30）年代以降の日本企業のアジア進出において，日本の「戦後賠償」が重要**であったことである。日本は，1955（昭和30）年に**ビルマ**との賠償協定，1956（昭和31）年に**フィリピン**との賠償協定，**インドネシア**との賠償協定が1958（昭和33）年，**ベトナム**との賠償協定が1960（昭和35）年，発効した。**ラオスとカンボジア**も，準賠償として無償資金や技術協力の供与を行った。東南アジア諸国への賠償額は，巨額で，ビルマが720億円（2億ドル），フィリピンが1,980億円（5億5,000万ドル），インドネシアが803億880万円（2億2,308万ドル），ベトナムが140億4,000万円（3,900万ドル），ラオスが10億円（300万ドル），カンボジアが15億円（450万ドル），総計で4,172億4,880万円（11億5,958万ドル）と，巨額であった。期間は，1955（昭和30）年から1977（昭和52）年までの22年間であった。日本が賠償として供与されたのは，主に「**資本財**」であった。その資本財としては，水力発電所・ダム，鉄道，港湾，通信施設，肥料・セメント・パルプなどの工場・プラント，農業・水産開発，推理・水道施設等の資本財の建設や資材などが主要な部分であった。日本の戦後賠償は，戦後一時期中断していた日本と東南アジアとの経済関係の再開の契機となった。日本は，**賠償を活用して輸出促進及び資源確保のための経済協力**という考え方が次第に強まっていった。

この**東南アジアへの日本の戦後賠償について，日本企業の国際経営的意義**について考察してみよう。著者は，以下のような効果があったと考えている。

①　輸出の振興・促進

日本の賠償が，日本企業の**輸出の促進，輸出振興**となったことである。日本の賠償は，消費財ではなく「**資本財・生産財**」が中心であったため，輸出を減退させるのはなく輸出を促進する効果が大きかった。**戦後賠償の供与でかなりの割合を日本企業が受注**したので，日本政府の巨額な資金が，長期間東南アジア諸国への輸出や海外投資に投入されたことになる。生産財などによる賠償は，日本にとって**生産財などの輸出の新市場を開拓**するとともに，**将来の貿易拡大の基礎を育成**するものであった。

②　将来の維持・管理・メインテナンス，消耗品・部品輸出

賠償による資本財，生産財などの供与や建設は，将来の日本企業のメインテナンス，消耗品，部品等の輸出が促進されることである。例えば工場，プラントなどが賠償によって調達された場合，これに伴って部品等の通常輸出の道が開かれた。

③ 将来の市場開拓のきっかけ

日本の企業，**特に建設，エンジニアリング，機械，電気，自動車などの企業に，東南アジア進出のきっかけ**を作った。例えば，戦後賠償により，従来ほとんど海外に出ていなかった建設業に，初めて海外進出の機会を与えたという，大きな効果があった。賠償を通して従来通常輸出で輸出されなかった物資が供与された場合，その品質の優良さ，製品の割安さなどが認められ，かえって通常輸出への道を開くことがある。これは，**資本財**について認められることはもちろんであるが，**消費財**についてもあてはまる。例えば，ビルマ賠償における，バス，トラック，自転車，ミシン，家電，ポンプ類はそのケースで，これらは賠償が終わった後の販路拡大に役立った。賠償で供与された物資や製品によって現地で日本諸品のなじみができ，それが日本企業輸出の市場開拓効果となった。このように，戦後賠償は，日本の企業，特に建設，電機，自動車，機械などの企業の海外進出のきっかけを与えた。

④ 現地での国際経営の経験

戦後賠償による貿易や海外投資は，日本企業の**東南アジアでの現地経営・国際経営において貴重な経験の蓄積**となった。賠償の形態は，ほとんどが輸出という形態であったが，東南アジアへの直接投資の前段階として意義あるものであった。エンジニアリング，建設など日本企業の現地支店・事務所の開設は，将来の直接投資の足がかりとなった。また，輸出代替としての**技術援助契約や契約生産の形態であるノック・ダウン（KD）による現地生産**がビルマ等で始められ，ノック・ダウン生産は直接投資の前段階として貴重な経験であった。このように日本の戦後賠償による長期にわたる東南アジア現地での各種のプロジェクトの建設等の戦後賠償の経験は，将来の日本企業のインフラ建設，消費財等への直接投資の基盤となった。

以上のように，戦後賠償の日本側の評価として，各種の批判もあるが，これからの国際経営の足がかり。日本の「ODA（政府開発援助）」の始まり，という視点での貢献も大きい。

次に，**東南アジア諸国側からの日本の戦後賠償の評価**について考えてみよう。日本の資本財を中心とした戦後賠償は，東南アジア諸国の工業化に必要なインフラ，機械・プラント，工場，資源開発などに利用されたことから，**経済開発に貢献**したといえるであろう。特に，インフラ関連の電力，製造業，鉄道，港湾などに貢献した。水力発電所の建設，鉄道車両・船舶等の供与などは，重要であった。ただし，戦後賠償の現地側の評価として，政権との関係に不透明な部分があるという批判もある[50)]。賠償の一部に汚職・腐敗があったという点である。

戦後賠償後，**ベトナムは内戦**に，**ビルマとラオスは社会主義化**したこともあり，日本は賠償が終わってから，日本企業のこれらの諸国への進出は停滞してしまった。しかし，日本の戦後賠償は，東南アジア諸国の重要なインフラや工場の建設などに貢献したことから，**国際協力・援助**の観点から評価されるべきであろう。

第4は，**資源輸入の促進を目的とした「大規模な資源開発」**があったことである。**インドネシアでの北スマトラ石油**への海外投資が代表的なものである。戦前からインドネシア（蘭領東印度）は，東南アジアにおける最大の資源国で，戦前にも日本企業による資源開発が行なわれていたが，戦後初期に日本企業による北スマトラ石油への海外投資が行なわれた。北部の北スマトラでの油田開発の権利は，インドネシア国営企業が持っていたが，1958（昭和33）年からその開発に関して日本との協議を続け，日本は合弁企業による開発方式を提案したが，インドネシア側は外資に対する警戒心が強く，この提案を受入れなかった。それで，1960（昭和35）年，日本側は融資（総額約188億円）よる信用供与を行い，インドネシア側は年間生産量の一定割合を無償で日本側に提供することで返済するというプロダクション・シェアリング方式によって開発を行なうということで合意した。このような直接投資により現地子会社を設立によるのではなく，契約によって金銭的融資に対する生産資源の提供という「**プロダクション・シェアリング方式**」による資源開発は，その後の日本の海外での資源開発の典型的な方式となった。この日本の金銭的融資において，**日本輸出入銀行の役割**は，重要であった。このような契約による海外投資は，現地での資源ナショナリズムに対応する方法として有効なものであった。

第5は，東南アジアへの**初期の直接投資による進出の特徴**として，「**合弁事業での形態**」，および「**技術契約**」，「**契約生産**」といった直接投資以外の形態による進出が，中心であったことである。日本のビルマへの戦後賠償による現地企業の設立において，日本側が出資し，**現地資本と合弁**で事業行うという形態であった。**技術協力協定**や**契約生産（ノック・ダウンなど）**による現地生産などによる契約による海外進出も多かった。1960年代前半頃の時期は，東南アジアなどの諸国では，まだ工業化の初期段階で，**外資への警戒感**を強く，**外資導入を制限**している国も多かった。日本企業のような外国資本が東南アジアに進出する場合，輸入代替などを目的とする，現地企業との合弁形態，または技術協力協定などの契約による形が一般的であった。

第6は，1960年代前半頃の時期，**アジアへの直接投資の嚆矢として，台湾とタイが重要**であることである。**1960（昭和35）年前後頃から，日本企業は，台湾とタイに多く進出**し始めた。これに対して，戦後初期の日本のアジア投資の中で，**中国本土への投資**はほとんどなかった。台湾は，東南アジアへの直接投資の基地として重要な存在であった。**台湾は，戦前日本が統治していたため台湾企業家とのネットワークがあり**，戦前の事業とのつながりもあるため，日本企業は戦後の早い時期，1960（昭和35）年前後頃から台湾進出が出来た。さらに，台湾が早い時期から**外資導入政策**を採ったということも大きい。日本の**電機**，**繊維**，**薬品**などの大手企業が台湾に相次いで進出した。台湾は，日本企業のこれからの**東南アジア進出における現地経営の経験**という意味でも重要な存在であった。台湾での国際経営の経験が，日本企業の東南アジア・中国本土進出の基盤の１つとなったのである。

また，東南アジアの進出において**タイ**の存在も重要であった。タイも早い時期から，**輸入代替による外資導入を奨励**し，タイは**仏教国**で日本人に受け入れやすい文化もあり，**対日感情**も良かったため，**1960（昭和35）年代以降，日本企業はタイに多く進出**し始めた。タイは，その頃から，外資のシュアが最も多い国が日本であった。

第7は，日本の東南アジアでの国際経営において，**戦前と戦後初期とのつながり，関連性**が認められることである。確かに，戦後日本の国際経営はゼロからスタートしたが，**海外での事業経験・人的ネットワーク，輸出実績，商社の存在などの戦前の遺産が，戦後にも生かされた。東南アジアへの輸出は，戦後すぐの1947（昭和22）年頃から再開**し，その輸出品も戦前とほぼ同じ内容・比重で，**繊維製品**が多かった。日本からの貿易を担っていたのは，戦前から活躍していた商社である。**東南アジアへの海外投資は，1955（昭和30）年初頭頃からの戦後賠償による事業などから始まった。**ビルマ，ベトナムなどの戦後賠償での大プロジェクである水力発電事業は，戦前に朝鮮・中国などの事業も行っていた**久保田豊社長率いる日本工営株式会社の役割が大きかった。**また，**東南アジア・台湾への海外投資**は，昭和30年代初頭頃から始まった。東南アジアで最も早い日本と**インドネシア**資本による合弁事業である**プルダニア銀行**は，1956（昭和31）年に設立された。日本側出資企業は，戦前に東南アジアで大規模な資源開発を行っていた**石原廣一郎**社長率いる**石原産業株式会社**であった。戦後も戦前の現地との人的関係により，石原産業はプルダニア銀行に出資することとなった。**台湾**は，1960（昭和35）年代初頭頃という最も早い時期から，日本企業は本格的な直接投資を行った。それは，早い時期に台湾政府の**外資導入政策**がとられたということもあるが，戦前日本は台湾を統治し，日本企業も多く，現地人等の人的ネットワークもあったこともあるであろう。

以上のように，本章では，終戦から1960年代前半までの日本企業の東南アジア進出について考察してきたが，実は1960年代後半より日本企業の東南アジア進出は激増し，ブームとなった。この1960年代後半からの日本企業の東南アジア進出については，次章以降で論ずることにしたい。

【注】

1）若槻泰雄（1991）『戦後引揚の記録』，252-253頁。
2）経済審議庁編（1953）『昭和28年度　経済白書』，1頁。
3）経済安定本部（1947）『経済実相報告書』，47-48頁。
4）このGHQによる「貿易庁」に関するGHQの指令については，貿易資料出版社（1947）373頁に，「貿易庁に関する件」AG 324号（46年4月3日）ESS・IE（SCA PIN 854）として記載されている。
5）西川博史・石堂哲也訳（1997）『GHQ日本占領史　第52巻　外国貿易』，134-135頁。
6）貿易資料出版社編（1947）『昭和22年版　日本貿易年鑑』貿易資料出版社，373頁。
7）西川博史・石堂哲也訳（1997）『GHQ日本占領史　第52巻　外国貿易』，165-169頁。

8）西川博史・石堂哲也訳（1997）『GHQ 日本占領史　第 52 巻　外国貿易』，159-161 頁。
9）経済安定本部監修（1950）『ことしの日本経済』，28-30 頁，西川博史・石堂哲也訳（1997）『GHQ 日本占領史　第 52 巻　外国貿易』，187-188 頁，栂井義雄（1949）「日本貿易の現状と展望―単一為替レート設定に関連して」，29 頁。
10）通商産業省通商局監修（1951）『日本貿易年鑑　昭和 25・26 年版』，29-30 頁。
11）経済安定本部総裁官房調査課（1949）『転換期日本経済の実態』，21 頁。
12）通商産業省通商局監修（1951）『日本貿易年鑑　昭和 25・26 年版』，30 頁。
13）賠償問題研究会編（1963）『日本の賠償』，11-13 頁。
14）賠償問題研究会編（1963）『日本の賠償』，95-97 頁。
15）賠償問題研究会編（1963）『日本の賠償』，135-141 頁。
16）賠償問題研究会編（1963）『日本の賠償』，135-141 頁。
17）賠償問題研究会編（1963）『日本の賠償』，144-145 頁。
18）賠償問題研究会編（1963）『日本の賠償』，145-146 頁。
19）賠償問題研究会編（1963）『日本の賠償』，147-148 頁。
20）賠償問題研究会編（1963）『日本の賠償』，150-151 頁。
21）賠償問題研究会編（1963）『日本の賠償』，213-216 頁。
22）有沢広巳監修（1975）『昭和経済史』日本経済新聞社，358 頁。
23）石原産業株式会社が主導した設立までの経緯については，石原産業（1956）『創業三十五年を回顧して』341-348 頁，に興味深い記述がある。
24）賠償問題研究会編（1963）『日本の賠償』，239-246 頁。
25）日本工営（1981）『日本工営三十五年史』，83-88 頁。
26）賠償問題研究会編（1963）『日本の賠償』，147-150 頁。
27）賠償問題研究会編（1963）『日本の賠償』，147-148 頁。
28）賠償問題研究会編（1963）『日本の賠償』，172 頁。
29）東洋工業（1972）『1920－1970　東洋工業五十年史』，416 頁，賠償問題研究会編（1963）『日本の賠償』，148-150 頁。
30）久保田豊・山口仁秋（1967）『アジア開発の基礎を築く』，43-47 頁，長塚利一（1966）『久保田豊』，302-330 頁。
31）久保田豊・山口仁秋（1967）『アジア開発の基礎を築く』アジア経済出版会，43-47 頁，長塚利一（1966）『久保田豊』，302-330 頁。
32）久保田豊・山口仁秋（1967）『アジア開発の基礎を築く』，47-53 頁。長塚利一（1966）『久保田豊』，331-344 頁。
33）久保田豊・山口仁秋（1967）『アジア開発の基礎を築く』，47-53 頁，長塚利一（1966）『久保田豊』，331-344 頁。
34）関口末夫・松葉高司（1974）『日本の直接投資』，86-87 頁。
35）日本輸出入銀行（1963）『十年の歩み』，71 頁。
36）日本輸出入銀行（1963）『十年の歩み』，72 頁。
37）日本輸出入銀行（1971）『二十年の歩み』，252-255 頁。
38）日本輸出入銀行（1963）『十年の歩み』，71-74 頁。
39）関口末夫・松葉高司（1974）『日本の直接投資』93-96 頁。
40）松下電器産業（1968）『松下電器五十年の略史』松下電器産業株式会社，309-310 頁。
41）丹野勲（1994）『国際比較経営論―アジア太平洋地域の経営風土と環境―』，104-107 頁。
42）劉進慶（1975）『戦後台湾経済分析―1945 年から 1965 年まで―』，271 頁，堀正幸（2000）『松下の海外経営―台湾松下電器成長の軌跡―』，23-31 頁。

43）藤井光男他編（1979）『日本多国籍企業の史的展開　下巻』，8頁。
44）日産自動車（1983）『日産自動車50年史』，65-66頁，日産自動車（1965）『日産自動車三十年史―昭和八年―昭和三十八年』，465頁。
45）日産自動車（1965）『日産自動車三十年史―昭和八年―昭和三十八年』，463頁，劉進慶・朝元照雄（2003）『台湾の産業政策』，13-14頁。
46）丹野勲（1994）『国際比較経営論―アジア太平洋地域の経営風土と環境―』，110-114頁。
47）東レ（1977）『東レ50年史』，168-169頁。
48）日産自動車（1983）『日産自動車50年史』，158頁。
49）藤井光男他編（1979）『日本多国籍企業の史的展開　下巻』8頁，藤井光男（1971）『日本繊維産業経営史』372-373頁，松下電器産業（1968）『松下電器五十年の略史』松下電器産業株式会社，310頁。
50）日本の戦後賠償やODAに対する代表的な批判的研究として，鷲見一夫（1989）『ODA援助の現実』岩波書店，などがある。

参考文献

赤沼貢（1993）『輸出に賭けた暑い夢』東洋経済新報社。
有沢広巳・稲葉秀三監修（1966）『資料・戦後二十年史』日本評論社。
有村広巳監修（1976）『昭和経済史』日本経済新聞社。
賠償問題研究会編（1963）『日本の賠償』世界ジャーナル社。
貿易資料出版社編（1947）『昭和22年版　日本貿易年鑑』貿易資料出版社。
鷲見一夫（1989）『ODA援助の現実』岩波書店。
藤井光男（1971）『日本繊維産業経営史』日本評論社。
藤井光男他編（1979）『日本多国籍企業の史的展開　下巻』大月書店。
樋口貞夫（1986）『政府開発援助』勁草書房。
堀正幸（2000）『松下の海外経営―台湾松下電器の軌跡―』同文舘。
伊藤博一（1963）『トングー・ロード―ビルマ場賠償工事の五年間―』岩波書店。
石原産業（1956）『創業三十五年を回顧して』石原産業株式会社。
久保田豊・山口仁秋（1967）『アジア開発の基礎を築く』アジア経済出版会。
経済安定本部（1947）『経済実相報告書』経済安定本部。
経済安定本部（1948）『経済実情報告書』経済安定本部。
経済安定本部（1949）『経済現状の分析』経済安定本部。
経済安定本部情報部編（1949）『ありのままの日本経済―1949年の経済白書―』北條書店。
経済安定本部総裁官房調査課（1949）『転換期日本経済の実態』国民経済研究協会。
経済安定本部（1950）『経済現状報告―安定計画下の日本経済―』経済安定本部。
経済安定本部監修（1950）『ことしの日本経済』北條書店。
経済安定本部貿易政策課編（1950）『各国の貿易制限措置』実業之日本社。
経済安定本部貿易政策課編（1951）『海外市場の分析と展望』北條書店。
経済安定本部貿易政策課編（1951）『海外市場の現況と日本貿易』東洋経済新報社。
経済安定本部編（1951）『経済白書―昭和26年度・年次経済報告』東洋書館。
経済安定本部編（1952）『経済白書―昭和27年度・年次経済報告』新聞月鑑社。
経済審議庁編（1953）『昭和28年度　経済白書』経済統計協会。
経済審議庁編（1954）『昭和29年度　経済白書』至誠堂。
経済企画庁編（1955）『昭和30年度　経済白書―前身への道―』至誠堂。
経済企画庁編（1956）『昭和31年度　経済白書』至誠堂。

経済企画庁編（1964）『戦後経済史（経済安定本部史）』大蔵省印刷局。
経済審議庁編（1957）『昭和 32 年度　経済白書―速すぎた拡大とその反省―』至誠堂。
経済審議庁編（1958）『昭和 33 年度　経済白書―景気循環の復活―』至誠堂。
経済審議庁編（1963）『昭和 38 年度　経済白書―先進国への道―』大蔵省印刷局。
海外建築協会（1980）『海外建築協会 25 年史』海外建築協会。
小林英夫（1983）『戦後日本資本主義と「東アジア経済圏」』お茶の水書房。
小林英夫（1992）『東南アジアの日系企業』日本評論社。
小林英夫（2001）『戦後アジアと日系企業』岩波書店。
松下電器産業（1968）『松下電器五十年の略史』松下電器産業株式会社。
松井清（1955）『日本貿易読本』東洋経済新報社。
長塚利一（1966）『久保田豊』電気情報社。
西川博史訳（1996）『GHQ 日本占領史　第 25 巻　賠償』日本図書センター。
西川博史・石堂哲也訳（1997）『GHQ 日本占領史　第 52 巻　外国貿易』日本図書センター。
日本工営（1981）『日本工営三十五年史』日本工営株式会社。
日本工営（1994）『虹を架ける男たち―開発コンサルタント戦士の回想 1―』国際開発ジャーナル社。
日本輸出入銀行（1963）『十年の歩み』日本輸出入銀行。
日本輸出入銀行（1971）『二十年の歩み』日本輸出入銀行。
日本経済新聞社編（1967）『資本自由化と日本経済』日本経済新聞社。
日本貿易振興会（1971）『1971 年版　海外市場白書』日本貿易振興会。
日本貿易振興会（1973）『わが国海外投資の現状―海外市場白書・1973』日本貿易振興会。
日本紡績協会（1962）『戦後紡績史』日本紡績協会。
日本鉄鋼連盟（1959）『戦後鉄鋼史』日本鉄鋼連盟。
中岡三益（1981）『戦後日本の対アジア経済政策史』アジア経済出版会。
日本労働研究機構編（1992）『台湾の労働事情と日系企業」日本労働研究機構。
西和夫（1970）『経済協力―政治大国日本への道―』中央公論社。
日産自動車（1965）『日産自動車三十年史―昭和八年―昭和三十八年』日産自動車株式会社。
日産自動車（1983）『日産自動車 50 年史』日産自動車株式会社。
大蔵省財政室（1984）『昭和財政史　終戦から講和まで』東洋経済新報社。
岡野鑑記（1958）『日本賠償論』東洋経済新報社。
劉進慶（1975）『戦後台湾経済分析― 1945 年から 1965 年まで―』東京大学出版会。
劉進慶・朝元照雄編著（2003）『台湾の産業政策』勁草書房。
坂井秀吉・小島末夫編（1988）『香港・台湾の経済変動成長と循環の分析』アジア経済研究所。
隅谷三喜男・劉進慶・徐照彦（1988）『台湾の経済典型 NIES の光と影』東京大学出版会。
施昭雄・朝元照雄編著（1999）『台湾経済論』勁草書房。
関口末夫・松葉高司（1974）『日本の直接投資』日本経済新聞社。
藤井光男（1971）『日本繊維産業経営史』日本評論社。
通商産業省編（1951）『昭和 26 年　通商白書―わが国貿易の現状について―』通商産業調査会。
通商産業省通商局監修（1951）『日本貿易経済年鑑　昭和 25・26 年版』貿易資料出版社。
通商産業省通商局通商調査課（1953）『昭和 28 年　日本貿易の現状』通商産業調査会。
通商産業省編（1954）『昭和 29 年　日本貿易の現状』通商産業省。
通商産業省編（1955）『昭和 30 年　通商白書―日本貿易の現状―』通商産業調査会。
通商産業省通商局通商調査課（1956）『日本貿易の展開―戦後 10 年の歩みから』商工出版社。
通商産業省企業局編（1973）『日本企業の国際的展開―わが国企業の海外事業活動調査報告書』大蔵省印刷局。

高見重義（1950）『貿易再建の基本的構想』日本経済新聞社。
橘弘作編（1962）『東南アジアの機械市場―輸送機械需要と国際競争関係―』アジア経済研究所。
谷浦孝雄編（1988）『台湾の工業化一国際加工基地の形成』アジア経済研究所。
東レ（1977）『東レ50年史』東レ株式会社。
東洋工業（1972）『1920－1970　東洋工業五十年史』東洋工業株式会社。
栂井義雄（1949）「日本貿易の現状と展望―単一為替レート設定に関連して」（「中央公論　昭和24年4月号」）。
丹野勲（1994）『国際比較経営論―アジア太平洋地域の経営風土と環境―』同文舘。
丹野勲（2017）『日本企業の東南アジア進出のルーツと戦略―戦前期南洋での国際経営と日本人移民の歴史―』同文舘。
丹野勲（2018）『戦前の南洋日本人移民の歴史―豪州，南洋群島，ニューギニア―』御茶の水書房。
渡辺利夫・朝元照雄編著（2010）『台湾経済読本』勁草書房。
若槻泰雄（1991）『戦後引揚の記録』時事通信社。
山本剛志（1988）『日本の開発援助』社会思想社。

第5章

1960年代から1990年代初頭までの日本企業のアジアへの直接投資の歴史とアジア諸国の国際経営環境

―台湾，シンガポール，タイ，マレーシア，インドネシア，ベトナムを中心として―

はじめに

本章では，第2次大戦後，日本経済が戦後の混乱から回復し成長の軌道に乗った**1960年代初頭から，いわゆるバブルの崩壊以前の1990年代初頭までの，日本のアジアへの海外直接投資と国際経営の歴史**について考察する。その際，日本の直接投資政策，国際経済環境，日本企業の直接投資の概要と特徴などの変遷を中心として述べる。その後，アジア諸国の国際経営環境として最も重要であると考えられる**アジア各国の「外資政策の歴史」**，および**日本企業のアジア各国への海外投資**による企業進出について概説する。

東南アジア諸国では，「外資導入による経済発展」を目指した。東南アジアの経済発展にとって海外からの直接投資の役割は極めて重要であった。1960年代から1990年代初頭まで東南アジアへの直接投資は，日本企業や欧米といった先進諸国の企業にとっても重要であった。日本企業は，1970年代以降の「**円高**」に対応して，**生産拠点を東南アジアに設置**してきた。**東南アジア地域内での国際分業**，すなわち「**水平・垂直的製品分業**」，「**部品分業**」，「**工程分業**」のようなグローバルネットワークが構築されてきた。

本章では，東南アジア・アジア諸国として**シンガポール，タイ，マレーシア，インドネシア，ベトナム**，および**台湾**を取り上げ，国際経営環境としての**アジ**

ア諸国の外資政策と日本企業の**アジア**進出の歴史について考察する。

第1節　1990年代初頭までの日本の海外直接投資

1　1960年代初頭までの日本企業の直接投資

(1) 1960年代の日本の対外投資の概要

図表5－1は，**1951（昭和26）年から1970（昭和45）年までの「日本の対外投資の許可額とその累計額」**を示したものである。この図表から，日本の対外投資は，1960（昭和35）年代に入ってから増加しはじめたことがわかる。すなわち，全形態の投資額合計額は，1950（昭和25）年代には年間に数千万ドルに過ぎなかったが，1960年代前半にはこれが年間1億2千～1億5千万ドル程度，1960年代後半から急激に増加した。1966（昭和41）年度が約2億2,700万ドル，1967（昭和42）年度が約2億7,500万ドル，1968（昭和43）年度が約5億6,000万ドル，1969（昭和44）年度が約6億7,000万ドル，1970（昭和45）年度が約9億1,000万ドル，と増えている。1970（昭和45）年度末までの日本の対外投資許可累計額35億9,600万ドルのうち，約73％は1966（昭和41）年以降によるものである[1)]。**以上から，日本の海外投資は，1960年代後半以降から本格化**したことがわかる。

海外投資の形態別に図表5－1の特徴についてみてみよう。1951（昭和26）年から1970（昭和45）年までの投資許可累計額の約52％は「**債権取得**」によるものである。次いで約37％が「**証券取得**」の形態である。債権取得と証券取得で，海外投資の約90％を占めている。債権取得には，海外で日本企業が事業を経営するという意味での**直接投資**の定義から外れる投資がかなり含まれている可能性がある。すなわち，債券投資とは，株式などの出資によらず，設備，機械，特許権などの工業所有権，および長期運転資金を現地企業に貸付け，などを目的とする海外投資である。さらに，証券取得も，いわゆる**間接投資**（10％以下の株式の出資割合で経営のコントロールをともなわないもの）である**少数株式所有**も含まれている。以上からすると，1970（昭和45）年度末の日本の海外投資累計額約36億ドルのうち，純粋な**海外直接投資**は半分程度かそれ以下の水準ではないかと推定できる。

図表５－１　日本の年度別，形態別海外投資の推移（1971年３月末現在）

（単位　千ドル）

年度別（形態別）	証券取得		債権取得		海外直接事業		支店		計		構成比(%)	
	件数	金額	件数	金額	件数	金額	件数	金額	件数	金額	件数	金額
1951～57	198	45,125	45	27,155	6	1,542	118	4,730	367	78,552	9.33	2.18
58	39	24,556	24	28,578	4	10,956	11	550	78	64,640	1.98	1.80
59	71	21,951	29	20,156	2	9,091	21	1,864	123	53,062	3.13	1.48
60	105	33,160	29	20,787	5	37,208	12	1,574	151	92,729	3.84	2.58
61	87	47,191	33	38,755	1	77,806	12	1,059	133	164,811	3.33	4.58
62	113	39,543	35	31,299	4	24,769	27	3,814	179	99,425	4.55	2.76
63	155	62,614	34	23,278	4	37,285	30	2,800	223	125,977	5.67	3.50
64	137	68,733	37	38,989	2	11,946	17	623	193	120,291	4.90	3.34
65	154	74,892	39	69,212	5	11,991	11	644	209	156,739	5.31	4.36
66	192	74,168	41	121,542	4	30,590	16	708	253	227,008	6.43	6.31
67	220	117,866	50	131,947	4	20,110	32	4,944	306	274,867	7.78	7.64
68	315	200,991	52	326,492	3	28,522	14	1,169	384	557,174	9.76	15.49
69	459	224,326	73	403,710	5	37,451	31	2,092	568	667,579	14.43	18.56
70	581	298,890	141	572,268	18	35,983	28	6,308	768	913,449	19.52	25.40
合計	2,826	1,334,006	662	1,854,170	67	375,251	380	32,879	3,935	3,596,306	—	
構成比(%)	71.8	37.1	16.8	51.6	1.7	10.4	9.7	0.9	—	—	100.0	100.0

（注）1. 投資許可（証券取得，債権取得及び海外直接事業に対する「外国為替及び外国貿易管理法」上の許可）の取得額ベース
2. 件数は，新規案件である．但し，海外移住事業団の貸付は複雑多岐に亘るので，総て新規案件として計算
3. 債権取得には，現地法人に対する延払輸出は含まない
4. 海外移住事業団の貸付は債権取得に含む
5. 海外直接事業には不動産取得を含む
6. 支店とは，商社，メーカー等海外出先機関であるが，現地法人ではない
7. 1968年度において，「債権取得」の数字がそれまでに比べ非常に大きくなっているが，これは英国向けの船舶融資がここに計上されたからである．実際の中味は，延払い輸出であるが，種々の関係から，相手関バイヤーに対する貸付けという形式をとったもので，例外的である
8. 通産省「経済協力の現状」と問題点，(1970,71,72) による統計である

出所：関口末夫・松葉光司（1974）『日本の直接投資』日本経済新聞社，97頁。

(2) 対外直接投資の自由化政策

日本の「**対外直接投資の自由化政策の推移**」についてみてみよう。

1968（昭和43）年頃から，日本経済は，国内景気が上昇し，「**国際収支の黒字基調**」となってきた。日本政府は，1969（昭和44）年に対外直接投資の「**第1次自由化政策**」をとった。すなわち，投資残高30万ドル以下の案件については許可事務が日本銀行に委任され，うち20万ドル以下については，自動許可（一応許可を必要とするが申請されれば自動的に許可される）とされた。1970（昭和45）年には「**第2次自由化政策**」として，自動許可の限度額は20万ドルから100万ドルに引き上げられた。

1971（昭和46）年，外国為替レートが変更され，1米ドル360円から円が切上げられ，「**1米ドル308円**」（16.88％の切上げ）となった。

1971（昭和46）年の「**第3次自由化政策**」では，原則として，自動許可の限度枠はなくなった。また，海外での事業に必要な限り不動産への投資も金額制限なしに認められることとなった。続いて，1972（昭和47）年には「**第4次自由化政策**」が行なわれ，ごく一部を除いてほとんどが日本銀行の自動許可によることになった[2)]。以上のような対外直接投資の自由化政策によって，企業は原則として，自由に海外直接投資を行うことができるようになった（ただし，日本の海外直接投資は，**受け入れ国の直接投資政策・規制**により，大きく左右された）。

1973（昭和48）年には，外国為替制度が大きく変わり，「**固定相場制から変動相場制**」に移行した。

(3) 1960年代後半からの日本の対外直接投資増加の理由

日本の**対外直接投資が，1960（昭和35）代後半以降に増加した理由**として以下があろう。

第1は，「**輸出拠点**」を目的とする海外直接投資が急速に増加したことである。日本は，この時期**高度経済成長**の真っただ中にあり，1968（昭和43）年にはGNP総額で旧西ドイツを抜き，資本主義国でアメリカについで**世界第2位**になり，先進工業国の仲間入りをした。**日本の賃金**は，全般的な経済成長に伴って急速に上昇し，**労働集約的な技術に依存する軽工業は開発途上国に対して**

比較優位を失った。そのため，賃金の安い東南アジアなどに日本企業は進出するという**輸出拠点としての直接投資が増加**した。

第2は，日本の輸出増加に対して，現地政府から**高関税や数量規制等の輸入制限的措置**を受けたため，日本の企業が当事国に立地しようとする海外直接投資である。すなわち，現地で生産し，現地で主に販売することを目的とする日本企業の海外進出である。それは，「**貿易障壁を回避**」し，現地で生産，組み立てをしようとする，「**現地市場志向型投資**」である。

第3は，日本企業が「**円切上げ（円高）**」を不可避とみて，切上げ後には国内で比較優位を失う可能性を考慮して，円高対策として東南アジアなどに海外拠点を設置したこともある。1971（昭和46）年8月にニクソン大統領が金とドルの交換性を一方的に停止し（「**ニクソン・ショック**」），日本は**円切上げ（1ドル360円から308円**への16.88%切上げ）を行った。日本の対外直接投資は，このような円高に対処するために，東南アジアなどへの外国直接投資を増加させた[3)]。

2　1970年代までの日本企業の直接投資

1970年（昭和45）年代に入ると日本の国際競争力が強まり「**貿易収支や経常収支の黒字**」が定着し，1969（昭和44）年から1972（昭和47）年まで第1次から第4次の対外投資の自由化，日本輸出入銀行の海外投資金融の金利の引き下げ，海外投資の規制緩和策，などが打ち出された。これらの「**海外投資自由化策**」，「**円高の進展**」，「**日本企業の国際的競争力の向上**」などもあり，1972（昭和47）年頃から日本の海外直接投資は急速に拡大した。1973（昭和48）年には，「**石油危機（第1次オイルショック）**」があり，原油価格が高騰し，世界経済が混乱した。

1970年代には日本と米国との間で貿易摩擦が発生し，繊維，鉄鋼，カラーテレビ，工作機械などの分野で輸出を自主規制するようになった。この「**日米貿易摩擦**」などが，1970年代後半への直接投資拡大の一つの要因となった[4)]。

3　1980年代から1990年代初頭までの日本企業の直接投資

1980年代前半は，日本の貿易黒字の拡大と自動車，家電などの貿易摩擦の激化もあり，1970年代後半からの直接投資の増加基調が維持された。地域ではアメリカやヨーロッパなどの「**先進国向けの直接投資**」の比重が上昇し，金融・保険，商業などの「**第3次産業への直接投資**」が増加した。**アメリカ**では，1982（昭和57）年に**ホンダ**がオハイオ，1983（昭和58）年には**日産**がテネシー，1984（昭和59）年には**トヨタ**がカルフォルニアで現地生産を開始した。これらの要因により，1981（昭和56）年頃からアメリカへの自動車の直接投資が急増した。日本の**ヨーロッパ**への直接投資も1980年代から拡大し，後半には金融・保険向けが大幅に伸びた。これにより，1989（平成元）年の日本の対アメリカとヨーロッパ向け直接投資額は全体の7割を占めるに至った。

1980年代後半の特徴としては，**貿易摩擦**の影響とともに，「**円高の進展**」が**製造業の海外投資を促進**させた。すなわち，1985（昭和60）年9月の「**プラザ合意**」以降，日本は急激に円高が進み，1985（昭和60）年初頭には**1米ドル250円程度**であった円相場が，1986（昭和61）年末には**160円台**，1980年代末には**120円台末まで円相場が上昇**した。また，金融，商業，不動産などの「**サービス部門の直接投資**」も増加した。さらに，「**M&A（合併と買収）**」のための直接投資も増加した。日本企業は，円高への対応や拡大するアジア市場向けなどのため，中国や東南アジアなどのアジア地域への直接投資が急激に拡大したのである[5)]。

図表5－2は，**1969（昭和44）年度から1992（平成4）年度上半期までの**「**日本の直接投資の累計額**」を期間ごとにみたものである。この1980年代後半から1990年代初頭までの時期（1986－92年）の直接投資は，金額的にみるとかなりの増加であった。この時期，①**発展途上国から先進国**，②製造業直接投資における**労働集約型産業から加工組立型産業へのシフト**，③**金融・保険，不動産業向け直接投資の急増**，などがある。その背景には，**急激な円高**により，①発展途上国はいうまでもなく欧米諸国との間でもドル建て**労働コスト**において日本が割高になったこと，②**円の購買力**が増大したこと，③円高にもかかわらず，**経常収支の大幅黒字**が続き，**貿易摩擦回避のために先進国投資が促進**され

図表5－2　1969年度から1992年度上半期までの日本の直接投資の累計額

（単位：100万ドル，%）

	第1波 69～73年度		第2波 78～84年度		第3波 86～90年度		91年度		92年度上半期	
区分	累計	シェア	累計	シェア	累計	シェア	金額	シェア	金額	シェア
合計	8,259	100.0	49,220	100.0	227,157	100.0	41,584	100.0	17,387	100.0
地域別										
北米	1,870	22.6	16,070	32.6	109,220	48.1	18,823	45.3	8,353	48.0
中南米	1,390	16.8	9,262	18.8	24,847	11.0	3,337	8.0	1,270	7.3
アジア	2,000	24.2	11,699	23.8	28,056	12.4	5,936	14.3	3,009	17.3
中東	448	5.4	1,448	2.9	458	0.2	90	0.2	103	0.6
欧州	1,784	21.6	5,997	12.2	48,263	21.2	9,371	22.5	3,509	20.2
アフリカ	193	2.3	2,284	4.6	2,456	1.1	748	1.8	107	0.6
大洋州	572	6.9	2,462	5.0	13,858	6.1	3,278	7.9	1,035	6.0
業種別										
製造業	2,678	32.4	14,911	30.3	57,213	25.2	12,311	29.6	5,426	31.2
食料	134	1.6	639	1.3	2,995	1.3	632	1.5	317	1.8
繊維	637	7.7	769	1.6	1,915	0.8	616	1.5	239	1.4
化学	506	6.1	2,480	5.0	6,958	3.1	1,602	3.9	529	3.0
鉄・非鉄	395	4.8	3,755	7.6	5,119	2.3	907	2.2	515	3.0
機械	170	2.1	1,106	2.2	5,961	2.6	1,284	3.1	637	3.7
電機	299	3.6	2,385	4.8	16,613	7.3	2,296	5.5	1,064	6.1
輸送機	144	1.7	2,208	4.5	7,507	3.3	1,996	4.8	769	4.4
非製造業	4,929	59.7	33,073	67.2	166,800	73.4	28,809	69.3	11,823	68.0
鉱業	2,077	25.1	5,845	11.9	4,783	2.1	1,003	2.4	466	2.7
商業	914	11.0	8,173	16.6	18,640	8.2	5,247	12.6	1,495	8.6
金融・保険	661	8.0	5,360	10.9	54,459	24.0	4,972	12.0	2,258	13.0
支店設置	364	4.4	942	1.9	3,147	1.4	464	1.1	138	0.8
不動産	288	3.5	294	0.6	—	—	—	—	—	—

出所：日本貿易振興会編（1993）『1993年　ジェトロ白書・投資編』，64頁。

たこと，④ **EC 市場統合への対応**，⑤**日本企業のグローバル化戦略**，⑥**金融分野の規制緩和**，⑦不動産では国内不動産物件価格の急騰とそれに伴う**海外不動産価格の相対的な割安感**，などが指摘できる[6)]。1989（平成元）年の日本の**対米と対欧向け直接投資額は，全体の7割**を占めるに至った。

第2節　アジアの国際経営環境と日本企業の進出―1990年頃までの外資政策と日本企業の直接投資

本節では，アジアの国際経営環境として最も重要であると考えられる**アジアの産業政策，特に「アジアの外資政策」を中心として考察**する。また，1960年代から1990年頃までの**日本企業のアジアへの直接投資**について概説する。

図表5－3は，**「1970（昭和45）年から1988（昭和63）年までの「日本の海外直接投資の地域別推移」**をみたものである。前節で述べたように，**1980年代後半から日本の海外直接投資が急激に増加**していることがわかる。1988（昭和63）年度末の累計額（1951 － 1988年度まで）を地域別にみると，米国向けが40.3％，アジア向けが17.3％，欧州向けが16.2％，となっている。製造業で累計額では，米国が48.0％，アジア24.8％と全業種ベースより高くなっている。以上から，日本企業のこの時期までのアジアへの直接投資をみると，アジア向け直接投資は米国，欧州とともに重要で，特に製造業の比率が他の先進地域より高いことがわかる[7)]。

日本企業の直接投資先として重要であるアジアのなかで，台湾，シンガポール，タイ，マレーシア，インドネシア，ベトナムを取り上げ，国際経営環境としての外資政策，および日本企業の直接投資の概要について述べる。

1　台湾の国際経営環境と日本企業の進出のケース

(1) 台湾の外資政策の変遷

台湾は，1960年前後の時期から，**外資政策が輸入代替型から輸出志向型へと転換**した。1960年には，「**投資奨励条例（台湾）**」が公布され，外資系企業に対して，租税上の優遇措置，工業用地の開発，等の優遇措置を定めた。さらに，外資事業の権利と保障が約束された。

図表5－3　日本の海外直接投資の地域別推移

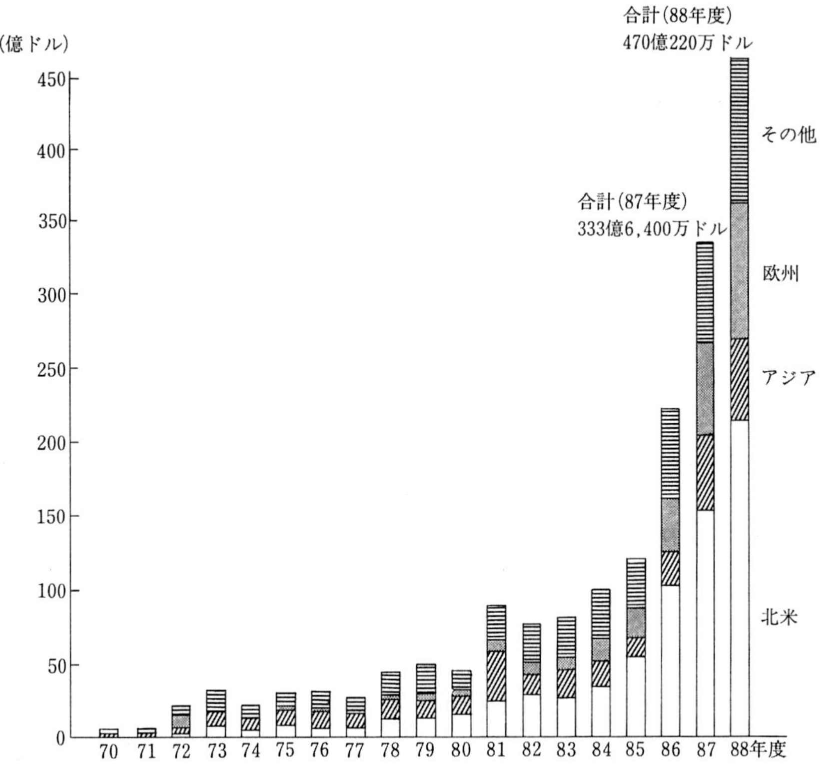

出所：ジェトロ開発問題研究会編著（1989）『アジア産業革命の時代』日本貿易振興会（ジェトロ），159頁。

1961年には，米国の「**新対外援助法**」が設定され，米国企業の台湾投資を側面から援助することになった。このようなこともあり，米国企業の台湾投資が急速に進展した。これは，中国本土との関係という台湾の国際政治的不安定のため，米国との経済的協力関係の構築ということもあろう。また，1962年，台湾は技術使用料の送金などを認める「**技術合作条例（台湾）**」が制定され，技術の対価の支払いが明確になり，外国からの技術の導入に道を開いた。

1957年に実施された「**第2次経済建設計画（台湾）**」，また1961年からの「**第3次経済建設計画（台湾）**」の基本目標は，「**工業化と輸出産業の育成**」を通して，所得の増加，就業機会の増大，国際収支の均衡を達成することであった。台湾政府は，雇用の安定と産業の近代化をさらに達成するため投資環境改善策を打ち出し，1965年，その具体化の1つとして「**輸出加工区設置管理条例**」を立法化した。そして1966年には高雄市に第1号の「**高雄輸出加工区**」が設置された。この高雄輸出加工区は，発展途上国の外資導入政策として画期的なものであった。

このような投資奨励条例や輸出加工区の設置等の投資環境の整備により，台湾は1960年代を通じて外国資本の流入は順調に増加した。

1970年に「**投資奨励条例（台湾）**」が改定され，過度に労働集約的な産業に対する優遇措置を縮小する一方，「**資本集約的産業**」の発展を目的に，**投資奨励分野**を，①大規模な資本を要する基礎産業，②高度技術を要する産業，③輸出拡大あるいは国内の新規市場を開拓できる産業に絞るという選別計画が示された。また同年には，新たに高雄市の北方約10キロに「**楠梓輸出加工区**」が，また台中市の北方約10キロに「**台中輸出加工区**」が設立され，多くの投資を誘致するのに貢献した。

1973年の第1次石油危機による世界的不況で，輸出依存の高い台湾経済は，1974年に戦後はじめてゼロ成長を記録した。石油危機の影響によって停滞した外国人投資の増大をはかるため，1977年「投資奨励条例」は再び改定された。さらに1979年には，先端科学技術の発展促進を目的とした「**科学工業園区設置・管理条例（台湾）**」が立法化され，これに基づいて翌年には新竹市郊外に「**新竹科学工業園区**」が設立された。この新竹科学工業園区は，台湾の電子産業などの代表されるハイテク産業の技術開発と製造において，画期的な役割を果たした。日本の筑波学園都市に似たこの**ハイテク工場区**は，アジア初であり，諸外国からも注目された。

1980年に入り，従来からの特別奨励産業とされてきた「**資本・技術集約的産業**」が，改めて産業構造高度化のための戦略産業とされ，外資導入奨励業種に指定された。また，同年中に投資奨励条例が再び改定され，奨励業種に対する優遇措置が大幅に拡充された。

1991年からは，投資奨励条例が発展的に解消された形で「**産業昇級（高度化）条例（台湾）**」が制定された。この条例は，租税の減免，開発基金の創設，工業区の設置等を通じて研究開発，省力化，公害防止，人材養成，国際ブランドイメージの確立等を促進する目的で，外国，国内資本を問わず奨励しようとするものであった。台湾は，これまでの外貨を稼ぐための外資企業から，高度技術の開発，オートメーション化，R&D，省力化，人材養成，高度な経営ノウハウ，といった外資企業のより質がレベルアップするための政策に転換した。

1990年初頭頃，台湾では外国資本の出資比率については，投資制限業種へ投資するのを除き原則として「**100％外資出資**」が認められた。また，「**雇用比率**」については，総経理（社長）以外は，原則として役職員についての国籍制限はなかった。以上のように，台湾は，外資に対する規制を緩和し，優遇措置などを講じ，また，輸出加工区等を中心としたインフラの整備を行い，日本やアメリカを中心とした多くの外国企業が1990年頃までに台湾に投資を行った。

（2）台湾への日本企業の直接投資

日本企業の台湾への直接投資は，「**台湾を戦前日本が統治**」していたという関係もあり，戦後の早い時期に「**繊維産業**」などを中心として台湾への直接投資が始まった。日本企業の台湾への直接投資が本格化したのは，1960年代後半頃からである。1966（昭和41）年の「**高雄輸出加工区**」を皮切りに，相次いで輸出加工区が開設され，台湾の投資環境も改善された。このように台湾の投資環境が整備されたことによって，台湾に対する日本企業の直接投資は大きく伸長した。また，この時期頃から日本企業の海外事業展開が活発になったことも，台湾への投資が拡大した大きな要因である。

図表５－４は，**1952（昭和27）年から1987（昭和62）年までの「台湾への外国人投資の認可累計額」**を国，華僑ごとに産業別分布も含めてみたものである。外国人投資の認可累計額は，アメリカが22億6,900万ドルと第1位で，日本が17億8,300万ドルと第2位で，華僑が14億3,500万ドルと第3位となっている。この時期の台湾への投資は，国で見るとアメリカと日本が中心になっている。すなわち，1952（昭和27）年から1987（昭和62）年までの投資金額の累計では，両国で過半を占めていた。業種では外国人投資はいずれも製造業中心で，なかでも「**電子・電機産業**」が最大の割合を占めていた。華僑は，サー

図表5－4　台湾への華僑，外国人投資の産業別分布状況
（1952～87年認可累計額）（100万米ドル）

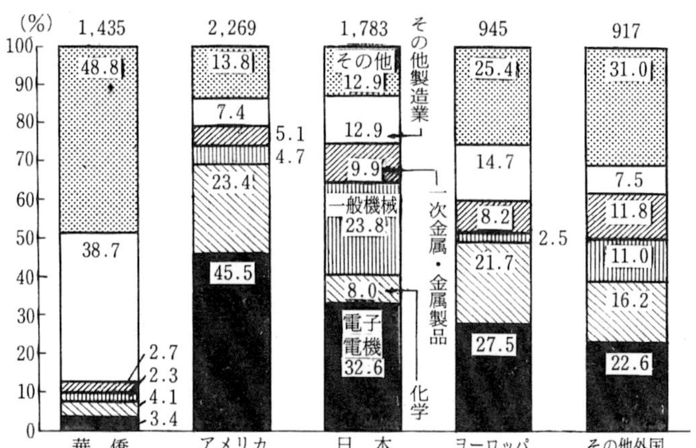

出所：谷浦孝雄編（1989）『アジアの工業化と直接投資』アジア経済研究所，127頁。

ビス産業（第3次産業）などの「その他製造業」も多かった。1986（昭和61）年当時，**台湾の電子産業の売上高上位25社**をみると，日系企業が7社ランクインされている。すなわち，第2位が**台湾松下電器**，第7位が**台湾オリオン電機**，第9位が**台湾三洋電機**，第15位が**台湾日立テレビ工業**，第16位が**台湾ユニデン**，第24位が**台北ミツミ**，第25位が**白砂電機**，であった[8)]。

1980年代後半になると，台湾は**賃金上昇**などもあり，日系企業は賃金水準の安い他の東南アジアや中国に生産拠点を移す動きが見られた。その場合，台湾拠点を，**高付加価値製品の生産を日本から移管**させるケース，**企業規模を縮小**するケース，および**撤退**するケースなどがあった。

2　シンガポールの国際経営環境と日本企業の進出のケース

（1）シンガポールの外資政策の変遷

1965年，**シンガポール**は「**マレーシア連邦から分離・独立**」した。当初は，「**労働集約的・輸入代替型産業の育成**」を目指し，政府は輸入割当，関税引き上げ等の政策によって国内産業の育成をはかった。

1967，68年頃には，従来の輸入代替志向型から，「**輸出志向型**」の産業政策

に大胆に転換した。輸入代替型産業の育成にとってシンガポールの国内市場は余りにも狭隘であり，それは高コスト・高価格をもたらすとの認識に基づくものである。1967 年には，「**経済拡大奨励（措置）法（シンガポール）**」が制定され，「**外資を利用した輸出志向工業化**」を目指した。これにより新規輸出からの利益に対する法人税率が引き下げられ，また海外からの借入れに対する利息の無税化，および技術使用料などの支払いに対する税率の大幅な引き下げなどが実施された。また，自由貿易に向けて各種輸入規制が撤廃され，輸出促進政策がとられた。

シンガポールの外資政策の特徴は，統制主義的な傾向がないことである。出資比率の制限，利潤送金制限，**フェイド・アウト（段階的現地資本化）条項**，現地人登用といった外資制約項目は原則としてない。輸出志向型の産業政策の促進やインフラストラクチャー整備のため，シンガポール政府は公企業や公団を数多く設立した[9)]。このような政府の外資導入政策により，外資によるシンガポールへの直接投資は飛躍的に増大した。この時期の輸出志向型工業化は，「**低賃金・労働集約的産業**」を主体として進められた。

1973 年の第 1 次石油ショックは，シンガポール経済にも大きな影響を与え，低賃金・労働集約産業に依存した輸出志向工業化に陰りが見え始めた。加えて，国内の労働力不足により，生産性の上昇を上回る賃金上昇が起きた。1969 年に設立された賃金に関するガイドライン作成のため政府・労働組合・経営者の三者で構成する「**全国賃金評議会**（National Wages Council：NWC)」は，賃金抑制策を打ち出した。1973 年には，民間企業の生産性促進を援助する政府機関として「**国家生産性庁**」を設立し，政府をあげて生産性向上運動を行なった。

1979 年からは，従来の低賃金・労働集約的産業を主体とした輸出志向工業化からの転換が試みられた。「**高賃金・高付加価値産業による輸出志向工業化**」を目指す産業構造高度化政策がとられた。全国賃金評議会は，経営側に生産性の向上と労働集約的部門の近隣諸国への移転を促し，1979 年から 3 年間にわたり 30％の賃上げを行なうよう勧告した。シンガポール政府は，賃金引き上げを先行させて産業構造の高度化をはかるという「**高賃金政策**」を実施した。労働者の再訓練のための技能開発基金（SDF）の設立，および企業別組合の再編成，企業内福祉の充実などが奨励された。その他，オートメーション・機械化，コンピュータ化の促進，R&Dの促進等の政策を実施した。

それまで比較的高めの成長を維持してきたシンガポール経済は，1979年頃からの第2次石油危機等による世界的不況等の原因により，1985年はマイナス成長を経験した。その年は，海外からの直接投資も大幅なマイナスとなった。シンガポール政府は，さらに投資環境を改善するために，1986年，中央積立基金（CPF）の雇用主負担分の引き下げ，法人税率引き下げ，パイオニア産業（国内で未発達で発展が期待できる製造業）の育成，等を内容とする政策を実施した[10)]。

1990年代に入ると，シンガポールは，外国からの投資，特に「**高度技術産業分野**」に対する投資受入政策に移行した。公共事業（交通，通信，マスコミ）への外資の進出は制限された。金融，保険業，一部の指定品目（ビール，たばこ，火薬，一部の家電製品，鉄製品など）については事前審査，事前許可が必要であった。その他の業種・品目については「**100%外資**」で会社を設立し，営業活動を行なうことができた（ただし，小売業については，個別の指導により外資比率は49%以内に制限された）。また，資金調達については，1978年に「為替管理の撤廃」がなされ，外貨取入れは自由となった。海外送金や再投資についての制限はなかった。政府の外資政策は，シンガポールを「**国際ビジネスセンター**」，「**国際空輸・海上輸送センター**」，「**多国籍企業の地域事業本部・サービスセンター**」に発展させることを目指した。

各種優遇措置のなかで，「**地域統括本部**（Operation Headquarters：OHQ）（**シンガポール**）」のステータスがあった。地域統括本部として認定された企業の利益に対する法人税を通常の33%から一定期間10%に減税された。また配当金も免税になった。このようなこともあり，1990年頃から，欧米や日本等の多国籍企業がアジア地域統括本部をシンガポールに置くケースが増加した。

シンガポールは，東南アジアの中心的拠点として，多くの日本企業が進出した。

（2）シンガポールへの日本企業の直接投資

シンガポールは，付加価値の高い製造業，地域統括本部など経済の高度化を図った。すなわち，1985（昭和60）年頃から，製造業のみによる経済発展には限界があるとし，製造業とサービス業のバランスのとれた成長を目指す**「トータル・ビジネス・センター」構想（シンガポール）**を推進した。

このようなシンガポールの国際経営環境もあり，日本のシンガポールへの直接投資の変遷をみると，**製造業から非製造業への投資，R&D センターや地域統括本部**の設立，などがみられる。1991（平成 3）年度の日本企業のシンガポールへの直接投資における製造業と非製造業の割合をみると，製造業 28.8％に対し，非製造業 71.2％と非製造業に占める比率がかなり高い。これを 10 年前の 1981（昭和 56）年度でみると，製造業 64％，非製造業 36％と逆に製造業のシェアが高かった[11)]。また，製造業分野への直接投資では，労働集約型から技術・資本集約型分野へのシフトが進んだ。さらに R&D センターやアジア地域統括本部の設立などもあり，シンガポール政府のトータル・ビジネスセンター構想に沿う形で日本企業の直接投資は移行していった。

3　タイの国際経営環境と日本企業の進出のケース

（1）タイの外資政策の変遷

1960 年代から 1970 年代初期まで，**タイ**は，「**外資奨励政策**」の環境面での整備，および「輸入代替を目的とする外資政策」を行なった時期である。1960 年には，外国投資の促進のための機関として「**投資委員会（Board of Investment：BOI）**」が設立された。1962（昭和 37）年に，「**1962 年産業投資奨励法（タイ）**」を制定し，**外資を積極的に導入し，輸入代替型の工業を育成**することを狙いとした。この時期は，国内産業保護のために導入された高関税を回避し，タイ市場を確保する輸入代替を目的とし，産業投資奨励法もあり，日系企業をはじめとする外国企業は，タイへの直接投資を行ない企業進出した。

1970 年代前半期は，新投資奨励法により「**輸出産業の奨励**」が開始された時期である。1972 年には，従来の輸入代替政策から輸出志向政策を目的とする「1972 年投資奨励法」が制定された。これは，タイの外資政策の転換点として重要なもので，その投資奨励法の概要は以下である。

①「**輸出産業の重点的奨励**」。輸出商品生産のための原材料・部品・機械の輸入に対する輸入税および営業税の免除，等の優遇措置の導入である。

②「**工業立地の地方分散**」。地方開発，地域間格差の解消のため，特定地域に立地した企業に税制上の恩恵を与える。

③「**法人所得税の免除**」。法人所得税は，3年間以上，最高8年間免除される。

④「**奨励企業に対する各種の国家保証**」。国は奨励企業の産業活動と競合するいかなる新規産業活動を行なわない。国はいかなる民間企業をも国有化しない。生産された製品の輸出はつねに許可される。

⑤「**外国人の受け入れ**」。移民法によって規定されている割当枠（1国あたり200人）を越えて，必要な期間，外国人熟練労働者または専門家，およびその妻子の入国を認める。

1972年から，輸出志向型産業振興に重点をおいた「**第3次5カ年計画（タイ）**」が開始された。この時期は，1972年の10月に起こったタイ大丸事件をきっかけとする日本製品不買運動，1973年10月の学生革命を契機としてタノム政権が倒れ文民政権の誕生，1974年の「**田中角栄首相訪タイ時の反日運動**」，等の政治状況下で奨励企業の選別を強化するという**外資規制措置が実施**された。輸出産業への外国資本からの投資を期待しながらも「**外国企業規正法**」（1972年11月），「**外国人職業制限法**」（1973年12月）を制定して外国企業の投資を規制した。さらに，非輸出産業（輸出が売上げの20％以下）は現地側パートナーが資本の60％以上を所有するべきであるとする「**新投資ガイドライン**」の設定（1975年）により，資本の現地化を強化した。しかし，この現地化の規制の強化は，軍部の反クーデター（1967年10月）以降緩和の方向に向かうことになる。

1970年代後半から1990年頃までの時期は，直接投資を歓迎する奨励策が打ち出され，**輸出志向政策**がさらに強化された。1977年4月に従来の投資奨励法が大幅に改正され，「**1977年投資奨励法（タイ）**」[12] が制定された。

輸出志向型産業をさらに育成するために，1978年7月には外国人職業規制法の改正，1978年7月と1982年4月には外国企業法の規制緩和，および1983年1月にはBOIの通達が実施された。特に1983年のBOI通達は，「**外国資本の投資比率の緩和**」が行なわれた。すなわち，外国投資家は，製品の50％以上を輸出する場合は過半数，100％輸出の場合は100％の資本所有が認められた。なお，主に国内市場向けの企業では，タイ側が登録資本の51％以上の株を所有することとした（例外として，農業，動物飼育業，漁業，鉱業，サービス業の場合のみ，タイ側は60％以上の資本所有が可能であった）。以上のように，タイ政府は，外国資本の資本所有に関しても100％外資が株式を保有する完全所有を認める**外資優遇政策**を打ち出した。その後も，タイは，外資所有の緩和を行った。

（2）タイへの日本企業の直接投資

タイは，日本企業の東南アジア投資の中で，戦後の早い時期から始まり，最も直接投資の多い国の１つである。タイの経済においても，日本企業のプレゼンスは高い。図表５－５は，「**1986（昭和61）年度と1991（平成3）年度の時点での，タイへの国別直接投資受入残高**」をみたものである。日本は，海外からの直接投資受入国のトップで，第２位はアメリカである。日本は，1986（昭和61）年では直接投資受入残高合計約2,387億バーツのうち約489億バーツで約20％，1991年では直接投資受入残高合計約8,484億バーツのうち約2,774億バーツで約33％，を占めている。以上のように，タイの海外からの直接投資の中で日本の占める比重は高い。

日本のタイへの直接投資は，1960年代頃から始まったが，急激の増加したのは1987（昭和62）年頃からである。図表５－５でわかるように，1960（昭和35）年から1986（昭和61）年末までの日本の直接投資残高額が約489億バーツ

図表５－５　タイへの国別直接投資受入残高（1960年～各年末）

（単位：1,000バーツ）

	86年	91年
日本	48,883,799	277,382,186
米国	45,542,182	105,220,504
英国	12,759,461	65,129,192
台湾	14,742,255	60,460,366
香港	7,652,633	47,282,295
シンガポール	6,646,706	40,418,678
その他	102,466,844	252,538,181
合計	238,693,880	848,431,402

出所：日本貿易振興会（ジェトロ）（1993）『1993年ジェトロ投資白書』203頁。

であったのが，1991（平成3）年のその額が約2,734億バーツと5年間で2,245億バーツ増加したことになる。この5年間で，1986（昭和61）年までの過去25年間の累積額を4倍以上，上回ったことになる。いかに**1987（昭和62）年からの「タイへの投資ラッシュ」**が凄まじいものであるかは，この数字からもわかる。この大きな要因は，1985（昭和60）年9月「**プラザ合意**」以降の日本が**急速に円高**となり，その対応として**タイに海外拠点**を設ける日本企業が増加したこと，タイが積極的に**外資導入政策**を採ったこと，タイの国内が1980年代後半から著しい景気回復となったこと，等のためであろう。

1987（昭和62）年頃からの日本のタイへの直接投資には，新たな傾向がみられる[13)]。

第1は，日本企業の投資分野が従来の国内市場向け輸入代替産業から「**海外市場向け輸出産業へと転換**」したことである。これは，タイの外資政策が，製品輸出の比率により，外国資本の投資比率の緩和が行なわれたためということもあろう。

第2は，日本企業の「**タイへの投資分野が広範囲**」に及んできたことである。それまでは，日本企業のタイ投資は製造業の場合，繊維と電機・電子の2業種に多かったが，それらに加えて自動車などの輸送機器，機械，石油化学・プラスチック，農産物加工，など多様な産業がタイに進出した。特に代表的な業種は自動車・2輪産業で，トヨタ，日産，いすゞ，マツダ，三菱自動車，ホンダ，スズキ自動車，ヤマハ発動機などがタイに投資を行った。

第3は，日本企業の1社当たりの「**投資金額，雇用規模**」が大きくなったことである。タイで大規模な**輸出拠点**としての工場を新設および増設の動きがみられた。

第4は，日本の「**中小企業**」のタイ投資が増加したことである。この時期，円高の進行で日本からの輸出環境が悪化した中小企業は，タイなどのアジア諸国に生産・輸出拠点を移転する動きがみられた。また，親企業の工場のタイ進出などで，いわゆる下請企業や系列企業がタイに進出する動きもあった。

第5は，日本企業にタイ進出の所有戦略において，従来の合弁形態での進出から日本企業の「**100％出資**」，あるいは80％以上の「**大多数所有**」による進出が増加したことである。特に，この傾向は新規の進出企業，特に輸出志向企業に顕著にみられた。

第6は，日本企業の立地の面で，従来のバンコク集中から「**地方分散**」への移行がみられたことである。BOIがバンコクに立地する工場に対して税制上の恩典供与を中止したこと，また政府が造成した**工業団地**がバンコク以外に立地していることなどもあって，日本の新設工場はバンコクからバンコク近県，さらには東部，北部，東北タイへと分散した。

4　マレーシアの国際経営環境と日本企業の進出のケース

(1) マレーシア新経済政策ーブミプトラ政策

マレーシアの外資政策の変遷を概観する前に，マレーシアの外資政策を基礎づけているマレーシアの新経済計画について考察する。

「**マレーシア新経済計画（New Economic Policy；NEP）**」は，1969年7月に公表され，1971年から実施された。第2次マレーシア計画（1971～75年）から第5次マレーシア計画（1986～90年）までの四つの中期計画を通じて具体化され，実行されてきた。

新経済計画（NEP）は，1969年5月の人種暴動の反省を踏まえて，国民の統一実現を最優先課題と捉え，特に以下の2点を主要目標とした。第1は，人種にかかわらずすべてのマレーシア人の雇用機会と所得水準を増大させ貧困を撲滅させることである。この目標達成のため，雇用機会創出の加速，生産性の向上，農村の社会・公共施設の改善等の政策実施がうたわれた。第2は，人種間および地域間の経済格差を縮小し，最終的に解消するための社会の再構築である。これは，従来経済的地位が低かったマレー人の経済的地位を向上させ社会を再構築することをねらいとした。以上，新経済計画は，経済全般におけるマレー化，マレー人優遇政策を推進する，いわゆる「**ブミプトラ政策**」が中心となっている。このブミプトラ（bumiputera）は，「土地の子」という意味のマレー語である。

第1の目標である「**貧困撲滅**」に関して，具体的に以下の政策を行なった。第1は，国民所得水準の引き上げによる「**雇用機会の増大**」である。貧困ライン以下の家計の比率を1970年の49.3％から，1990年には15.0％まで引き下げることを目標とした。第2は，工業化によって主導される「**高度経済成長戦略**」である。製造業部門の年平均成長率目標は，極めて高い12.3％に設定された。また，GDPに占める製造業のシェアを1970年の13.8％から1990年には35.2％に高めることを目標とした。全体のGDP成長率は，工業化を踏まえて7.1％とした。第3は，「**公営企業の積極的な設立**」である。公営企業は，傘下に子会社，民間企業と合弁からなる膨大な企業を抱える一大企業グループを形成していった。これらの公営企業をてこにして開発を進めることが，1970年代のマレーシア経済の際立った特色であったといってよい。これら公営企業グループの企業に対しては資本金，優遇金利，有利な融資条件での貸付金が財政資金を通じて流された。第4は，「**農村・農業の近代化政策**」である。都市部と農村部の均整のとれた発展，特に農村部において都市的機能を持つ「新成長センター」を創設し，新規の土地開発を結びつけた地域開発を促進させた。

社会の再構築としての「**マレーシア人優遇政策**」であるブミプトラ政策に関して，具体的に以下の政策を行なった。第1は，ブミプトラたるマレー人による資本ストックの所有比率を増大する「**マレーシアの資本所有のブミプトラ政策**」である。**マレー人**の株式所有比率を1970年の2.4％から，30％まで高めることを目標とした。残りの40％はノン・ブミプトラである**華人**，**インド人**に，30％は**外国資本**というガイドラインが決められた。成果として，NEPの最終年である1990年時点でのブミプトラの資本所有の実績は19.6％であり，目標を下回る結果となった。第2は，経済の各部門のあらゆるレベルの「**雇用にマレーシア国の人口の種族構成を反映**」させることを目標とした。製造業を含む第2次産業部門の雇用において，マレー人の比重を1970年の30.8％から1990年には51.9％まで高めるよう計画された。そして，職業別にもマレー人の比重を高め，管理・経営職種における雇用比率を1970年の24.9％から1990年には49.9％に引き上げることに目標をおいた。成果として1990年時点で，管理・経営職種では，依然として華人の割合が高かった。

(2) マレーシアの外資政策の変遷

マレーシアの直接投資促進に関する法律や制度の変遷をみてみよう。

外国からの直接投資を奨励する目的で1965年に,「**創始産業法（マレーシア)**」が制定された。1968年にはこの法律が改正され「**投資奨励法**」(Investment Incentive Act) となった。この法律は,「**輸入代替と輸出振興を目的**」としたものである。投資奨励法は, 1986年まで存続し, その間数回にわたる修正がなされている。そのなかで重要な修正は1971年, 1974年と1980年である。1971年と1974年の修正の中心的内容は,「**投資企業の雇用吸収力や立地先に対する奨励項目の新設**」であり, これらの企業に対する法人税や開発税等の税制面での一層の優遇処置である。すなわち, 雇用創出, 輸出志向型工業の振興, 地域間格差の是正が, 直接投資の効果として期待された。1980年の修正では, 輸出奨励に伴うインセンティブが新規に導入され,「**輸出産業奨励**」の方針が明確に打ち出された。

また, 直接投資を奨励する制度として, 1967年から「**保税加工工場**」ができ, 1971年には輸出を目的とした企業の投資を奨励するため「**自由貿易区**」が制定され, 1990年頃まで4州に9区設けられた。これらは, 輸出工場については, 製品に輸出, および原材料・部本・生産機械等の輸入に対して, 関税をかけない制度である。

マレーシアは, NEPで「**資本所有に関する目標**」を設定している。NEPの目標の達成のための法律として, 1975年に「**工業調整法（マレーシア)**」(Industrial Coordination Act, 1975) が制定, 実施された。外資比率については, 工業調整法に基づいて「**外国資本所有比率に関するガイドライン（マレーシア)**」が1975年に政府によって決定され, 運用された。

このガイドラインでは, 投資企業を「**国内需要型企業**」と「**輸出志向型企業**」の2種類に分けて,「**外国出資比率**」を示している。新規の輸出志向型企業に関しては, 企業の輸出比率に応じて優遇処置がとられた。具体的には, 100%輸出の場合は100%の外資所有, 80%以上輸出の場合は51～79%外資所有が認められた。また新規の国内需要型企業（マレーシア国内での販売を目的とする企業）は, 基本的にはマレーシア国内資本の100%出資とされた。ただし, マレーシア未開発技術を導入するケースに限り，国内需要型企業であっても最大限30％の外資による出資が認められた。

1980年代に入りこの外国資本所有比率に関するガイドラインは緩和された。すなわち，80％以上輸出の場合は100％外資所有，51～79％輸出の場合は51～79％外資所有，20～50％輸出の場合，30～51％外資所有，20％未満の輸出比率の場合は最大限30％外資所有となった。マレーシア政府は，より一層の「**外資導入による輸出促進**」を目指すようになった。

1970年代の規制色の強い投資政策に対し，1986年以降，マレーシアは規制緩和政策に転換した。1986年には，投資奨励法に代わり，新たに「**投資促進法（マレーシア）**（Promotion of Investment Act)」が制定され，投資インセンティブ・システムの整備が行なわれた。これに添って，外国資本に関するガイドラインが大幅に緩和され，一定の基準を満たす外資については，輸出が50％以上の場合，外資100％所有を認めるようになった[14)]。このような外資の出資比率の緩和措置は，マレーシアの外資政策において大きな転換点であった。

（3）マレーシアへの日本企業の直接投資

1985（昭和60）年9月の「**プラザ合意**」以降の円高を契機として，日本企業は海外直接投資を急激に拡大させた。マレーシアも1985（昭和60）年以降，日本企業の直接投資が急増した。

1990（平成2）年までの日本企業のマレーシア投資を業種別にみると，電気・電子が最も多く，鉱業，機械，化学，サービスなど多様であった。マレーシアは，米国や欧州の電気・電子の多国籍企業の直接投資による進出が多く，東南アジアでの「**電気・電子産業の一大拠点**」となっている。日本の主要な電気・電子メーカーでは，ソニー，松下電器，松下電工，日立，シャープ，東芝，三洋電機，NEC，富士通，日本ビクター等，さらに，ミツミ電機，立石電機，ローム，アルプス電気，タムラ製作所，横尾製作所，光岡製作所，東洋通信工業，クラリオン等の電子部品，電気・電子メーカーが，1980年代までに直接投資によりマレーシアに進出した。

マレーシアは，人口が当時1,800万人程度と他の東南アジア主要国と比べると人口が少なく，国内市場が限られており，労働者供給不足もあり，これらの点が課題であった。

5　インドネシアの国際経営環境と日本企業の進出のケース

インドネシアの国際経営環境として外資政策の変遷について考察する。

インドネシア政府の外資政策は，1965 年から現代まで四つの時期に分けることができる。

第 1 期は 1965 年度から 1973 年度までで，積極的な「**対外開放による輸入代替政策**」の時期である。1967 年に「**外資導入法**（Foreign Investment Law）」が制定され，外資に対して幅広い活動範囲と種々の優遇措置を与えた。多くの分野を外資に開放し，法人税の免除（最初の 3 年間），機械・設備輸入の免税，利潤・配当の海外送金の保証などの条項が設けられた。この時期に「**インドネシア第 1 次 5 カ年計画（1969 ～ 1973 年）**」が実施され，輸入代替型産業の発展に高い優先順位を置いた。優先産業としては，農業発展を支える産業（肥料，化学，セメントなど）と生活の基礎産業（繊維，履物など）であった。外国からの直接投資もこれらの産業，特に繊維産業が積極的に誘致された。

第 2 期は，1974 年から 1981 年までである。この時期は，膨大な「**インドネシアの石油産業に依拠して輸入代替工業化**」を拡大し，包括的工業化を推し進める政策をとった。国内産業の保護・育成を目指して，外資を誘致しながらも少しずつ外資の進出禁止分野の拡大，外国人の雇用規制，輸入代替工業部門の国産化義務規定，輸入に関する各種規制を強化した。この期間は，「**経済ナショナリズム**」，「**政府主導型投資と各種の規制**」が強かったことが特徴である。外国資本の過剰進出，外国企業の華僑資本との提携，所得不平などが表面化し，社会的不満（1974 年に起こった日本の田中角栄首相の訪問に対する「**反日暴動**」で頂点に達した）が勃発したため，「**外国資本に対する規制**」が強まってきたのである。政府は，1974 年に外資政策を次のように見直した。①外国投資はすべてインドネシア資本等の合弁とし，「**プリブミ**」**（インドネシア原住民）**をパートナーとすること。②新たな合弁企業は，インドネシア側出資比率を一定期間以内（原則として 10 年以内）に 51％以上とすること。③現地側パートナーがプリブミでない場合，資本の50％以上は資本市場を通じプリブミに売却すること。政府は，「**プリブミ優先政策**」を実施し，資本構成，人事などの面でインドネシア人，中でもプリブミに傾斜させようとした。これらの政策は，現実にはすべて実現したわけではないが，「**外国資本と国内の華僑資本を排除**」しようとする経済ナショナリズムの強い政策であった。

この時期は，石油がインドネシアの輸出や国家歳入において大きな比重を占めていた。石油輸出収入によってもたらされた国家歳入の急増は，外国資本からの一定の自立基盤を与え，インフラストラクチャーと生産への国家投資の基盤を与え，工業政策に要請される規模の政府開発資金の基盤を与えた。この時期に「**インドネシア第2次5カ年計画（1974～1978年）**」と「**インドネシア第3次5カ年計画（1979～1983年）**」が策定・実施された。第2次計画では，天然資源をより付加価値の高い段階に加工する産業（ゴム，木材，石油，鉱産物などの製品）の発展が重視された。第3次計画では，資源加工産業，労働集約的最終製品の発展に加えて，資本財産業（土木など）の育成が重視された。

第3期は，1982年から1986年までである。世界景気が低迷し，石油価格や主要1次産品価格が下落した。インドネシアは，国際収支においても財政においても石油部門に主として依存する体制が崩れていかざるをえなかった時期である。1970年代後半以降の外資規制政策やプリブミ政策で外国からの直接投資も停滞した。これらの要因でインドネシア経済はこの時期に深刻な停滞に直面した。インドネシア政府は，再び「**輸入代替分野での外資導入促進政策**」へと動いた。1984年からの「**インドネシア第4次5カ年計画**」では，資源加工，資本財，高度技術産業の振興に力を入れようとした。

第4期は，1980年代後半からで，「**規制緩和**」，「**民営化**」によって特徴づけられる。これに加えて世界経済の好転，外資流入の増加，重化学工業化政策の修正が経済回復に繋がった。政府は，従来の高度に保護主義的で輸入代替型政策から，「**輸出振興工業政策**」の方向へ軌道修正した。外資系企業，新規外国直接投資に対しても「**プリブミ政策の見直し**」を初めとする各種の規制緩和を進めた[15)]。

1990年頃当時のインドネシアへの「**外国投資の出資比率に関する規制（イン**

ドネシア)」は以下であった。原則として，外国投資はインドネシア資本との合弁形態で行なわなければならない。また，インドネシア側パートナーの出資比率は，原則として合弁企業設立時に20％以上である必要がある。事業開始後20年以内に，インドネシア側パートナーの持ち株比率を，資本の51％以上にしなければならない。

ただし，特例として，外資の95％までの出資または100％外資企業の設立が認められる。外資の95％まで出資が認められるのは，50人以上の労働者を雇用し，かつ製品の65％以上を輸出，または他の産業に材料，部品などを供給している企業である。「**外資100％出資**」が認められるのは，資本金が5,000万ドル以上（ただし原材料，半製品，部品製造企業にかぎり200万ドル以上），または指定遠隔15州に立地する企業，および保税地区や輸出志向製造業区に立地し，かつ製品の100％を輸出する企業である。ただし，いずれの特例の場合も，企業も創業開始後20年以内に現地側への資本譲与義務を51％と規定していた。

以上のように，インドネシアの外資政策は緩和政策を行なっていたにもかかわらず，他のASEAN諸国に比較して1990年当時，依然としてかなりの規制が存在していた。特に「**資本所有に対する規制**」が，外国投資家がインドネシアへの投資をためらう大きな原因となっていた。

このようなインドネシアの外資規制のため，1990年頃までの日本企業のインドネシアへの直接投資は，インドネシア国内市場を狙った輸入代替型の直接投資が中心であった。また，インドネシアは，天然資源に恵まれた国であるため，「**資源開発を目的とする投資**」もかなりあった。1990年前後から，インドネシア政府は外資の輸出奨励政策に転換してきたこともあり，輸出を目的とする日本企業の進出が電機・電子，輸送機械，繊維，などの業種を中心として徐々に増加した。

6　ベトナムの国際経営環境と日本企業の進出のケース

(1) ベトナムの産業政策―ドイ・モイ（刷新）政策

ベトナムは，1986年から「**ドイモイ**」という名の**経済刷新政策**を実施した。ドイモイ政策は，従来の**中央集権的な計画経済を大胆に転換し，市場原理，私**

有制導入，**外資導入**などを行ない，その成果は中国やソ連と共に世界的に注目された。ドイモイ政策により，先進諸国の企業のみならず，アジア諸国のベトナム投資が拡大し，外資企業の投資先として脚光を浴びている。ベトナムは，当時の**人口が約7,000万人**，**高い識字率**，**勤勉な国民性**，**豊富な農産物・水産物**，**石油などの豊富な天然資源**をもち，ベトナムに対する潜在的経済発展能力に関心が集まった。

ベトナムは，1990年代頃から「**外資導入による経済発展**」を目指し，投資環境の整備を行なった。**外国投資関連法規の整備**，**インフラストラクチャーの整備**，**輸出加工区**，**工場団地の建設**等の投資環境改善を行なった。

1986年，第6回ベトナム共産党大会で決議された「新社会経済政策（刷新ドイモイ）」は，ベトナムの経済において画期的な転換であった。ドイモイ政策は，以下の点を改革しようとする政策である。

第1は，従来の「**中央集権制経済から市場経済体制への移行**」である。すなわち，商品経済・市場経済の必要性を認識し，マーケット・メカニズムを重視する政策である。各種の商品の価格は市場の需給に委ねられ，政府の価格決定は電力，燃料，輸送，交通手段，鉄，セメント，綿など一部の品目に限られることとした。

第2は，「**国営企業の民営化**」や「**国営企業への経営自主権の拡大**」である。政府は，各省庁とその関係諸機関に対し，それまで諸機関の中に編成されていた事業部門を政府から切り離し，それぞれ民間・国営企業に権限を委ねる政策を実施した。また，石炭，電力，鉄鋼，化学，肥料，運輸，情報，一部の消費財等の戦略的産業以外の国営企業は，生産，販売，財務などの企業経営の多くの権限を委譲する経営自主権の拡大政策が実施された。経営計画の策定，市場への参入，価格の設定，人事の決定，賃金の決定，原材料の購入等の多くは国営企業に権限が委譲されている。国営企業は独立採算制に移行し，自ら費用を負担するとともに市場に結びついて主体的に生産できるようになった。政府は国営企業に対する補助金を大幅に減らすとともに，命令的計画ノルマを廃止した。

第3は，「**所有制改革**」である。従来の国有・公有の所有形態から**国有・公**

有，集団所有，個人所有といった所有形態の多様化を認めたことである。外国企業が100％出資する完全子会社や，合弁企業の設立も認めた。ベトナムは，「**外資を積極的に導入し輸出志向型の加工業を振興する開発戦略**」を打ち出した。また，公的所有の財産は，国営企業や協同組合にだけ与えられるのではなく，各種の形態で利用できるようにした。すなわち，売買のほか，請負，賃貸，株式化，土地の長期使用貸与や使用権などの形態である。

ベトナムでは，**ドイモイ政策**以降，国営企業以外の以下のような各種の企業・事業形態が存在することになった。

第1は，「**官民合弁企業**」である。これは，政府と民間投資家との合弁企業である。民間投資家は資本や固定資産を提供し，国と利益を共有する。また，民間投資家は，経営や営業に関する権利も合わせて持つことができる。

第2は，「**共同生産企業**」あるいは「**共同企業**」である。これは，最も広く浸透している企業形態である。すべての経済分野の人々が契約のもとに資本を提供し，利益を共有することが可能である。形態としては，国営と民間の**合弁企業**，民間企業としての**株式会社**，**国営企業と外国企業**，あるいは，**国営・民間と外国企業による外資系合弁企業**といったものがある。例えば，ベトソブペトロ（VIETSOVPETORO）で，これは，ベトナム政府と旧ソ連政府との合弁企業で，1991年にはベトナム・ソ連天然ガス共同公社となっている。

第3は，「**小規模企業**」や「**家族経営の企業**」である。多くが個人企業や共同企業として事業を行なっている。

第4は，「**委託企業**」である。経営不振やその他の理由により，政府によって資産を凍結され，他の経営者に委譲された企業であって，通常民間の投資家が買収した。

第5は，「**外国企業**」である。ベトナム外国投資法に基づいて，海外在住ベトナム人を含めた外国企業，個人資本家の100％出資による会社である。

第6は，「**生産者組合**」である。これは通常，特殊な分野，例えば，繊維，コーヒー，たばこ等の事業に見られる事業形態である。生産者組合が，他の合弁事業や企業複合体等と違う点は，資本，固定資産を共有しておらず，相互利益保護の目的のみに設立されていることである。生産者組合加盟企業，個人は相互の生産技術保護，または支援，製品の営業方法，市場取引等の分野で相互補助を行なった。

ベトナム政府は，1990年代頃から，**民間企業活動を促進する政策**を打ち出した。政府は，民間企業に対し，原材料の供給，金融，税金等で公企業と差別しない政策を行った。民間企業が外国企業と独自に交渉することや，外国から機械設備を輸入するために外貨を使用すること，などを認めた。また，政府は，民間資本の企業活動を法律面で保証するために「**ベトナム社会主義国私企業法**」が1990年国会で採択され，1991年に発効された。私企業法では，「18歳以上のベトナム人は私企業を設立する権利を有すること（第1条)」，「国家は私企業の長期的存在と発展を公認し，私企業は他の企業と法の前に平等であること，および経営の合理的利益の創出性を認めること（第3条)」，「生産手段所有権，資本，財産に関する相続権，企業主のその他の合法的権利および利益は国家によって保護される（第4条)」，等が規定された。これらの政策により，ベトナムでは，「株式会社」などの民間企業の数が激増し，その生産高は急速に増大した。

（2）ベトナムの外資政策の変遷と日本企業のベトナムへの直接投資

ベトナムは，ドイモイ政策が決定した以降の1987（昭和62）年に新たな「**ベトナム外国投資法**」が制定され，1988（昭和63）年に実施された。そして，同年に「**外国投資法に関する施行細則**」が発表された。この新たなベトナムの外国投資法，および施行細則の内容は，他のアジア諸国の外資関連法規に比較しても遜色ない内容であった。特に出資比率や減免税措置においては顕著である。

ベトナム政府は，新たに「**国家協力投資委員会**（**SCIC**：State Cooperation and Investment Commission)」を設立し，直接投資に対する管理を行なった。委員会は，外資に対して情報・アドバイスを与えたり，投資申請の審査，投資の優先順位の決定，等の業務を行なった。また，ベトナム政府は，南部のホーチミン，北部のハイファン，中部のダナン等に**輸出加工区**，**工業団地**を設立し，本格的な外資導入政策を打ち出した。

このような「**外資導入政策**」により，1990（平成2）年頃より日本企業がベトナムに進出するようになった。その中には，中小企業もあった。日本企業の進出の中心は，ホーチミン等の「**輸出加工区**」,「**工場団地**」が中心であった。1990（平成2）年頃はドイモイ政策の移行期で，経済が不安定で，外資導入政策が開始された時期でもあり，日本の大手企業のベトナムへの直接投資はそれほど多くなかった[16)]。

おわりに

1960年代から1990年代初頭までの日本企業の海外直接投資の歴史をみると，以下のような4期に分けることができるであろう。

第1期は，1960年代前半頃までの時期である。1950年代に入り，日本経済は，敗戦から回復し，輸出も再開するようになった。外国為替レートが**1米ドル360円という固定レート**に設定され，日本経済も復活，成長するようになった。1960年代前半まで日本企業は輸出を中心とした国際化展開を行った。アジア諸国への**戦後賠償**もあり，これに関連する海外投資もあった。この頃まで，純粋な民間企業が行なった東南アジアへの直接投資はそれほど多くなかった。

第2期は，1960年代後半の1966（昭和41）年頃から，第1次石油危機（1973年10月）直前の1970年代前半頃までの時期である。1960年代後半から日本企業は，**輸入代替のみならず輸出拠点の設置を目的とした海外直接投資が急増**した。1971（昭和46）年8月にアメリカはドルと金との交換停止を発表し（**ニクソン・ショック**），同年12月に**スミソニアン協定**によりドルが切り下げられ，1米ドル308円の円高となった。その後，ドルの固定相場制が崩れ，1973（昭和48）年2月に日本は**変動相場制**に移行した。変動相場移行後に，一時1ドル260円台まで円高が進んだ。このような**円高**に対応して，日本企業は，**アジアに生産拠点を設置**する動きがみられ，対外直接投資が増加した。日本企業の国際競争力が強まり，貿易収支や経常収支の黒字が定着，対外投資の自由化政策などもあり，日本企業の海外直接投資は急速に拡大し，アジアへの繊維，電気機械産業などへの投資が増加した。

第3期は，1970年代後半頃から1980年代前半頃までの時期である。この時期に，**日本と米国との貿易摩擦**が発生したこともあり，1978（昭和53）年から対米向け投資が大きく拡大し，全体の海外直接投資額も大きく増加した。地域では**米・欧の先進国向けの比重が上昇**し，**金融・保険，商業への投資も増加**した。アジア向けの海外直接投資も堅調に推移した。

第4期は，1980年代後半頃から1990年代初頭までの時期である。この時期，**バブル経済**といわれるほど日本は好景気で，過去に類をみないほど日本企業の**海外直接投資額が急増**した。1985（昭和60）年9月の**プラザ合意**以降，日本は**急激に円高**が進み，1980年代末には**120円台末まで円相場が上昇**した。日本企業は，このような円高への対応や拡大するアジア市場向けなどのため，中国や東南アジアなどの**アジア地域への海外直接投資が急激**に拡大した。

次に，アジアの主要諸国，**台湾，シンガポール，タイ，マレーシア，インドネシア，ベトナムの国際経営環境としての外資政策**について考察してみよう。**これらのアジア諸国は，時期やその程度は国により相違するが，外資政策は「輸入代替志向型から輸出志向型」に変化**させてきた。

「**台湾**」と「**シンガポール**」が最も早い時期に，輸入代替志向から輸出志向に転換した。台湾は1960年前後に，輸入代替型から輸出志向型へと転換した。1960年には「投資奨励条例」が交付され外資優遇措置を打ち出し，1966年にはアジアで最も早く高雄市に輸出加工区が設置された。台湾は，1960年代を通じて外資の流入は順調に増加した。シンガポールは，1967年，1968（昭和43）年頃に，輸出代替型から輸出志向型へと転換した。1967（昭和42）年には「経済拡大奨励（措置）法」が制定され，外資を利用した輸出志向工業化を目指した。台湾とシンガポールは1960年代という早い時期から積極的な輸出志向型の外資政策を行ない，多くの外資が流入し，輸出志向型工業化に成功した。日本企業は，このような国際経営環境もあり，1960年代から，台湾とシンガポールに直接投資を行い進出した。

「**タイ**」は，1962（昭和37）年に積極的外資を導入し輸入代替型の工業化を育成することを目的とした「産業投資奨励法」が制定された。1960年代から1970年代初期までは，輸入代替志向型の外資政策が行なわれた。1972（昭和47）年には従来の輸入代替政策から輸出志向政策を目的とする「投資奨励法」

が制定され，タイの外資政策は輸出志向型に転換した。さらに，1977（昭和52）年，1982（昭和57）年，直接投資を歓迎する奨励策が打ち出され，輸出志向型の外資政策が一層強化された。以上のように，日本企業は1960年代頃より，タイに主に輸入代替を目的とする投資がみられ，1980年代後半から輸出拠点を目的とするタイ投資も急増した。

「**マレーシア**」は，輸入代替志向型と輸出志向型が同時に混在して展開されてきた。1968（昭和43）年は，外資を積極的に導入し，輸入代替と輸出振興を目的とする「投資奨励法」が制定された。また，1967（昭和42）年には保全加工工場制度，1971（昭和46）年には自由貿易区が作られ輸出志向型投資の環境を整備した。1975（昭和50）年に制定された「工業調整法」では，100％輸出の場合は100％の外資所有が認められた。1980（昭和55）年と1986（昭和61）年に輸出志向型企業に対する外資所有比率が一層緩和され，積極的な輸出促進政策がとられた。その結果，1986（昭和61）年からマレーシアへの外国投資は急増している。国内需要を中心とする輸入代替型投資については，プラミトラ政策（NEP）の下で厳しく外資の所有比率が制限され，プラミトラを中心とした民族資本の育成に重点が置かれた。国内需要企業の外資出資比率については，1988（昭和63）年よりかなりの緩和措置がとられた。マレーシアへの日本企業の進出は，1960年代頃から始まったが，主な目的は現地市場型か資源開発を目的とする直接投資であった。1980年代後半になると，日本の円高への対応などでマレーシアへの輸出拠点を目的とした直接投資が急増した。特に，日本の電気・電子産業がマレーシアに多く進出し，欧米の同業種の多国籍企業も進出したことから，マレーシアは東南アジアの電気・電子産業の一大拠点となった。

「**インドネシア**」は，前述したアジア諸国に比較すると輸入代替工業化に重点が置かれ，輸出振興策がとられたのは1980年代からである。インドネシアは，1967（昭和42）年には，輸入代替志向を目的とする「外資導入法」が制定された。インドネシアは，外資に対して規制と緩和を繰り返しながらも，1980年代前半まで輸入代替志向型の外資政策がとられた。政府の産業政策は，国内産業の保護・育成に重点が置かれていたため，外資の導入については業種，出資比率，等でかなりの制約を与えていた。1986（昭和61）年から，外資に対する規制緩和を打ち出し，従来の高度に保護主義的で輸入代替型政策から輸出振興工業化政策の方向へ軌道修正した。インドネシアは，外資規制が厳しかったこともあり，現地市場型と資源開発型の直接投資が中心であったが，1990（平成2）年頃になると輸出奨励策を打ち出したこともあり，輸出拠点を目的とする日本企業の進出が徐々に増えてきた。

「ベトナム」は，1986（昭和61）年から社会主義体制下の経済刷新政策であるドイモイ政策を行い，外資導入政策を打ち出した。しかし，中国と同じように共産党支配下の経済刷新政策であり，社会主義経済から市場経済体制への移行期の約10年間かなりの混乱もあった。ベトナム経済が落ちついてきたのは1990年代後半以降で，外資に対する各種規制も多かった。そのため，日本企業のベトナム進出は1990（平成2）年頃まで多くはなく，日本企業の本格的なベトナム進出は1990年代後半頃からであった。

以上のような**アジア諸国の外資政策**に対応する形で，日本企業はアジアに直接投資により進出していった。台湾とシンガポールが最も早い時期に，輸入代替志向から輸出志向に転換し，外資誘致政策を実行したことから，日本企業は1950年代という早い時期に**台湾**，**シンガポール**に進出した。次に，外資導入に積極的であったのは**タイ**である。タイは，1960年代から輸入代替志向型の外資導入政策が行なわれた。1970年代に入ると，タイの外資政策は輸出志向型に転換したこともあり，この頃から多くの日本企業がタイに進出するようになった。タイは，第2次大戦中の日本軍に対する憎悪も少なく親日的であり，文化的にも仏教国であることもあり，日本企業の経営環境としては優れていた。**マレーシア**は，タイに比較すると外資規制が厳しく，輸出志向の外資政策が行なわれるような時期が1980年代後半頃からで，国内市場も小さい。日本企業のマレーシア進出は，電気・電子産業などが中心であった。マレーシアは，米国や欧州の電気・電子多国籍企業がかなり進出したことから，東南アジアでの電気・電子産業の1つの拠点となった。**インドネシア**は，2億人以上と巨大な人口を抱え，資源の豊富な国であるが，外資規制が厳しく，輸出代替としての外資導入政策を採ったことから，日本企業は現地市場での販売を目的とする企業や資源開発の企業が中心であった。**ベトナム**は，1990（平成2）年頃まで，ドイモイ政策の移行期の混乱，外資導入政策の初期ということもあり，本格的な日本企業の進出はその後になる。

「1960 年代から 1990 年頃までの時期」は，日本にとってまさに「企業の国際化の胎動期で成長期」であり，アジア諸国においては国により開始時は異なるが「外資導入政策」による経済発展の時期であったのである。この時期の日本企業の海外直接投資による海外進出戦略を歴史的に振り返ると，「円高への対応」，「進出国の外資政策」，「日本企業の国際的競争力」という 3 つが最も重要な要因であろう。

【注】

1）関口末夫・松葉高司（1974）『日本の直接投資』，97 頁。

2）関口末夫・松葉高司（1974）『日本の直接投資』，88-89 頁。

3）関口末夫・松葉高司（1974）『日本の直接投資』，90-100 頁。

4）日本貿易振興会編（1992）『1996 年　ジェトロ白書・投資編　世界と日本の直接投資』，38-40 頁。

5）日本貿易振興会編（1992）『1996 年　ジェトロ白書・投資編　世界と日本の直接投資』，38-40 頁。

6）日本貿易振興会編（1993）『1993 年　ジェトロ白書・投資編　世界と日本の直接投資』，63-65 頁。

7）ジェトロ開発問題研究会編著（1989）『アジア産業革命の時代―西太平洋が世界を変える―』，159 頁。

8）谷浦孝雄編（1989）『アジアの工業化と直接投資』，126-130 頁。

9）シンガポール政府は，1961 年に設立された「経済開発庁（Economic Development Board：EDB)」の一部の機能を移管させる公企業として，1968 年には工業団地の建設を担当する「ジュロン・タウン開発公社（Jurong Town Corporation：JTC)」，産業金融を担当する「シンガポール開発銀行（Development Bank of Singapore：DBS)」，輸出促進を担当する「国際貿易会社（INTRACO)」を相次いで設立して，政府主導による輸出志向の外資導入政策が行われた。

10）シンガポール政府は，1986 年，中央積立基金（CPF）の雇用主負担分の引き下げ，個人所得税の控除，法人税率引き下げ等を内容とする景気刺激策を発表した。同年 3 月には，企業に対する租税の減免措置として，パイオニア産業減免，既設企業拡張免税・研究開発向け投資減税等の税控除が発表された。パイオニア産業減免では，国内で未発達で発展が期待できる製造業，エンジニアリングサービス，コンピュータ関連サービス，工業デザイン開発・制作を行なう企業で主務大臣が認めたものについては，5～10 年の法人税が免除された。既設企業拡張免税では，国内で未発達で発展が期待できる業種で新規資本投下が 1,000 万シンガポールドル以上のものは，主務大臣が国益に貢献すると認定した場合，その追加投資による所得増加分に 5 年以内の減税が適用された。研究開発向け投資減税では，機械設備は，3 年間で原価償却が認められ，また研究開発用資本投資額の 50％までを課税対象から控除するなどの優遇措置を認めた。

11）日本貿易振興会編（1993）『1993 年　ジェトロ白書・投資編　世界と日本の海外直接投資』，198-199 頁。

12）日本貿易振興会編（1993）『1993年　ジェトロ白書・投資編　世界と日本の海外直接投資』，203頁。

13）谷浦孝雄編（1989）『アジアの工業化と直接投資』，194-195頁。

14）マレーシア政府は，1986年10月から1990年12月末の間に行われる新規・拡張投資に対し，以下の条件を満たすものは外資の100%出資を認めることになった。①製品の50%以上を輸出すること。②常用労働者が340人以上でかつ人種構成比が政府の方針に合致していること。③マレーシア国内市場向けに製造されている製品と競合しないこと。以上のように100%外資完全所有に対する輸出比率のガイドラインが，これまでの80%から50%へと大幅に引き下げられた。1988年7月には，国内需要型企業についても緩和措置がとられた。そのガイドラインでは，①製品の20%を最低限輸出すること，②創業から5年後には，出資構成比率を現行のガイドラインに合致するように変更すること，などの条件のもと100%の外資所有が認められた。国内需要型企業については，1975年の工業調整法導入以降，基本的に「最大限，外資所有30%」というガイドラインを保持してきたが，1988年の国内需要型企業に対する外資の出資比率の緩和措置は，マレーシア政府の外資政策において大きな転換点であった。

15）インドネシアの1990年までの規制緩和の内容に関する具体的な内容の変遷は，以下である。

1983年～85年には，規制緩和政策の重点は，金融部門と輸出通関部門に向けられた。

1986年には，外資に対する規制緩和策として次のようなものが導入された。

①　国投資最低投資額は，100万米ドルと固定化されていたが，弾力的に運用することとする。

②　外国側パートナーの当初持ち株比率を条件つきで95%まで引き上げる。

③　輸出合弁企業の「現地調達制度」は廃止する。

④　外国投資の認められる業種を倍増する。

1987年には，投資分野でさらに次のような規制緩和政策がとられた。

①　輸出志向型合弁企業での外国人パートナーの持ち株比率は95%まで認める。

②　保税加工区にあって製品を100%輸出する外国合弁企業では，外国側パートナーの持ち株比率を95%まで認める。

③　製品の65%を輸出する輸出志向企業については外資系企業であっても外国人専門家の雇用制限を解除する。

1989年，新たに導入された以下のような投資の規制緩和策は，インドネシアの投資政策の改革に向けての転換点であった。

①　インドネシアにおいて投資拡大の障害と考えられてきた「投資許可業種リスト（ポジティブリスト）」から，「投資禁止業種リスト（ネガチブリスト）」，すなわち外国投資に禁じている業種のリストへと切り替えられた。このリストには，国内および外国投資が禁止，制限，あるいは条件つきでのみ許される産業分野が明示され，リストに含まれない分野はすべて新規投資に門戸を開放した。

②　外国投資はインドネシアにおいて，条件付きで，25万米ドルを最低限として許可する。

③　会社の株式の少なくとも20%が証券取引所に上場されていれば，外国企業がその所有権の55%まで保有することができる。

16）ベトナムへの日本企業進出と現地経営に関しては，著者の研究として，丹野勲・原田仁文（2005）『ベトナム現地化の国際経営比較―日系・欧米系・現地企業の人的資源管理，戦略を中心として』，および，グエン・スアン・オアイン（丹野勲編訳）（1995）『概説ベトナム経済―アジアの新しい投資フロンティア』，がある。

参考文献

青木健（1990）『マレーシア経済入門』日本評論社。

アリフ・モハマド・横山久編（1993）『マレーシア経済における外国直接投資』アジア経済研究所。

Ali Anuwar, *Malaysia's Industrialization in Peninsular Malaysia*, Oxford University Press, Singapore.

Ariff Mohamed (1991), The Malaysian Economy: *Pacific Connections*, Oxford University Press.

Arndt H. W. (1994), *The Indonesian Economy*, Chopmen Publishers, Singapore.

Beresford M. (1989), *National Unification and Economic Development in Vietnam*, Macmillan, London.

Brookfield Harold (1994), *Transformation with Industrialization in Peninsular Malaysia*, Oxford University Press.

チアサクーン・吉田幹正編（1990）『タイ経済の構造変化と工業振興政策』アジア経済研究所。

Chen E. K. Y., Williams Jack F., Wong Joseph, *Taiwan-Economy, Society and History, Centre of Asian Studies*, University of Hong Kong.

チアサクーン，マナットパイブーン・吉田幹正編（1989）『タイの1980年代経済開発政策』アジア経済研究所。

Dixon Chris (1991), *South East Asia in the World Economy*, Cambridge University Press.

フォンハンチャオ・池本幸生編（1988）『タイの経済政策』アジア経済研究所。

グエン・スアン・オアイン（丹野勲編訳）（1995）『概説ベトナム経済—アジアの新しい投資フロンティア』有斐閣。

Hamilton Gary (1991), *Business Networks and Economic Development in East and Southeast Asia, Centre of Asian Studies*, University of Hong Kong.

林俊昭編（1988）『貿易摩擦への対応』アジア経済研究所。

林俊昭編（1990）『シンガポールの工業化—アジアのビジネス・センター』アジア経済研究所。

ホングラダロム・糸賀滋編（1992）『タイの人的資源開発』アジア経済研究所。

ポンパイチット・糸賀滋編（1993）『タイの経済発展とインフォーマル・セクター』アジア経済研究所。

堀正幸（2000）『松下の国際経営—台湾松下電器成長の軌跡—』同文館。

堀井健三・萩原宜之編（1988）『現代マレーシアの社会・経済変容』アジア経済研究所。

堀井健三編（1991）『多種族国家と工業化の展開』アジア経済研究所。

Hill Hall (1988), *Foreign Investment and Industrialization in Indonesia*, Oxford University Press, Singapore.

ハリリハディ・三平則夫編（1989）『インドネシアの経済開発政策の展開』アジア経済研究所。

長谷川潔（1990）『タイ・インドネシア経済の新展開』日本経済新聞社。

糸賀滋編（1993）『バーツ経済圏の展望」アジア経済研究所。

岩崎育夫（1990）『シンガポールの華人系企業集団』アジア経済研究所。

井上隆一郎・浦田秀次郎・小浜裕久（1990）『東アジアの産業政策』日本貿易振興会。

井上隆一郎（1991）『タイ一産業立国のダイナミズム』筑摩書房。

井草邦雄編（1988）『アセアンの経済計画』アジア経済研究所。

ジェトロ開発問題研究会編著（1989）『アジア産業革命の時代—西太平洋が世界を変える—』日本貿易振興会（ジェトロ）。

Jesudason James, V. (1990), *Ethnicity and the Economy: The State, Chinese Business, and Multinationals in Malaysia*, Oxford University Press, Singapore.

Onn Fong Chan (1986), *New Economic Dynamo: Structures and Investment Opportunities in the*

Malaysian Economy, Allren & Unwin, Australia.
小浜裕久編（1992）『直接投資と工業化日本・NIES・ASEAN』日本貿易振興会。
国際開発センター編（1993）『躍進するベトナム』通産資料調査会。
三平則夫編（1990）『インドネシア―輸出主導型成長への展望』アジア経済研究所。
日本貿易振興会編（1986）『1986年　ジェトロ白書・投資編　世界と日本の直接投資』日本貿易振興会。
日本貿易振興会編（1987）『インド』日本貿易振興会。
日本貿易振興会編（1989）『マレーシア』日本貿易振興会。
日本貿易振興会編（1989）『タイ』日本貿易振興会。
日本貿易振興会編（1992）『1996年　ジェトロ白書・投資編　世界と日本の直接投資』日本貿易振興会。
日本労働研究機構編（1992）『台湾の労働事情と日系企業」日本労働研究機構。
日本貿易振興会編（1992）『シンガポール』日本貿易振興会。
日本貿易振興会編（1993）『1993年　ジェトロ白書・投資編　世界と日本の直接投資』日本貿易振興会。
日本労働研究機構編（1991）『マレーシアの工業化と労働問題』日本労働研究機構。
大畑弥七・浦田秀次郎編（1992）『アセアンの経済・日本の役割』有斐閣。
Ogawa Naohiro, Jones Gavin W. and Williamson Jeffrey G., ***Human Resources in Development along the Asia-Pacific Rim,*** Oxford University Press.
Rodan Garry（1989）, ***The Political Economy of Singapore' s Industrialization.***（田村慶子・岩崎育夫訳（1992）『シンカポールエ業化の政治経済学一国家と国際資本』三一書房）
Redding S. Gordon, ***The Spirit of Chinese Capitalism,*** Walter de Gruyter, Berlin.
Roblson Rlchard（1986）, ***Indonesia- the Rise of Capital,*** Allen & Unwin, Australia.（木村広恒訳（1987）『インドネシア政治・経済体制の分析』三一書房。）
関口末夫・松葉光司（1974）『日本の直接投資』日本経済新聞社。
関口末夫・トランファントゥ編（1992）『現代ベトナム経済ドイモイ（刷新）と経済建設』勁草書房。
坂井秀吉・小島末夫編（1988）『香港・台湾の経済変動成長と循環の分析』アジア経済研究所。
隅谷三喜男・劉進慶・徐照彦（1992）『台湾の経済典型NIESの光と影』東京大学出版会。
Sandhu Singh Kernial and Wheatley Paul, ***Management of Success; The Moulding of Modern Singapore,*** Institute of Southeast Asian Studies, Singapore.
佐藤幸人（2007）『台湾ハイテク産業の生成と発展』岩波書店。
末廣昭・安田靖編（1987）『タイの工業化―NAICへの挑戦』アジア経済研究所。
末廣昭・南原真（1991）『タイの財閥』同文舘。
スルヨスディオノ・井草邦雄編（1992）『インドネシアの産業投資とその経済的役割自由化政策の行方と民間経済活動』アジア経済研究所。
スルヨスディオノ・井草邦雄編（1993）『インドネシアの地域開発と工業化地域間の均衡ある発展を求めて』アジア経済研究所。
志賀櫻編（1993）『インドネシアの投資関連税制便覧』アジア経済研究所。
田村慶子（1993）『「頭脳国家」シンガポール』講談社。
谷浦孝雄編（1988）『台湾の工業化―国際加工基地の形成』アジア経済研究所。
谷浦孝雄編（1989）『アジアの工業化と直接投資』アジア経済研究所。
谷浦孝雄編（1990）『アジアの工業化と技術移転』アジア経済研究所。
谷浦孝雄編（1991）『アジア工業化の軌跡』アジア経済研究所。
丹野勲（2005）『アジア太平洋の国際経営―国際比較経営からのアプローチー』同文舘。

丹野勲・原田仁文（2005）『ベトナム現地化の国際経営比較—日系・欧米系・現地企業の人的資源管理，戦略を中心として』文眞堂。

丹野勲（2010）『アジアフロンティア地域の制度と国際経営—CLMVT（カンボジア，ラオス，ミャンマー，ベトナム，タイ）と中国の制度と経営環境—』文眞堂。

タミン・モクタール・横山久編（1992）『転換期のマレーシア経済』アジア経済研究所。

Tianwah Goh (1986), *Doing Business In Malaysia*, Rank Books, Singapore.

Tr Vo Nhan (1990), *Vietnam's Economic Policy Since 1975*, Institute of South-East Asian Studies, Singapore.

Than Mya & Tan Joseph L. H. (1993), *Vietnam's Dilemmas and Options*, Institute of Southeast Asian Studies, Singapore.

矢島釣次・窪田光純（1993）『ドイモイの国ベトナム」同文舘。

横山久編（1991）『マレーシアの経済』アジア経済研究所。

山田逸平・平田章編（1987）『発展途上国の工業化と輸出促進政策』アジア経済研究所。

第6章

日本企業の1990年代から令和時代までの東南アジアへの直接投資の歴史と国際経営

はじめに―日本の1990年代頃から令和時代までの経済環境

1990年代の平成時代から令和時代までの日本の海外直接投資を取り巻く経済・経営環境に関する変遷について簡単に概観してみよう。

日本の経済は，1990年代に入るといわゆる「**バブル経済が崩壊**」し，深刻な不況（「**平成不況**」）に見舞われた。1997（平成9）年には**山一証券の破綻**なども起き，**金融不安**が高まった。日本企業は，国内経済の悪化や円高を受けて，アジアや欧米などへの輸出や海外生産を拡大した。2001（平成13）年に就任した**小泉純一郎政権**は，「**聖域なき構造改革**」を掲げて，**規制緩和**，**民営化（郵政等）**，**自由化**などの政策を推進し，**不良債権の処理**などによる金融不安の収束，世界的な好景気に支えられた**輸出の増加**などにより，日本経済は徐々に回復（「**いざなみ景気**」）した。2008（平成20）年には「**リーマン・ショック**」を契機とする「**世界金融危機**」が起こり，日本の景気も後退し，「**非正規雇用の拡大**」なども問題化した。

2011（平成23）年には「**東日本大災害**」が起こり日本経済に甚大な被害をもたらした。2009（平成21）年からの**民主党政権**の後に，2012（平成24）年に自民党の**安倍晋三政権**が誕生すると，**大幅な金融緩和**，**機動的な財政政策**，**民間投資を喚起する成長戦略**等，いわゆる「**アベノミクス**」を実施し，日本経済は成長を取り戻した。その時期，「**訪日外国人の増加**」などもあり，一部の品目で国内消費が拡大した。外国為替レートが円高傾向から円安傾向で安定してきていることもあり，日本企業は「**海外生産から国内生産に回帰**」する動きもある。2019年5月より元号は平成から「**令和**」に変わった。2020年には，**菅義**

偉政権が誕生した。現在では，日本では人手不足感などもあり，**外国人労働者の導入**，**移民政策**などが議論されている。

2020年に，新型コロナウイルスによる感染が中国で最初に発生し，世界中に広がった。このような「**コロナ禍**」は，日本のみならず世界の経済，特に観光，運輸，飲食，小売，サービス業などの産業に大きな影響を与えた。

日本の国際経営環境は，**「FTAや国際的経済連携」**，**「5GやIoTなどの通信技術」**，**「ロボットや自動化技術」**，**「電気自動車や水素自動車などの新しい技術開発」**，**「SDGsなどによる環境問題への対応」**，**「国際的電子商取引（EC）」**，**「国際的M&A」**，など大きな変革が起きている。

図表6－1は，**1971（昭和46）年から現在までの「米ドルと日本円との為替レートの推移」**をみたものである。1990年代から現在まで，1米ドル150円程度から80円台程度というかつての水準と比べると「**円高**」で推移しており，

図表6－1　1971（昭和46）年から2019（平成31）年までの米ドルと日本円の為替レートの推移

出所：著者作成。

安倍政権のアベノミクスなどの政策により2013（平成25）年頃からは100円台を上回る**やや円安水準**となっている。このように1990年代から現在まで，全体的にみると日本経済は円高傾向にあることもあり，**日本企業の海外生産拡大のための海外直接投資は増大**した。

「**海外投資**」には，直接投資と間接投資，対外投資と対内投資に分類できる。「**直接投資**」とは，原則10%以上の出資で，経営のコントロールを伴う海外投資である。「**間接投資**」とは，原則10%未満の出資で，**キャピタルゲイン**（値上がり利益）を目的とする海外投資である。日本側から見ると，「**対外投資**」とは日本から海外への投資であり，「**対内投資**」とは海外から日本への投資である。日本の対内および対外の間接投資は近年増加している。すなわち，**金融のグローバル化，米国等の投資ファンドの巨大化，国際的な株式投資や投資信託の拡大，国債・社債等の債券発行の増大**，などにより，**間接投資（Portfolio Investment）がグローバルレベルで膨張**している。

日本の「**貿易**」も増加している。貿易は輸出と輸入であるが，近年「**モノの貿易**」のみならずサービスの貿易も拡大している。「**サービス貿易**」とは，観光，情報，輸送，金融，知的財産などのサービスに関する輸出と輸入である。特に，**コロナ禍**以前まで，訪日外国人の急増により，観光関連のサービス輸出などが増えていた。

第1節　1990年代からの日本の対外直接投資の推移

図表6－2は，**1996（平成8）年から2017（平成29）年までの「日本の対外直接投資の残高推移」**をみたものである。**直接投資残高**であるので，毎年の対外直接投資の投資額から投資引き上げ額を引いたもので，日本の「**対外直接投資の蓄積**」を表したしたものである。いわば，この統計は，日本の外国への「**海外直接投資の資産額**」をあらわした，極めて重要な数字である。図表6－3は，**2017（平成29）年末時点での「地域・国別にみた日本の対外直接投資の残高」**を表したものである。これらの統計について考察してみよう。

第1は，1996（平成8）年と2017（平成29）年と比較すると，日本の「**対外直接投資の残高**」は7倍程度増加していることである。1996（平成8）年には

図表６－２　日本の対外直接投資残高の推移

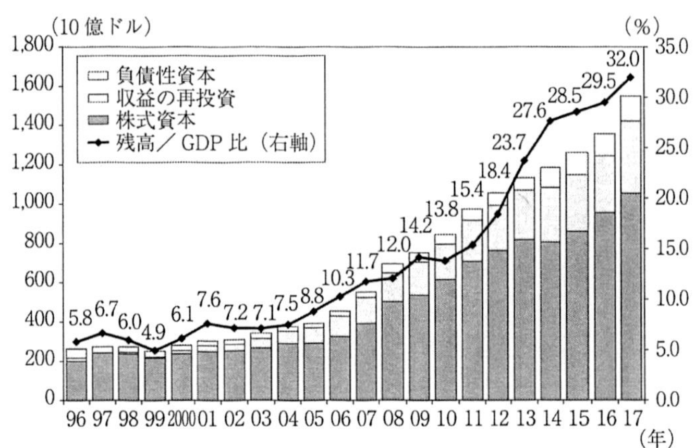

出所：日本貿易振興機構（ジェトロ）(2018)『ジェトロ世界貿易投資報告 2018 年版』，57 頁。

約 2,000 億ドル強程度であったが，2017（平成 29）年には 1 兆 5,000 億ドル程度となっている。1990 年代から日本経済は，「**失われた 20 年**」と呼ぶことがあるが，日本企業の海外活動としての直接投資という観点からみると高度成長の歴史であり，日本企業の国際経営の成長，すなわち「**海外直接投資の成長の歴史**」でもあったのである。外国為替では「**円高傾向**」にあったことも，日本の直接投資は増加要因であった。

第 2 は，1996（平成 8）年と 2017（平成 29）年と比較すると，日本の「**対外直接投資の残高の GDP 比**」が，26％程度増加していることである。1996（平成 8）年にはそれが約 5.8％程度であったが，2017（平成 29）年には 32％程度となっている。2017（平成 29）年末時点での日本の対外直接投資残高の GDP 比が 3 割を上回る，1 兆 5,508 億ドルとなっている。日本の経済が国内のみではなく海外に向けて発展していること，すなわち，日本企業の事業が国内中心から海外事業の比重が高まってきていることをあらわしている。日本企業の経営活動を考える場合，国内だけではなく，海外事業を含めた視点で，新たに捉える視点が重要であると思われる。海外直接投資は，日本が持つ「**海外資産**」，すなわち**海外子会社の株式の保有**，**海外工場・事業所等の所有**である，その視

図表6－3　日本の国・地域別対外・対内直接投資残高

（単位：100万ドル、%）

	対外直接投資（資産）				対内直接投資（負債）			
	2015年末	2016年末	2017年末	構成比	2015年末	2016年末	2017年末	構成比
アジア	359,263	368,248	427,345	27.6	35,709	44,286	47,029	18.6
中国	108,902	108,734	118,438	7.6	1,911	1,616	2,544	1.0
香港	24,853	28,485	29,225	1.9	8,676	9,517	8,524	3.4
韓国	31,492	31,964	36,883	2.4	3,234	3,429	4,067	1.6
台湾	11,980	13,028	14,986	1.0	4,386	6,527	5,985	2.4
ASEAN	166,997	167,216	204,543	13.2	17,425	23,124	25,765	10.2
タイ	51,272	55,326	63,383	4.1	1,355	1,865	2,000	0.8
インドネシア	24,532	27,009	30,507	2.0	167	168	333	0.1
マレーシア	12,323	13,725	15,056	1.0	78	83	121	0.0
フィリピン	13,463	12,861	14,528	0.9	804	784	731	0.3
シンガポール	50,484	41,627	63,097	4.1	15,018	20,216	22,566	8.9
ベトナム	13,156	14,481	15,648	1.0	1	2	6	0.0
インド	14,101	17,889	22,157	1.4	74	78	95	0.0
北米	435,282	468,628	507,902	32.8	58,224	62,296	60,819	24.0
中南米	71,309	89,546	102,857	6.6	12,222	13,781	16,128	6.4
大洋州	74,403	74,252	78,807	5.1	2,577	3,376	3,692	1.5
欧州	304,730	338,840	416,843	26.9	96,327	116,659	125,093	49.4
中東	7,115	7,207	9,226	0.6	497	494	521	0.2
アフリカ	8,914	9,992	7,824	0.5	111	146	165	0.1
参考 EU	290,918	324,072	397,711	25.6	87,132	105,564	113,060	44.6
参考 東欧・ロシア等	5,228	4,868	5,855	0.4	85	103	130	0.1
世界	1,261,020	1,356,717	1,550,808	100.0	205,699	241,071	253,480	100.0

出所：日本貿易振興機構（ジェトロ）（2018）『ジェトロ世界貿易投資報告 2018年版』，135頁。

点でみると，日本は急激に**海外資産**が拡大し，**海外直接投資を含める日本経済の規模は，GDPの約1.3倍**であることとなる。さらに，日本は海外に膨大な各種**債券（社債，国債，株式等），融資，預金，不動産**などの「**間接投資の資産**」を持っており，これを加えると日本の持ち海外資産はかなりの巨額となる。

第3は，対外直接投資残高の中で「**株式資本**」が最も多く，次は「**収益の再投資**」であることである。1996（平成8）年から2017（平成29）年まで，株式資本の割合が一貫して高かった。2017（平成29）年末時点での日本の対外直接投資残高は内訳をみると，全体の約7割が株式資本であった。収益の再投資が約24%，負債性資本が約8%であった。株式資本は，海外での完全所有子会社や合弁会社の設立や海外企業の買収などが中心である。収益の再投資は，工場建設や事業拡大などの株式によらない海外事業への投資である。そのため，株式資本と収益の再投資は，日本企業の国際事業活動のための投資であると言える。「**負債性資本**」は，**融資**や**借款**などの海外投資であることから，日本企業の実際的な国際事業活動ではない側面もある。以上から，株式資本と収益の再投資を合計すると対外直接投資残高の約9割程度となり，日本企業の海外直接投資の中心は株式資本，次が収益の再投資となる。日本企業の国際経営は，実際に海外で「**完全所有子会社**」や「**合弁会社**」を設立する形での海外事業，および「**海外M&A（合併と買収）**」が中心である。近年，特に日本企業による海外企業の買収を中心とした海外M&Aが増加している。

第4は，日本の「**対外直接投資の地域別残高**」をみると，**北米，アジア，欧州**の順で，この3地域の比重が高い事である。2017（平成29）年末時点の統計をみると，北米が32.8%，アジアが27.6%，欧州が26.9%となり，3地域を合計すると全体の約87%を占めている。図表6－4は，「**1996（平成8）年末の時点の日本の対外直接投資の地域・国別の残高**」をみたものである。北米が約978億ドル（38%），アジア約791億ドル（30%），欧州（西欧）が約475億ドル（18%）となっており，この3地域の比重が高い。以上から，日本の対外直接投資の残高を地域別の推移をみると，北米が30%台程度で最も高いが，アジアは3割弱程度で推移しており，アジアは日本企業で重要な地域であると言える。アジアでは，**中国**と**アセアン**が大半で，**日本企業の中国進出**が増加していた。

図表6－4　日本の国・地域別対外・対内直接投資（国際収支ベース）と投資残高

（単位：100万ドル）

国・地域	対外直接投資			対内直接投資		
	95年	96年	96年末残高	95年	96年	96年末残高
合計	22,652	23,422	258,653	42	228	29,942
アジア	8,508	9,741	79,152	322	444	598
中国	3,211	2,324	8,098	△ 21	1	2
台湾	418	401	4,048	5	28	59
韓国	345	403	3,464	115	55	11
香港	332	1,099	9,406	217	395	476
シンガポール	673	1,128	11,410	4	△ 29	45
タイ	936	1,339	15,752	1	10	0
インドネシア	957	1,497	17,193	△ 3	△ 1	0
マレーシア	377	517	5,750	6	△ 10	0
フィリピン	1,078	477	2,863	△ 1	△ 10	－
インド	－	267	785	－	6	4
北米	9,293	11,468	97,881	△404	△899	15,956
米国	8,900	11,087	94,336	293	△781	15,394
カナダ	393	380	3,545	△697	△119	562
中南米	－	△1,413	11,981	－	△ 17	87
メキシコ	129	△ 61	520	0	－	－
ブラジル	256	634	3,756	△ 1	△ 0	0
大洋州	－	693	10,501	－	14	22
オーストラリア	404	707	9,204	5	6	22
ニュージーランド	△17	62	685	0	3	0
西欧	3,362	2,835	47,523	33	714	8,516
ドイツ	442	234	4,217	100	580	2,181
英国	1,347	1,444	20,320	113	297	2,452
フランス	487	746	1,515	35	13	310
オランダ	867	716	8,440	△197	△252	1,209
イタリア	1	74	473	4	△ 1	1
ベルギー・ルクセンブルク	－	△ 499	6,033	－	△ 29	162
スイス	107	△ 410	2,967	△ 49	△124	1,278
スウェーデン	3	35	122	9	152	160
スペイン	－	68	964	－	1	－
東欧・ロシア等	－	97	197	－	2	1
ロシア	19	19	53	△ 1	1	1
中東	－	252	967	－	△ 2	76
サウジアラビア	77	159	486	0	△ 1	28
アラブ首長国連邦	2	80	314	1	－	－
イラン	3	△ 2	3	0	0	－
アフリカ	－	△ 118	441	－	△ 28	4
南アフリカ共和国	56	24	48	0	－	－
OECD諸国	13,041	15,058	155,912	△365	△178	24,472
ASEAN	4,019	5,240	53,246	6	△ 40	45
EU	3,294	3,219	43,569	85	837	7,215

出所：日本貿易振興機構（ジェトロ）（1998）『1998年　ジェトロ白書・投資編』，530頁。

第5は，日本の「**対外直接投資を業種別にみる**」と，「**非製造業**」の割合が最も高く約6割程度で前後しながら推移しており，次が「**製造業**」であることである。2017（平成29）年末時点で業種別では残高に占める非製造業の割合は，

図表6－5　日本の業種別対外直接投資実績（届け出ベース）

（単位：100万ドル，％）

	94年度	95年度			96年度			51～96年度累計	
	金　額	金　額	構成比	前年度比	金　額	構成比	前年度比	金　額	構成比
合　　計	41,051	50,694	100.0	23.5	48,019	100.0	△　5.3	562,320	100.0
製造業小計	13,784	18,623	36.7	35.1	20,258	42.2	8.8	167,777	29.8
食　　糧	1,260	844	1.7	△ 33.0	729	1.5	△ 13.6	8,956	1.6
繊　　維	641	1,043	2.1	62.7	606	1.3	△ 41.9	7,831	1.4
木材・パルプ	140	357	0.7	154.6	619	1.3	73.6	5,173	0.9
化　　学	2,601	2,114	4.2	△ 18.7	2,059	4.3	△　2.6	23,074	4.1
鉄・非鉄	1,038	1,555	3.1	49.8	2,446	5.1	57.3	17,833	3.2
機　　械	1,622	1,870	3.7	15.3	1,438	3.0	△ 23.1	16,421	2.9
電　　機	2,634	5,288	10.4	100.8	6,513	13.6	23.2	41,670	7.4
輸送機械	2,021	1,989	3.9	△　1.6	3,873	8.1	94.7	22,890	4.1
その他	1,826	3,564	7.0	95.1	1,974	4.1	△ 44.6	23,929	4.3
非製造業小計	26,877	31,121	61.4	15.8	26,741	55.7	△ 14.1	385,032	68.5
農・林業	156	139	0.3	△ 10.9	139	0.3	△　0.1	2,280	0.4
漁・水産業	212	56	0.1	△ 73.8	98	0.2	75.8	1,322	0.2
鉱　　業	475	1,046	2.1	120.1	1,570	3.3	50.1	22,850	4.1
建設業	357	397	0.8	11.4	321	0.7	△ 19.2	4,702	0.8
商　　業	4,391	5,299	10.5	20.7	4,782	10.0	△　9.8	59,836	10.6
金融・保険業	6,499	5,471	10.8	△ 15.8	7,776	16.2	42.1	101,017	18.0
サービス業	7,061	10,496	20.7	48.6	4,046	8.4	△ 61.4	71,755	12.8
運輸業	2,603	2,271	4.5	△ 12.8	1,799	3.7	△ 20.8	30,482	5.4
不動産業	5,122	5,947	11.7	16.1	6,210	12.9	4.4	83,245	14.8
その他	—	—	—	—	—	—	—	7,543	1.3
支店設置・拡張	391	950	1.9	143.3	1,020	2.1	7.3	8,916	1.6

出所：日本貿易振興機構（ジェトロ）（1998）『1998年　ジェトロ白書・投資編』，529頁。

58.4％であった。非製造業では，近年，金融・保険業，卸売・小売業，通信業などで直接投資残高の増加が目立っている。図表6－5は，**「1996年末の時点での日本の「対外直接投資の業種別の累計」（1951−96年度）」**をみたものである。非製造業が68.5％，製造業が29.8％であった。

第6は，日本の対外直接投資残高の拡大に伴い，日本が受け取る**「海外投資**

図表６－６　主要国の対外直接投資収益推移

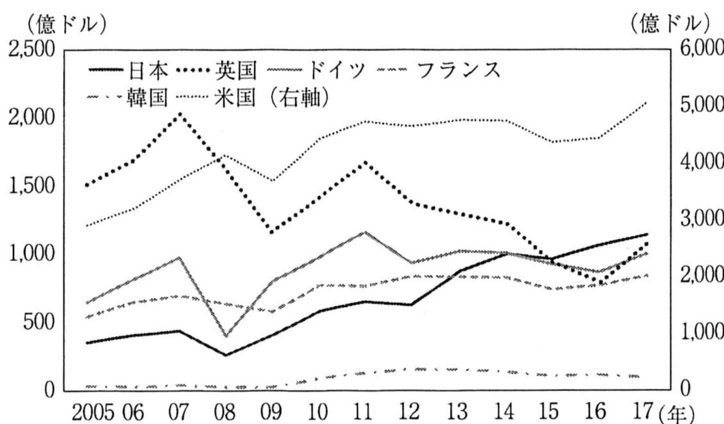

出所：日本貿易振興機構（ジェトロ）(2018)『ジェトロ世界貿易投資報告 2018年版』，57頁。

収益額」も増加基調にあることである。図表６－６は，「**主要国の対外直接投資収益の推移**」を表したものである。在外子会社からの配当金や再投資収益などの受け取りを示す対外直接投資収益額は，日本は近年増加傾向にあり，2017（平成29）年には1,140億ドルとなっている。日本と主要国とを比較すると，米国には及ばないものの，英国，ドイツ，フランスを上回る金額となった。対外直接投資収益の受け取り先をみると（2017（平成29）年度），**アジア**が全体の41.9％を占める477億ドルで最大で，**北米**が322億ドル，**欧州**が212億ドルとなっている。このように，日本企業の直接投資収益の受け取り額からみると，近年海外から収益受取額が着実に増加しており，特にアジアからの収益額が大きい。アジア地域は日本の対外直接投資残高の約27％（2017（平成29）年末時点）で，その収益額受け取り額は42％程度であることから，全般的にみるとアジア地域の日系企業は，着実に収益をあげていることがわかる。

第７は，日本企業の「**海外売上高比率**」は拡大してきていることである。近年，主要大企業では，海外売上高が国内売上高を上回る水準となっている。図表６－７は，**2000（平成12）年から2017（平成29）年までの「主要日本企業の海外売上高比率の推移」**をみたものである。2000（平成12）年度の海外売上

図表6－7　主要日本企業の売上高の地域別構成比

（単位：%）

年度（集計社数）	国内	海外	米州	欧州	アジア大洋州	その他
2000年度（547）	71.4	28.6	13.4	5.6	5.8	3.8
2001年度（581）	68.5	31.5	14.7	6.1	6.3	4.4
2002年度（592）	67.2	32.8	14.9	6.6	6.8	4.5
2003年度（624）	66.5	33.5	14.1	7.0	7.7	4.8
2004年度（669）	65.4	34.6	13.6	7.4	8.5	5.1
2005年度（724）	64.9	35.1	13.8	6.9	9.5	4.9
2006年度（751）	62.3	37.7	14.5	7.7	10.3	5.1
2007年度（781）	60.8	39.2	14.2	9.1	10.7	5.2
2008年度（817）	62.6	37.4	12.7	8.6	10.8	5.3
2009年度（844）	63.3	36.7	12.4	7.5	11.3	5.4
2010年度（320）	54.0	46.0	18.1	8.1	15.2	4.7
2011年度（236）	53.1	46.9	17.7	8.9	15.0	5.3
2012年度（221）	51.3	48.7	18.6	7.8	17.2	5.1
2013年度（211）	45.6	54.4	21.5	9.2	18.2	5.5
2014年度（212）	43.1	56.9	23.5	9.2	18.7	5.5
2015年度（219）	42.2	57.8	25.4	8.3	19.5	4.6
2016年度（218）	42.3	57.7	25.5	8.5	18.7	5.0
2017年度（196）	41.6	58.4	25.0	9.0	19.3	5.1

出所：日本貿易振興機構（ジェトロ）（2018）『ジェトロ世界貿易投資報告2018年版』，58頁。

高比率は28.6%であったが，2017（平成29）年度は58.4%と増加傾向にあることである。「**主要日本企業の海外売上高の地域別構成比**」（2017（平成29）年度）をみると，**アメリカ**（米州）が25.0%で最も高く，**アジア大洋州**19.3%，**欧州**9.0%の順となっている。アジア大洋州の海外売上高比率は2000（平成12）年度以降，徐々に上がってきている。図表6－8は，2017（平成29）年度の「**主要日本企業の業種別の海外売上高比率**」をみたものである。製造業（58.5%），非製造業（53.5%）となっている。製造業では「自動車」を中心とした輸送機械が61.9%と6割を超えている。自動車メーカーがグローバル生産体制の拡充を進めているため，海外売上高比率が60%を超える高水準となっている。「輸送機械」を地域別にみると，**アメリカ**（米州）（30.1%）が最も高く，アジア大洋州（17.7%），欧州（8.7%）の順となっている。「機械・電気製品」では，海外

図表6－8　主要日本企業の業種別／地域別海外売上高比率（2017年度）

（単位：%）

業種〔集計社数〕		国内	海外	米州	欧州	アジア大洋州	その他
製造業	〔161〕	41.5	58.5	25.5	9.1	19.2	4.8
輸送機械	〔45〕	38.1	61.9	30.1	8.7	17.5	5.6
機械・電気製品	〔66〕	49.5	50.5	14.6	9.6	23.5	2.9
産業用機械	〔38〕	49.8	50.2	17.3	10.5	18.7	3.6
電気機器	〔25〕	49.4	50.6	12.6	8.9	26.8	2.3
素材・素材加工品	〔34〕	49.7	50.3	10.8	9.6	27.2	2.7
非製造業	〔35〕	46.5	53.5	9.4	7.6	22.3	14.1

出所：日本貿易振興機構（ジェトロ）（2018）『ジェトロ世界貿易投資報告 2018年版』，58頁。

売上高比率が国内比率を上回る50.5%となった。電気機器を地域別にみると，中小企業も含めて多くの日本企業が拠点を構えるアジア大洋州の比率が26.8%と海外では最も高くなっている。「素材・素材加工品」でも海外売上高比率が50.5%となり，地域別ではアジア大洋州の比率が高く27.2%なっている。また，「非製造業」でも国内比率を上回53.5%となり，地域別ではアジア大洋州の比率が22.3%と高くなっている。以上から，日本企業は，急速にグローバル化が進展してきていることがわかる。

第2節　アジアの直接投資受入政策とアジアの地域連携の歴史

東南アジア各国は，スタート時点に差があるものの，1990年代以降から現在まで，基本的に海外からの「**直接投資の自由化策**」，「**関税の引下げ**」，「**外資出資規制の緩和**」，「**奨励業種への投資優遇措置**」，「**輸出加工区・経済特別区・工場団地の設置**」，などの外資政策を採っている。そのため，以前，日本企業が進出できなかった小売，飲食，サービス業などの「**第3次産業分野**」に直接投資を行うようになった。また，日本側が100%出資する形態での進出を徐々に認めるようになったので，この「**完全所有形態での進出**」が増加した。「**アセアンの国別の外資政策の変遷の概況**」についてみてみよう。

「ASEAN原加盟国」であるシンガポール，タイ，マレーシア，フィリピン，

インドネシアの５カ国は比較的早い時期から海外からの直接投資の自由化策をとり，特にシンガポール，タイは1960年代と最も早い時期からその自由化策を推進した。「**ASEAN新規加盟国**」では，**ベトナム**がドイモイ政策により1990年代頃より直接投資の自由化策を漸進的にとった。**ラオス**も同時期頃から自由化策をとった。**ミャンマー**は，最も遅く，海外からの直接投資が緩和されてきたのは軍事政権から民主化以降の2010年代以降である。

東南アジア諸国の外資政策に大きな影響を与えた要因として，第１にAFTAやAEC（アセアン経済共同体）の構築，第２に東南アジア諸国のWTO加盟，第３にFTA，EPA，TPP等の各種経済連携協定の締結などがある。

第１の「**AFTA（ASEAN自由貿易地域）**」は，アセアン域内諸国で関税や非関税障壁を撤廃し，投資や貿易を自由化し，経済共同体を目指す構想である。2015年発足の「**アセアン経済共同体（AEC）**」は，AFTAの次の段階としてのASEAN域内における経済共同体である。1990年代以降の東南アジア諸国の外資政策は，このAFTA，AECの枠組みに影響されて構築されてきたと言える。

第２は，アセアン諸国は，「**WTO（世界貿易機関）加盟**」による投資の自由化と関税の引き下げが行われた。ASEAN原加盟国のみならずASEAN新規加盟国のベトナムも2007年にWTOに加盟した。WTO加盟により，製造業にもならず，小売，流通，サービス業などの「**第３次産業」の外国からの投資の自由化策**が進展してきている。なお，**中国**は2001年に**WTOに加盟**した。

第３は，多国間や２国間の「**地域・経済連携協定**」である「**FTA（自由貿易協定）**」，「**EPA（経済連携協定）**」，「**TPP（環太平洋パートナーシップ協定）**」などの進展である。アセアンと日本との２国間のFTA，EPAなどの各種協定が結ばれている。さらに，アセアンと中国とのFTAなど各種経済連携協定も進展してきている。このような，アセアンと日本・中国との各種経済連携協定は，日本企業のアセアン進出の促進要因となっている。

1990年代以降，多くのアセアン諸国は，「**外資導入政策**」を積極的に行ない，AFTA等の経済的統合の進展，アセアン市場の経済発展等により，日本企業のアセアン投資は，1990年代以降も堅調に拡大した。また，「**アセアンと中国の２生産拠点によるリスク分散**」ということもあり，中国と共に，アセアンは日本企業の海外進出の主要な一拠点となっている。

1　AFTA（ASEAN自由貿易地域）と東南アジア諸国の外資政策

日本企業のアジアへの直接投資や戦略提携といったアジア戦略において，AFTAの動向は極めて重要である。

「**AFTA（ASEAN自由貿易地域；ASEAN Free Trade Area）**」は，1992年1月にシンガポールにおいて開催された第4回ASEAN（東南アジア諸国連合）首脳会議において，ASEAN域内の自由貿易構想として正式に合意された。すなわち，ASEAN6カ国は「**ASEAN自由貿易地域のための共通効果特恵関税スキームに関する合意**」（**AFTA-CEPT**（Common Effective Preferential Tariff））に署名し，本格的な域内経済統合に乗り出した。1995年12月に開催された第5回ASEAN首脳会議では，AFTA-CEPT協定と同時に採択された「経済協力強化に関する枠組み協定」に基づいて「**ASEANサービス貿易枠組み協定**」（**AFAS**：ASEAN Framework Agreement on Services）が締結された。同会議で採択されたバンコク宣言は，AFTAによる貿易自由化を前倒し，直接投資誘致を促進するために**ASEAN投資地域**（**AIA**：ASEAN Investment Area）を設立すること，関税分類表の調和化，基準認証・相互承認，中小企業開発計画，航空自由化などの措置も言及している[1)]。

AFTAの主要な目的は，「**アセアン域内の関税障壁および非関税障壁の除去**」等により域内貿易の自由化を図り，国際市場向け生産拠点としてASEANの競争力の強化，域内経済の一層の活性化を図ることである。具体的には，「**アセアン域内貿易の活性化**」，「**海外からの直接投資およびアセアン域内投資の促進**」，「**アセアン域内産業の国際競争力の強化**」をはかることを狙いとしている。

AFTAの中心的な政策である「**共通有効特恵関税（CEPT）**」の対象品目は，原則的に関税を撤廃する。CEPT品目は，アセアン域内で生産された全ての「**工業製品**」と「**農産品**」とされている。ただし，CEPTの例外品目として，「**一般的除外品目（国防，生命・健康の保護，歴史・考古学的保護）**」がある。

ASEANは，AFTAの最終目標として，1999年9月のASEAN経済閣僚会議において**輸入関税撤廃**の目標年を原加盟国は2015年，新規加盟国は2018年に決定した。その後，関税撤廃に関する時期を早めた。原加盟国6カ国については2010年に，新規加盟国については幾つかの例外品目を除き，ベトナムは2013年まで，ラオスとミャンマーは2015年まで，カンボジアは2017年までに前倒しで実施することが合意された。

ASEAN加盟国の関税引き下げの実施状況については，一部の品目で遅れている国があったものの，ほぼ着実な進展をみせた。2018年1月には，**カンボジア，ラオス，ミャンマー，ベトナム（CLMV諸国）**でそれぞれ約650品目の関税が追加で撤廃された。それら品目は，CLMV諸国に対し関税撤廃の猶予が認められていた約7%の留保枠に相当するもので，今回の**輸入関税撤廃**措置により「**ASEAN域内の物品貿易の自由化が完了**」した。ただし，一部の国で，関税撤廃を契機とした「**非関税障壁**」の導入事例（**輸入許可制度**，**数量制限**，**輸入禁止**，**原産地証明**，**適合性評価・基準**，車両等の輸入検査の型式証明提出や排ガス・安全品質に関する車両検査の義務付けなど）もあり，新たな問題も生じている[2)]。

以上のような，ASEAN諸国におけるAFTAの進展は，「**日本企業アジア戦略の再編**」をもたらしている。特に，電機，機械，自動車産業を中心とした日系企業は，東南アジア諸国内で最適立地を求めて国際分業が進展してきている。ASEANで最も比較優位の国に，製品や部品生産の拠点を集約し，ASEANで最適な工程・部品・製品分業をしようとする動きである。日本企業のアジア戦略において，このような**ASEAN域内での国際分業**が一層進むであろう。

2　アセアン経済共同体（AEC）

アセアンでは，AFTAのような域内自由貿易体制の次の段階として，「**アセアン経済共同体（AEC）**」が発足している。AECとは，**ASEAN経済共同体（ASEAN Economic Community）**の略称で，マレーシア，フィリピン，シンガポール，タイ，インドネシア，ブルネイ，ベトナム，ラオス，ミャンマー，カンボジア，の10カ国からなるASEAN（東南アジア諸国連合）域内における経済共同体である。

2015年11月，マレーシアで開催されたASEAN首脳会議の場で，「**ASEAN共同体の設立に関するクアラルンプール宣言**」が署名・採択され，2015年12

月，**ASEAN 経済共同体（AEC）**が正式に発足した。AEC は，アセアン諸国が進めてきた貿易や投資の自由化，制度や基準の調和などを通じて経済一体化を目指す構想である。同時に，AEC 発足後の次の 10 年間（2016 ～ 25 年）の経済統合ビジョンを定める新たな指針として「**AEC ブループリント 2025**」が採択された。同ブループリントは，①「**高度に統合され，団結力のある経済**」（物品貿易，サービス貿易，投資環境，金融統合，熟練労働者の移動，グローバルバリューチェーンへの参加），②「**競争力のある革新的でダイナミックな ASEAN**」（競争政策，消費者保護，知的財産権，研究開発，税制，グットガバナンス，効率的で責任ある規制環境，持続可能な経済発展，グローバルな貿易問題），③「**連結性と分野別協力の強化**」（交通分野，情報通信技術，電子商取引，エネルギー，食糧・農業・林業，観光，医療，鉱業，科学技術）④「**強靱かつ包摂的，人々中心の ASEAN**」（中小企業支援，民間セクターの活用，官民協力，格差是正，利害関係者の参画），⑤「**グローバルな ASEAN**」，という５本の柱から構成されている[3)]。

このように，アセアン経済共同体は，自由貿易のみならず，投資の自由化，制度や基準の調和，熟練労働者の移動，交通分野など，より一層の**アセアン諸国の経済統合**を実現するための構想である。

第３節　アセアン諸国への日本企業の進出

１　日本企業のアセアンへの直接投資

2017（平成 29）年末の時点での「**日本の対外直接投資残高**」を国別にみたものが，前に示した図表６－３である。この統計は，日本の対外直接投資の投資残高を表したもので，日本の国別の直接投資の 2017（平成 29）年度末前までの**海外直接投資資産規模**（直接投資の累計にその引き上げを差し引いた数字）を表しており，国別の日本企業の直接投資の規模・累積を示す最も適切な数字である。この統計によると，北米が最も多く 32.8％，アジア 27.5％，欧州 25.9％，中南米 6.6％，大洋州 5.1％，中東 0.6％，アフリカ 0.5％，となっている。アジアでは，国別では中国が最も多く 7.6％となっている。

アセアン地域は日本の世界の対外直接投資残高の 13.3％の割合で，国別では多い国から，タイ（4.1％），シンガポール（4.1％），インドネシア（2.0％），ベトナム（1.0%），マレーシア（1.0%），フィリピン（0.9%），の順となっている。アセアンの中では，タイが日本企業の直接投資の歴史が長く，最も金額の多い国である。

アセアン諸国は，**シンガポール**が最も早く1960年代頃から積極的な「**外資導入政策**」を採り，その後，**タイ**，**マレーシア**，**フィリピン**なども外資導入政策を推進した。その後，**インドネシア**も各種の外資規制を徐々に撤廃し，**ベトナム**もドイモイ政策により1990年代頃より外資導入政策を採るようになった。**ミャンマー**は，軍事政権であったこともあり，外資導入が進まず，2015年の民主化政権以降から外資導入が進んでいる（ただし，2021年に**軍事クーデター**が勃発した）。アセアン諸国の主要国は「**WTOに加盟**」していることもあり，基本的なスタンスとしては公益的な分野を除き，すべての分野で外資が参入することができ，**出資比率**に関する規制がないことが原則である。ただし，アセアン諸国には，外国企業進出に際して，「**許認可制度**」をとる国が多い。これは，外国企業進出を実質的にコントロール・選別し，外資の出資比率を規制したり，現地企業との合弁形態を誘導するような事例も一部で生じている。

2　アセアンへの日本企業進出―ベトナムと白物家電の事例

（1）ベトナムの事例

日本企業のベトナムへの進出は，ベトナム戦争前の**南ベトナム**へ1960年代に**松下電器**などが契約生産形態などで現地国営企業と共同で事業を行ったという歴史がある。本格的な日本企業のベトナム進出は，ベトナム戦争後の1986（昭和61）年，「**ドイモイ（刷新）政策**」が導入された時期以降からである。1990年代に日本の少数の大企業や中小企業がベトナムに進出したが，それほどの規模ではなく，南部ホーチミンなどの輸出加工区や工場団地への工場設置や現地での小規模なサービス事業が中心であった。

2000年代に入ると，ベトナムのドイモイ政策が軌道に乗り，投資環境が安定化した。1995（平成7）年，**アメリカとの国交回復**などにより国際関係の正常化が進んだ。2007（平成19）年に**ベトナム**の**WTO加盟**などもあり，日本企業の進出も増えていった。当初は，南部のホーチミンが多かったが，徐々に北部地域にも進出するようになった。北部の「**ハノイ**」近郊では，トヨタ，ホンダ，キヤノン，パナソニック，エプソン，ブラザーなどの大規模な生産拠点の設置が相次いだ。北部地域は，自動車，二輪，電機，機械等の産業集積が進んだ。一方，南部の「**ホーチミン**」地域では，輸出加工区，工場団地が多く建設され，日本の中小企業から大企業まで多様な業種の企業が進出した。大企業では，花王，グンゼ，マブチなどがある。さらに，ハノイ，ホーチミンのみならず，中部の「**ダナン**」，南部の「**ダラット**」などに日本企業が進出している。さらに，南部のナーチャン沖の海底油田の開発が出光などにより大規模で行われている。

ベトナムのWTO加盟などもあり，**小売・流通・サービス分野での外資参入規制が緩和**されてきており，この分野での日本企業の進出も増加している。代表的な進出事例として，イオンのハノイやホーチミン等へのショッピングセンター・スーパーへの投資，ファミリーマート，セブンイレブン，ミニストップ等のコンビニ企業の投資などがある。

ベトナムは，近年，中国生産集中へのリスク分散としてのアセアンの生産拠点として注目され，日本企業の直接投資は増加している。また，**インフラや部品産業の集積**が徐々に進展し，電機・機械・自動車などの製造業のアセアン拠点で重要な存在となってきている。

（2）白物家電のアセアン進出の事例

図表６－９は，「**日本の家電白物メーカーのアセアン諸国での生産拠点状況（電子レンジ，冷蔵庫，エアコン）**」をみたものである。**タイ**は，早い時期に進出しこと，資材の調達基盤が整っていること，**裾野産業**が発達していること，日系企業の進出が多いこと，最近では設計・開発機能も加わっていること等で，アセアンにおける白物家電の生産拠点として確固たる地位を築いている。特に，エアコンと冷蔵庫でアセアンの中心的な生産拠点となっている。タイで生産された白物家電は，日本のみならずアセアン諸国や「**BRICs**」（**ブラジル，ロシア，インド，中国**）などの海外にも輸出されている。**マレーシア**はエアコン，**フィリピン**はエアコンと冷蔵庫，**インドネシア**はエアコンと冷蔵庫を生産拠点としている日系企業が存在する。**ベトナム**は，近年アセアンで注目されている

図表６－９　家電白物メーカーアセアン進出状況

		タイ			マレーシア			シンガポール			フィリピン			インドネシア			ベトナム		
		電子レンジ	冷蔵庫	エアコン	電子レンジ	冷蔵庫	エアコン	電子レンジ	冷蔵庫	エアコン	電子レンジ	冷蔵庫	エアコン	電子レンジ	冷蔵庫	エアコン	電子レンジ	冷蔵庫	エアコン
日系	シャープ	●	●	●											●				
	パナソニック		●				●					●	●		●	●		●	
	日立		●				●						●						
	東芝	●	●	●											●				
	三菱		●	●															
	三菱重			●															
	富士通			●															
	ダイキン			●			●												
韓国	三星	●	●	●	●													●	
	LG	●		●											●	●		●	●
	大宇					●												●	
中国	ハイアール		●	●															
	格力																		●
欧米	キャリア			●			●						●						

出所：バンコク日本人商工会議所（2017）『タイ国経済概況（2016/2017 年版）』329 頁。

国であるが冷蔵庫のみの生産となっている。

今後，アセアン域内で最適立地を求めて国際分業が進展していくことは予想されるが，国内市場が大きいインドネシア，経済発展が著しく優秀で低廉な労働者が多く存在するベトナムの成長が期待される。

第４節　日本企業の東南アジア戦略の総括

１　進出戦略

日本企業の「**海外進出形態**」として，現地に**海外直接投資**をして法人組織の「**現地子会社**」を設立する戦略，現地に「**支店，営業所，駐在員事務所**」等を設立する戦略，現地企業等と「**提携や契約**」(契約生産，ノック・ダウン，コンソーシアム，フランチャイズ等）により進出する戦略，などがある。海外直接投資による子会社には，日本側が 100％出資する「**完全所有子会社形態**」，現地企業等と共同で出資する「**合弁企業形態**」がある。

東南アジアへの日本企業の初期の進出では，現地の民間企業・政府などと出資する**合弁企業形態での進出**が多かった。それは，東南アジア諸国では，外資の100%進出に対する**外資規制**や**許認可制度**などがあったためである。日本企業側は，初期の段階では海外進出に対する経験が浅く，現地パートナーとの合弁形態を好んだという事情もある。また，進出日系企業は，現地市場での販売を目的とするものが多く，現地パートナーに販売などの支援・協力を期待するということもあった。その後，東南アジア諸国は徐々に外資の出資規制を緩め，徐々に100%出資も認めるという外資政策に移行したこともあり，日本企業は**「100%出資形態」での進出が増加**した。現地設立の目的が，現地での販売を目的とするのではなく，輸出を目的とする進出も増えたことも，日本側はよりコントロールを強められる100%出資形態での進出が増加した要因でもある。また，**「同一国に多数の海外子会社」**を持つ**日本の多国籍企業**は，**現地市場での販売を目的とする現地子会社は合弁形態**で，**製品輸出や部品分業を目的とする現地子会社は完全所有形態**で進出するという，同一国に複数の子会社を持つ企業も増えている。さらに，東南アジアに多数の海外子会社を持つ多国籍企業は，アジア地域の事業を統括する「**地域統括本社**」をシンガポールなどに設立するという動きもみられる。

今後の日本企業のアジア進出戦略を考えると，**「100%出資」**や**「多数所有出資」**の形態での進出が増えるであろう。それは，製造業の場合，「**技術流出**」や「**より海外子会社への統制を強める**」という目的のためである。また，グローバル競争の激化という国際経営環境の下で，日本企業は，多国籍企業として，世界的視点に基づいて統一した，一貫性のある戦略による事業経営が必要になってきていることもある。

2　サービス産業の海外進出の増加

製造業，資源産業のみならず「**サービス産業の海外進出**」も増加している。小売，流通，情報，専門店（ファッション，家電，均一価格ショップ，雑貨），コンビニ，ファーストフード，飲食店，ショッピングモール，スーパー，観光，金融，不動産，物流などがある。アセアン諸国のWTO加盟などもあり，**サービ**

ス業分野の外資参入の規制が緩和されたことが背景にある。

コンビニ，ファーストフード，飲食店などのアセアンへの進出戦略として，現地に海外直接投資をおこない，海外子会社を設立するが，現地での事業展開は現地資本との**フランチャイジング**による形もよく採られている。コンビニ大手の**セブンイレブン**は，タイ，マレーシア，インドネシア，フィリピン，ベトナム，台湾で，フランチャイズ形態を主として進出している。タイでのコンビニの事例をみると，セブンイレブンは，現地資本 CP グループも資本出資し，フランチャイジング展開により急成長している。**ファミリーマート**は，現地資本のセントラルなどが資本出資し，フランチャイジング展開している。セブンイレブンは，タイ以外でもシンガポール，マレーシア，フィリピン，ベトナムなどで事業展開を行っている。また，ファミリーマートは，タイ以外でもマレーシア，フィリピン，ベトナム，インドネシアなどで事業展開を行っている。その他コンビニでは，ローソン，ミニストップなどもアセアンに進出している。

専門店で，アセアンで多く展開しているのは，ファッションの**ユニクロ**，衣料雑貨の**良品計画**，均一価格ショップの**大創産業**，家電量販のベスト電器，ファーストフード・飲食店のすき家や吉野家，丸亀製麺，大戸屋，カレー CoCo 壱番屋，モスフード等多く進出している。デパートではかなり前から，**伊勢丹**，**大丸**，**東急**，等が，スーパーでは**イオン**，**セブン＆アイ・ホールディングス**等が，観光業では H.I.S，現地オペレーター等が，警備・防犯でセコム等が，進出した。ただし，伊勢丹と東急は 2020 年頃に撤退した。今後，このような第 3 次産業の日本企業の東南アジアへの進出が増加すると思われる。

3　M&A（合併と買収）

近年，世界的規模で，グローバルなレベルでの「**M&A (Merger & Acquisition：合併と買収)**」が増加している。「**合併**」とは 2 つ以上の会社が 1 つの会社になることで，「**買収**」とはある企業が他企業の株式を取得し経営権を掌握することである。日本企業が海外企業を買収，または，海外企業が日本企業を買収するといった大型の**国際的買収**が多くなっている。日本企業の国際経営戦略として，主に欧米企業を買収しその国に進出したり，技術や事業を獲得するための海外企業の買収というケースが多い。また，海外企業の一部事業を買収するという**事業買収**もある。なお，日本企業と海外企業との合併は，ほとんどない。

現在まで日本企業とアセアン企業とのM&Aは，まだ少ない。他方，日本と中国・台湾とのM&Aでは，**台湾のホンハイ（鴻海）のシャープの買収**，**中国の美的集団（Midea）の東芝白物事業**および**中国のハイセンス（海信集団）の東芝カラーテレビ事業の買収**，中国の蘇寧電器の家電量販店**ラオックス**の買収など，中国や台湾企業が日本企業を買収する事例が多い。今後アセアン企業の成長により，アセアン企業による日本企業の買収，また日本企業のアセアン事業の戦略的重要性の高まり等から日本企業によるアセアン企業の買収といったM&Aが増加する可能性がある。

4　現地化—人の現地化，部品・原材料の現地化，資本の現地化，経営の現地化

「**多国籍企業の意思決定**」という視点で考えると，**多国籍企業の本国親会社**は，**経営理念**，**ドメイン（事業領域）**，**戦略的事業計画**，**国際経営戦略**などの会社の重要な戦略的意思決定を行い，**海外子会社**は親会社の方針に従って現地事業での運営を行うというのが一般的である。企業の多国籍展開において，この「**親会社の統制と経営の現地化**」の問題は重要である。企業がグローバル化すると，本国親会社の現地子会社への**統制**が必要であるが，一方で事業の**現地委譲**，**分権化**としての経営の現地化も必要になってくるのである。

日本企業は，従来，海外進出の際，現地化が遅れていると言われてきた。この問題を考える場合，まず経営の現地化とは何なのかを明確にする必要がある。経営の現地化について，「**経営者の現地化**」，「**管理者の現地化**」，「**部品・原材料の現地化**」，「**資本の現地化**」という4つの側面から考えていく。

（1）人の現地化，経営者の現地化

日本人を派遣せず，経営者をすべて現地人にすれば，すべて解決するであろうか。問題はそれほど簡単ではない。例えば，**欧米企業**でも，現地に本国人を派遣している企業も多い。親企業がコントロールするのであれば，本国人材の

方が好ましいことは欧米企業でも同じである。**日本企業**の場合でも，現地企業の経営をすべて現地人に任せ，日本人の派遣をなくすという考えもあるが，この方法ですべて経営がうまくいくとは限らない。

日産の元会長ゴーン氏のケースでも，本国フランスからの経営陣の派遣により日産の経営に対してかなりの支配を行使していた。戦前の「**欧米の植民地統治の歴史**」をみると，「**フランス**」は植民地ベトナムなどに本国人をかなりの数を送り込み，かなり厳しい**直接的な植民地統治**を行った。これに対して，「**オランダ**」は，現地人支配層にかなりの統治を任せるという**間接統治**を行った。「**英国**」は，その中間で，英国人を植民地に派遣して統治したが，人数は最小限とし，かなりの植民地支配の実務を**現地人のエリート層に任せるという植民地統治**を行っていた。現在も，この植民地統治の歴史は，**現在の「多国籍企業の統治」にも影響**を与えているのではないかと考えられる。**フランス企業**はより**直接的統治**という傾向があり，**イギリス企業**と**アメリカ企業**は適材な人材がいれば，現地人に委譲するという**間接統治形態**がとられる傾向がある。**ドイツ企業**は，フランス企業に近く，本国人の派遣による統治の傾向が強いように思われる。これは，このような歴史的背景と共に，英国とアメリカは**英語**が言語で，本国での留学経験や勤務経験がある現地人人材が多いということもあろう。

日本企業のこれからの人の現地化を考えていく場合，単純に**経営者の現地化**が優れていると考えるべきではないように著者は思われる。経営者の現地化の問題は，**多国籍企業の統治**という問題でもあり，複雑な問題を抱えている。日本企業は，これから海外で活躍し経営できる日本人の育成とともに，優秀な現地人経営者の育成という２つの課題があり，バランスのとれた経営者の現地化が必要となろう。

（2）管理者の現地化

アセアン日系企業の管理者については，大規模な日系企業であってもかなりの部門で「**現地人管理者**」が担っている。**日本人派遣者**については，現地事業の中枢部門である製造，財務などに配置するか，またはスタッフとして現地人管理者を補佐するというケースが多い。

これからのアセアン日系企業は，日本人派遣者のコスト・人材の限界，経営の現地化への方向，等を考えると，現地事業運営については出来るだけ現地人に委譲し，日本人管理者はスタッフとして補佐・統制するという施策が必要であろう。いずれにしても，将来の日系企業の発展のため**管理職クラスの優秀な現地人材の育成**は重要である。

（3）部品・原材料の現地化

アセアン域内での経済統合・自由貿易体制も進展していることから，「**アセアン地域内での最適な部品・原材料の調達**」が必要であろう。そのために，部品生産，組み立ての**アセアン地域内での最適な分業**が必要である。**部品調達**の際，**日系メーカー**を重点としつつ，**現地部品メーカー**および**海外部品メーカー**からの輸入も必要であれば調達するという戦略が好ましい。安易にコストの安さだけで部品を調達すると製品の故障や不具合が生じ，結果として製品のブランド力が損なわれることがないように，部品を調達すべきである。**品質第一という日本企業の方針**はこれからも普遍的に最も重要な戦略であろう。

また，**AFTA**により，アセアン域内部品が一定以上の割合を要求される「**部品調達（原産地国）**」があるので，アセアン諸国日系企業は出来るだけ**アセアン域内での部品・原材料調達**が望ましい。さらに，重要部品については，「**現地日系企業内部で内製化・企業内生産化**」するという戦略もある。この戦略で注目されるのは，**マブチモーター**である。マブチは，モータ部品のほとんどを自社で内製生産しているので，現地で部品調達しなくても海外生産ができる。初期にベトナム，カンボジアなどのインフラが未整備の国にも進出できたのは，このような部品内製化などのためであったのである。このような部品内製化は，海外の**フロンティア諸国への進出戦略**として有効である。

日本からの部品・原材料については，現地で手に入りにくい**高付加価値の高度技術製品**，**自社開発の戦略的基幹部品**などを中心とすべきであろう。

（4）資本の現地化

資本の現地化については，現地子会社が現地の「**株式市場に上場**」しているケースも少なく，日本企業の完全子会社形態もかなりあることから，最も遅れている。将来的には，大規模な子会社については，**現地の証券市場での上場**も選択肢の１つとなろう。また，現地の株式市場に上場することで，その国の「**現地企業としての社会的認知が高まる**」という効果もある。ただし，アセアン諸国は，まだ株式市場が発展していない国もあるので，資本の現地化は今後の課題であろう。

5　人的資源管理，労務管理

近年変化してきているものの，いわゆる「**日本的経営**」としてしばしば指摘されてきたのは，「**年功を加味した賃金・昇進制度**」，「**長期雇用慣行**」，「**現場主義**」，「**身分の格差の少なさ**」，などの特徴である。その中で，日本的経営管理の海外移転に関する議論が長い間続けられてきた。いわゆる，海外現地経営における日本的経営は是か非かという議論である。アジアをはじめとして海外に日本企業は進出して，半世紀以上たつという企業も多く存在するようになった。そのような長い歴史を通して，いわゆる「**日本的経営管理の海外移転**」に関して，以下のような評価が出るのではないかと著者は考えている。

「**工場・製造現場**」においては，長い期間での日本企業の工場運営の経験の蓄積があり，ある程度評価・実績を上げてきたのではないか。アセアンの製造拠点に対する評価は，各種の問題点があることはもちろんだが，長い間の経験・改善努力により，ある程度の成果を上げてきたと言える。その実績は，アセアン諸国への工場に対する直接投資と現地生産の拡大が証明している。アセアンは，中国と共に，製造業のアジア拠点の１つとなっている。アセアン工場から日本や海外に製品が輸出されており，その品質については一定の評価を得られている。このような，工場での日本企業の経営管理は，課題を生じながらも，試行錯誤の改善などにより克服してきていると言える。

今後については，特に技術の高度化への対応，現地での設計・技術開発等の課題があり，技能の一層の向上，自動化の促進，優秀な技術者の採用や育成等が必要であろう。

一方，「**ホワイトカラーの日本的経営管理**」に関しては，かなりの問題点が指摘されている。**昇進の遅さ，幹部社員の賃金水準の低さ，経営者への昇進の困難性，大部屋主義，ゼネラリスト志向**，などへの課題である。今後，優秀な管理者や大卒者の採用・育成，優秀な技術者の採用や育成，などの課題のために，現在の人事管理制度で良いものは残し，問題のある点については改善する等の施策が必要であろう。特に，賃金水準，昇進などの地位，処遇に関しては，現地での民間資本企業，欧米企業，日系企業などと比較して，遜色のないような処遇が必要であろう。また，日本への留学生を採用し，活用するという施策もある。さらに，現地人ホワイトカラーのモラルアップ，教育訓練のために日本の本社や工場，または他国の地域統括本社や工場などに派遣し，長期に研修や仕事経験を積ませるなど施策もあるであろう。こらからも優秀な現地人材の育成は最も重要な経営課題であろう。

6　技術移転，研究開発

東南アジアでの「**設計開発拠点を設置**」(家電，白物，自動車等) し，「**現地開発製品**」(トヨタ自動車，三菱自動車，日清食品等) を生産している企業も存在する。日本企業のこれからのアジア戦略において，アセアンでの研究開発，技術開発，現地設計・開発は，重要な鍵となるであろう。**デジタル技術，オープンリソース，コモディティ化**という状況の下で，アセアン諸国での特徴や優位に立脚した技術開発体制が必要である。

漸進的な技術・研究開発のため，製品を現地のニーズに合わせての改良，現地での独自製品設計・開発，R&Dなど，段階的に研究開発レベルを高めていくことも必要であろう。

7　製造，工場

アセアン諸国の「**人件費が上昇**」してきている。シンガポールは日本並みの高所得国であり，マレーシアとタイは日本の半分から３分の１程度の賃金水準となっている。インドネシア，フィリピン，ベトナム，ミャンマーなどのアセアン諸国はまだ相対的に賃金水準は安いが，経済が急成長していることから，これから賃金は徐々に上昇するであろう。そのために，アセアン諸国において，これから，労働集約的な作業中心から，機械化，オートメ化，自動化，省人化などの「**生産の高度化への対応**」が必要になるであろう。また，さらなる高度化であるロボット化などによる生産性の向上も課題としてあるであろう。

アセアン経済共同体（AEC），**AFTA**の進展などにより，アセアン域内での最適立地・工程分業，技術の高度化，現地の適した製品の開発が，ますます重要となってきている。アセアン諸国は，これから労働コスト上昇などの要因もあり，アセアン各国の優位性に基づく「**アセアン域内の最適な技術開発・製品・工程・部品の分業**」が将来の重要な課題となるであろう。例えば，ソフトや情報技術開発を中心として，潜在的に技術者が多いと思われるベトナムなどに，開発拠点を設置するという施策などもあろう。

これから，アセアンでの技術開発・設計の現地化，アセアンと日本との技術開発，研究拠点の複数化・協力化，部品の最適立地，などが課題となるであろう。

8　技術・生産人材

アセアンでは，これからますます生産・技術人材が必要になることから，生産・技術人材の不足への懸念がある。そのために，**マニュアル・作業指示書**の整備などの「**作業の文書化**」のみならず，現地人の生産・技術人材の「**日本・第3国への研修・教育訓練**」，「**日本人技術者・熟練工の現地派遣**」などの施策が重要となるであろう。

技術・生産人材の育成のために，企業内に各種教育訓練の機関・研修施設・学校などを設立する施策もあろう。日本の大企業にかつて存在した教養教育や専門教育や担う夜間課程や全日制の「**企業内学校**」(技能研修，職業教育，高校や専門学校レベルの中等教育など）の設立も考慮すべき施策である。

9　マーケティング，販売

国際マーケティング戦略を考えると，グローバル化戦略とローカル化戦略に分類できる。「**グローバル化戦略**」は，世界的に統一化した製品・サービスを販売し，共通のマーケティング，ポジショニング，販売，広告・販売促進，サービスなどを重視するマーケティング戦略である。「**ローカル化戦略**」は，現地独自の製品，マーケティング，ポジショニング，販売，広告・販売促進，サービスなどを重視するマーケティング戦略である。この戦略では，現地で独自に現地市場のニーズに合った製品の開発，現地向けに修正・改良を重視する。

マーケティング戦略のグローバル化とローカル化は，どちらがより優れているということではない。製品・サービスの特性，進出国の環境，企業戦略，顧客層，などにより相違する。**日本の多国籍企業**は，現地市場のニーズに適合するローカルな製品マーケティング戦略を行いながら，一方で，世界普遍のグローバルな製品マーケティング戦略・ブランド戦略を構築することも重要であろう。要は，そのバランスであろう。このケースで参考になるのは「**ソニー**」のテレビ戦略である。ソニーの液晶テレビは，世界共通の製品を開発しながらも，現地国の微妙な色の好みにより液晶の色彩を調整した上で，現地で販売して成功している。また，音響機器などについても，アジア市場での大型機器で大音量の好みに合わせて，現地で設計し製造して販売している。また，サービス産業での「ユニクロ」のマーケティング戦略も注目される。「**ユニクロ**」は，海外でも世界共通の製品やサービスというグローバル化戦略を基本としており，価格や製品などでローカルのニーズにも適合させている。

10　戦略（的）提携

「**戦略（的）提携**（Strategic Alliance）」とは，他企業との契約や提携による関係である。具体的には，「**長期取引関係**」，「**特許**（Patent）」，「**ノウハウ**（Know-How）」，「**商標**（trademark）」，「**著作権**（copyrights）」などの権利を提供する「**ライセンシング**（Licensing）」，「**ノックダウン**（Knock Down）」，「**OEM**（Original Equipmeat Manufacturing）」，「**委託加工**」，「**プライベートブランド**（Private Brand）」などの「**契約生産**」，「**フランチャイジング**（Franchising）」，「**販売・マーケティグ契約**」，「**コンソーシアム**（Consortium）」，などがある。

日本企業は，海外の現地企業との戦略提携は重要である。日本企業は，これからの海外展開において，海外企業や日本企業との**グローバルな戦略提携**が必要であろう。「**競争と協調**」という戦略がまさにそれである。東南アジアの事業展開では，サービス産業のフランチャイズ，および委託加工が注目される。

「**フランチャイズ展開**」は，契約による形での進出であるので，資金が少なく，短期間に拠点を拡大できる。その反面，サービスの統制・統一の困難さ，拠点間のサービスのばらつき，そのために全体的なブランド力の低下の可能性などの問題がある。フランチャイズ展開による国際進出の場合，サービス，ブランド力の維持のため，フランチャイズ店に対してある程度厳しい統制が必要であろう。

「**委託加工（貿易）**」とは，契約により現地企業が加工して，発注企業が引き取る契約である。アセアンでは，人件費の安いベトナム，ミャンマー等で縫製品などにみられる。日本のユニクロが，指示したデザイン・仕様の衣服を現地で加工し，ユニクロが引き取る委託加工契約が代表的ケースである。

第５節　将来の日本企業の東南アジア進出の優位性と課題

アセアンは将来の日本企業にとって重要な国際経営の拠点・地域として存在するであろう。**アセアン諸国の優位性**として以下があるであろう。

１　東南アジア・アセアン諸国の優位性

（1）政治・経済の安定性

アセアン諸国は，全般的にみると，政治・経済の安定性は比較的高い地域であると言える。**シンガポール**と**マレーシア**は，アセアンの中で政治的安定性が最も高く，腐敗も少なく政治・経済のリスクがもっと低い国と言える。**タイ**は，時々クーデターなどの政治的混乱があるが，王政の基盤が強く，基本的にリスクの少ない国である。**インドネシア**は，多民族で多様な文化を持つ島嶼国であるが，一部の地域では政治的不安要因はあるものの全体的にみるとそれほどリスクの高い国ではない。**ベトナム**は，共産党政権により支配され，政治的安定度は高い。ただし，長期的にみると，一党支配体制への反発が出る可能性があるので，この点は注視する必要があろう。**フィリピン**は，近年，政治的安定は高まってきていると言えるが，まだ治安，腐敗等が問題であり，今後の一層の改善が期待される。**ミャンマー**は，軍事政権で政治・経済はまだ不安定である。

（2）地理的近さ

アセアン諸国は，日本からの距離が近い，近隣諸国である。人の交流，物流，船便，航空便が多いこともあり，極めて有利な立地にある。近年，日本とアセアンとの物流が飛躍的に向上し，地理的に近いことからコスト安さ，輸送時間の短さなどは，日本企業の生産拠点として優位にある。

さらに，アセアン諸国は，近年，港湾，空港などが整備され，「**国際物流環境**」が飛躍的に向上してきている。

（3）アセアンの市場規模

AFTA，アセアン経済共同体（AEC）などにより，「**地域統合**」が進展している。アセアン地域は，「**約7億人程度の巨大な人口**」を有し消費市場として大きく，急速な経済成長により市場規模が増大している。労働力も豊富で，労働人口も多く，全般的に人件費が安く，教育水準は比較的高い。高齢化，少子化などの問題があるが，ベトナム，インドネシアなど「**人口ボーナス**」の（若年労働人口が豊富に存在する）まだ存在する国もある。

アセアンは，現地市場のみではなく，**輸出拠点**としてのメリットも高い，まだ人件費が低く，優秀な労働力が豊富に存在し，労働コストなどの優位性がある。アセアンは，インドなどの南アジア地域に隣接しており，将来発展性が高い巨大な市場で約17億人の人口を有するとされる「**南アジアへの輸出拠点**」としても機能できる。また，アセアンは，世界各国や地域とFTAなどの経済協定を結んでおり，中国，欧米，日本などへの輸出拠点としても優れている。アセアンには，**世界市場への生産・輸出拠点**と視点も魅力がある。

（4）リスク分散としてのアセアン立地―アジアでの生産のリスク分散

「**中国生産一辺倒のリスク分散**」としての拠点として，アセアンがまた注目されてきている。中国は，政治，経済，社会，国際関係，為替，環境問題などの各種リスクが高まっている。この対応のための**中国とアセアンでの2拠点体制**の構築である。アセアンと中国とのFTAもあることから，生産のリスク分散として機能する。

アセアン諸国での **AFTA**（自由貿易地域），**AEC**（アセアン経済共同体）などの進展により，アセアン各国の政治・経済・経営・社会等のリスクに対応して，他のアセアン諸国に代替しやすくなることから，アセアン全体の国際企業経営のリスクが減少している。このようなこともあり，アセアンはグローバルな生産におけるリスク分散としての立地に優位性が高い。

（5）アセアンの情報・通信の発達によるアクセスの向上―最新の情報通信を活用，電子商取引（EC）

世界的なインターネットの普及により，日本との情報伝達が容易で便利となり，コストも安くなった。このような**インターネットの普及・発展**は，アセアンをはじめとする国際経営において革命的変革である。5G などをはじめとする情報技術は，さらなる発展を遂げており，日本とアセアンとはこれからも**情報・通信**が発展していくであろう。

日本企業のアセアン戦略において，このような情報・通信の発展を有効に活用した形で事業展開をはかるべきであろう。具体的には，最新の情報・通信を活用した部品・原材料調達，ロジステック（物流），流通，販売などの垂直的方向，生産での **IoT（モノのインターネット）**等の活用，**電子商取引**（EC），などがあるであろう。

アセアンは，近年**通信環境のインフラ**が発達してきている。ミャンマー，カンボジアなどの一部の国で発展が遅れている国もあるが，多くのアセアン諸国は通信インフラが整備されてきている。興味深いのは，発展途上国ではケーブル（電線）などの有線によるのではなく，スマホなど電波による通信の方が先に発達することである。有線より電波の方が，コストが安く，導入しやすいというのが背景にある。

（6）アセアンでの華僑・華人の影響力，中国文化の影響

アセアン諸国は，「**華僑・華人の経済的影響力**」の強い国もあり，シンガポール，マレーシア，タイ，フィリピンなどの国で，**華人系現地人資本と日系との合弁での形態**による進出が一部の日系企業にある。華僑・華人は，国内のみで

はなく，アセアン，中国，台湾等の華人ともつながる**華人ネットワーク**も強みとなっている。アセアンでは，シンガポールが華人国家で，華人の経済的影響力が比較的強いマレーシア，インドネシア，フィリピン，華人との同化が進んでいるタイ，などがある。ベトナム，ミャンマーは，華人が少数いるが，経済的にはそれほど強くない。

ベトナムは，アセアンで唯一，中国文化の影響の強い国である。**ベトナムは，漢字文化圏で，儒教文化**もある。アセアンは，日本企業の中国・台湾進出での現地経営の経験が活かせるということもある。今後，アセアン諸国の民族・多文化の中で，日系企業は，どのような現地経営を行うかも課題であろう。

（7）アセアンとの日本との歴史的結びつき・関係の深さ，親日的

戦前，欧州列国はタイを除くアセアン地域を植民地支配していた。**イギリス**はシンガポール，マレーシア，ミャンマー，フランスは仏印（ベトナム，カンボジア，ラオス），**オランダ**は蘭印（インドネシア），**アメリカ**はフィリピン，を植民地として統治していた。

タイは，歴史的にみるとアセアンで植民地支配を受けていない独立国家であった。その理由は，英国，フランス，オランダなどが，話し合い，タイを列国の緩衝国家，中立国家としたためである。また，タイは，大戦中に王制をとり，政治的安定性が高いということもあった。

日本は，アセアンの多くの国を戦間期に**大東亜共栄圏**として支配した。第2次大戦後，アセアン諸国は独立した。

このような歴史的背景がありながらも，アセアン諸国は日本に対いて，「**親日的な国**」が多い。日本企業のアジア戦略において，このようなアセアンの親日的姿勢は好ましいが，今後とも**日系企業**は，現地企業として**地域に貢献，地域と共に発展**していくという企業になるべきであろう。

（8）アセアンの投資環境の改善

アセアンは，全般的に投資環境の良くなってきており，「**インフラ（産業基盤）**」が整備されてきている。電気，下水道，通信，港湾，航空，道路，鉄道

などのインフラが，現地政府の政策，国際的支援，アセアン地域連携などにより，一部のアセアン諸国（カンボジア，ミャンマーなどはまだ相対的に遅れている）を除いて徐々に整備されてきている。

アセアン諸国は，全般的にみると「**教育水準**」が比較的高い。特に所得水準と比べて教育水準が高いのはベトナムとミャンマーである。

アセアンの中で，**フィリピンとカンボジアは治安に，ベトナムとラオスは共産党政権，ミャンマーは軍事政権**であること，等に投資環境として不安がある。

シンガポール，タイ，マレーシア，インドネシア，ベトナムは治安が比較的安定し，政治・経済も比較的安定し，全般的な投資環境も良好である。

アセアン域内の物流・道路なども整備されてきている。道路では，ミャンマー，タイ，カンボジア，ラオス，ベトナムを結ぶ「**アジアハイウェー**」が本格的に建設され，運用が始まりつつある。アセアン域内では，道路，鉄道，航空，海運などの整備が着々と進みつつあり，物流や交通のインフラが劇的に改善してきている。

2　将来の日本企業の東南アジア進出の課題

アセアンは，多様な宗教・文化・民族を持つ「**多文化・多民族国家**」が多い。**イスラム教**が強いマレーシア，インドネシア，**仏教**が強いシンガポール，タイ，ミャンマー，ベトナム，**キリスト教**のカトリックが強いフィリピン，などがある。文化的に日本との親近感が高く，全体的に親日的である。アセアンでは，多民族国家が多く，多様な宗教・文化を持つため，多文化社会での経営管理が重要である。アセアン各国の将来の日本企業は，地域社会と共存しながら発展していくことが重要である。共存共栄による発展である。

本書では，長い日本の東南アジアとの交流の歴史を概観してきたが，長いこのような交流史を通じて言えることは，「**日本とアジアの共存共栄**」の重要性である。お互いが高められるような関係がこれからも重要であろう。以下，具体的な側面から，**日本企業のアジア戦略の将来の課題**に関して述べてみよう。

（1）工場・生産立地の再構築—アセアン，中国，日本の生産バランス

中国一辺倒へのリスク分散ため，アジアで**中国とアセアンの２拠点の設置**が多くなってきている。これからも日本企業のアジアでの生産拠点は，今後とも重要であることはもちろんだが，日本での生産とのバランスを保つことも大事である。「**日本の生産拠点・工場**」は，「**設計・技術開発拠点**」，「**最先端製品生産拠点**」，「**重要部品生産拠点**」，「**マザー工場**」，「**試作工場**」，「**海外従業員の研修工場**」，などとして残して活用していくのである。また，戦略的に，**MADE IN JAPAN** を前面に出すという事もありうる。高いブランド価値を構築するために，高品質，特徴あるサービスなどが必要であるため，あえて一部の製品については日本生産にこだわるのである。さらに，「**日本の産業の空洞化**」を阻止するという意味でも，日本での生産の維持は重要である。

（2）サービス産業のアセアン進出

アセアン諸国の外資規制緩和により，**サービス産業の海外進出が期待**される。小売，専門店，飲食，外食，観光，宅配・物流，情報，IT などの各種サービス分野である。特にサービス業は，小規模な資金で進出でき，フランチャイズ展開での拡張も可能なので，ビジネスチャンスも大きい。サービス分野では，中小企業の進出も容易である。ベンチャー精神のあるサービス分野の中小企業は，アセアンなどに進出する可能性を探るべきであろう。

（3）現地化と統一化（統合化）のバランス

これからの日本企業の国際経営戦略において，海外子会社の統一化と現地化のバランスが重要である。製品戦略やマーケティング戦略において，**統合化戦略としての製品・サービスの全世界の統一化**，**現地化戦略としての現地のニーズに適合した製品開発**，等の２つの側面がともに必要である。現地化では，その国の企業として人・経営の現地化も必要であろう。

日本企業がこれから多国籍企業として発展していくためには，自社の企業理念，ドメイン，企業文化の構築が重要である。それにより，企業行動のグローバルな統一化ができる。

（4）日本の長い東南アジア進出の歴史の伝統と革新

本書で解明したように，**日本企業は，明治以降から東南アジアに進出**したという長い歴史がある。戦前にも多くに日本企業は進出していた。戦後も早い時期から，東南アジアに日本企業は進出した。このような日本企業の長い歴史の基づいた伝統を維持しながら，状況の変化に合わせて柔軟かつ大胆に革新していくことも重要である。

（5）日本企業の現地企業としての役割の大切さ

現地の日系企業は，法的には現地企業であり，現地企業としての「**地域貢献**」が重要である。当たり前のことで重要なことであるが，日系企業といえども，東南アジア進出国の企業なのである。現地の人を雇用し，現地の経済に貢献し，地域社会と共存し，現地消費者に喜ばれる。現地企業としての在り方が最も重要なのである。

そのための具体的施策として，地域への各種寄付・スポンサー，**文化的支援（メセナ）**，地域行事への参加，地域自治体や住民との各種交流，奨学金制度の創設，などがあろう。

（6）労働の人間化の促進

将来的にみると，アセアン現場労働者の仕事を，人間らしいものに，**「働きがい」のある職場**を目指すべきである。単純労働のみではなく人間らしい労働環境に，単純な労働の繰り返しから人間性を取り戻す労働に変換すべきである。単純作業は機械に，人間はその他の仕事へという方向である。今後，**アセアン日本企業の社会的責任**として，このような労働者の人間性重視，**ディーセントワーク**という姿勢が求められるのである。

アセアン諸国は，このような人権尊重としての**労働の人間化**が求められており，日系企業はこのような社会的責任を果たすような経営を行うべきであろう。

（7）高度技術化への対応

日本企業は，アセアン諸国の生産拠点について，将来的には単なる製造拠点のみでなく，設計，開発ができるレベルまで高度化する施策が必要であろう。著者は，これまで，ベトナムなどの日系企業の調査を多く行ったが，ベトナムは高い能力を有する優秀な技術者一部存在する。また，技能工でも優秀な労働者も多い。このような潜在的に能力のある技術者・技能工を戦略的に育成・成長させるために，より一層の**アセアン現地での「設計・開発の進展」**が必要であると思う。将来的には，研究開発の主要拠点として成長させるのである。日本での技術人材にはこれから限界がある。日本企業は，多国籍企業としてさらに成長するために，日本のみならずアセアンにおいても**技術人材の育成**と，さらに進んで**研究開発拠点**として育てるのである。このような視点で長期的にみると有望であると思われるのが，**ベトナム**である。ベトナムは，大学卒の技術系の人材が豊富で，技術者の能力はアセアン諸国の中で潜在的にみると比較的高い。社内外での教育により，高度なエンジニアを育て，**アセアンをソフトや製品の開発拠点として成長**させるのである。

(8) 日本での外国人留学生の活用

近年，日本への「**外国人留学生**」が急増している。著者の勤務する大学でも，中国，アセアン，欧米などの外国人留学生が多く学んでいる。大学院レベルで在学する留学生も多い。日本語，母国語，英語などができ，優秀な留学生も多い。そのかなりの留学生が，日本企業への就職を希望している。

日本企業の外国人留学生の採用については，多くの問題があるが，日本企業のさらなるグローバル展開にむけて，有効に活用することが必要であろう。外国人留学生は，長期間日本で教育を受けてきているため，日本語，日本文化・社会など日本に関する知識・能力を持つため，日本と外国との懸け橋として有効に機能することが可能である。これからのアセアン展開においても，外国人留学生を何らかの形で採用し，活用することも重要な課題となるであろう。

(9) 中小企業のアセアン進出の可能性

アセアン諸国進出において，大きなチャンスのあるのは中小企業である。ベトナムなどでは，「**中小企業の海外進出**」に適した，「**レンタル工場**」などの施設がある。レンタル工場は，工場スペースを分割して小規模（300平方メートル，500平方メートル程度）としたり，入居予定企業のオーダーベースで工場建屋を建設したり，食堂や会議筆等を共用スペースにするなど，進出企業の投資負担を減らしたり，家賃という形で進出できるようにした施設である。日本の中小企業は，ベトナムなどのアセアン諸国へ，このようなレンタル工場を活用した形での進出も検討すべきであろう。

小売，専門店，飲食などの**サービス分野の中小企業のアセアンへの進出**は，アセアンでの規制が緩和されてきている事，投資額が少なく小規模な形から進出できる事，日本でのノウハウは活用できる事，等により，比較的やりやすい。中小企業であっても，アセアン進出が可能である。最初は小規模な形で進取し，経験を積むにつれて現地で事業を拡大することもできる。現地側パートナーと何らかの協力で，現地経営を行うという道もある。その際，フランチャイズによる店舗拡大などの施策もあるであろう。

(10) 天然資源・鉱業化の開発のさらなる可能性

アセアン諸国，**インドネシア**，（天然ガス，原油，各種鉱物等），**マレーシア**（鉄鉱石，銅などの各種鉱物），**ベトナム**（原油など）などは，各種の天然資源を有している。特にインドネシアは，多様な豊富な資源が内在されている。日本企業のアセアン展開において，「**天然資源開発の促進**」は重要な課題であろう。

資源開発は，本質的に**ナショナリズム**の傾向があり，現地政府は自国の資源に対して外資の支配を望まない。日本企業がアセアンで資源開発を行う場合，このようなセンシィティブな点を十分配慮した形で事業運営を行うべきであろう。これに対応した戦略として，現地政府や現地資本との共同事業や合弁などの形態での資源開発などがある。

(11) 日本人海外派遣者の人材育成

これからの日本企業のアジア展開においての重要な課題の１つに，「**日本人海外派遣者の人材育成**」がある。現在の日本の若者は，意外に日本志向が強く，海外勤務を好まない人も多い。日本企業は，今後ますます国際展開が必要であり，多くの海外人材が必要になっている。

日本人の海外人材育成のため，教育訓練や計画的育成計画を始め，長期の海外出張，海外勤務者の社内公募，外国語教育制度，現地大学等への留学・語学研修制度，などが必要であろう。特に，**海外派遣者の社内公募**については，潜在的に海外勤務に関心を持ち，意欲・能力を持つ人材を発掘する機会となることから，日本企業は今度検討すべき課題であろう。

おわりに―アセアン諸国の将来，世界・日本の大変革と国際経営

アセアン諸国の将来について，展望してみよう。

「**シンガポール**」は，人口（約560万人）の少ない小国であるが，歴史的に東南アジア地域の貿易の拠点として栄えていた。現在もアセアンの事業活動の中心としての地域統括本社などを設置し，アセアンの中心として発展している。また，アセアンの金融・情報・サービス・輸送（海運，航空）の中心拠点として今後も重要な国であろう。

「**タイ**」は，人口が約7,000万人と比較的国内市場が大きく，アセアンの製造業の１つの拠点として発展している。特に，自動車，電機・機械などの業種。小売，飲食などのサービス産業の進出も多い。自動車（トヨタ，日産，ホンダ，三菱自動車，いすゞ，日野），２輪車（ヤマハ，スズキ，ホンダ，カワサキ）などの製造業が進出している。国内市場，アセアン市場，その他の海外への輸出を行っており，東南アジアの中心的な生産・輸出拠点となっている。自動車部品等の産業集積が進んでいる。またアセアン域内での部品の水平分業も進んでいる。タイは，日系企業のアセアンの中心的な生産拠点としてこれからも重要であろう。

「**マレーシア**」は，人口が約3,200万人で，経済的水準ではシンガポールに次いで高い。１人当たりのGDPは，１万ドルに近づいてきている。マレーシアは，所得水準が上昇し，先進国の仲間入りを果たそうとしているが，近年中心国の罠に陥っていることも事実である。日系企業も，人件費の上昇，技術人材の不足，ブミプトラ政策（マレー人優遇政策），等により生産拠点としての優位性が薄れてきている。マレーシアは，シンガポールに近接し，もともと同じ国であっという歴史的背景もあり，シンガポールとマレーシアを一体とした国際経営戦略の方

向性もあろう。例えば，シンガポールはアジア統括本部として本社機能を果たし，マレーシアは比較的高度技術な製品の生産拠点として活用するのである。

「**インドネシア**」は，人口が約2億6,000万人とアセアンで最も多い。そのため，国内市場が大きく，労働人口が大きく，人口ボーナスとしての若い労働者も多い。日本との関係が歴史的に強く，戦前にも多くの日本企業が投資し，現地で事業を行い，ゴム栽培，農業，漁業，商業，サービスなどの業種で活躍していた。インドネシアは天然資源も多く，潜在的に発展可能性が高い国である。ただし，多くの島から構成され，多様な文化や民族を持つ国家であるため，統一（一体化）した企業経営には課題が多い。インドネシアは，大国であるゆえ，多くの多くの問題を抱えているが，まだ若いが将来の大国として発展する潜在的可能性のある国であるので，日本企業はインドネシアへの戦略の一層の深化が必要であろう。

「**フィリピン**」は，人口が約1億人と多く，インドネシアに次ぐ人口を持つ。フィリピンの最大の問題は，他のアセアン諸国と比較して治安が悪く，政府や行政の制度の信頼が低いことである。司法，警察などの不信も指摘されている。フィリピンは，制度においてリスクの高い国であることは問題であり，その克服が課題であろう。しかし，フィリピンは，全般的にはリスクも改善されてきつつあることから，日本企業はアセアン進出の1つとして検討すべき国であろう。近年，英語が通じ，教育水準も高い事からフィリピンを再評価する動きもある。特に，フィリピンは外資企業を中心としたエレクトロニクス分野の産業集積は進んでいる。

「**ベトナム**」は，人口が約9,300万人と多い。アセアンの中で今後最も発展の可能性の高い国であろう。ベトナムは，低廉で優秀な労働力が豊富に存在し，教育水準が高い事が魅力である。自動車（トヨタ），2輪車（ホンダ）などの自動車，キヤノン，ブラザー，オリンパスなどの電子機械，花王など多くの製造業が進出している。国内市場が中心であるが，今後アセアン市場やその他の海外市場への輸出が期待される。共産党支配の国家であるが，政治的安定性は比較的高く，治安も良い。ベトナムは，政治的体制に課題があるものの，日本企業の進出先として最も有望な国の1つであろう。

「**ミャンマー**」は，人口が約5,200万人で，ベトナムと共に，最も発展の可能性の高い国であろう。ベトナムと同様に低廉で優秀な労働力を持ち，教育水準が高いという特徴は，日本企業の進出において高いメリットである。近年，軍事政権から選挙を経た民主化が進展し，欧米諸国や国際機関からの経済制裁が解除され，政治的安定性が高まったことから，世界的に直接投資国として注目されてきていた。しかし，2021年，**ミャンマー軍部によるクーデター**が起き，社会的に混乱している。ただし，ミャンマーは，中長期的にみると日本企業の進出先としてもっと期待される国の１つであろう。

「**ラオス**」は，人口が少ない（720万人）ということもあり，タイとの補完関係で発展していくであろう。また，タイとベトナムの中間に位置することから，その優位性も活用できよう。

「**カンボジア**」は，人口が約1,500万人で，戦争の爪痕派がまだ残っており，アセアンの最貧国ということもあり，ベトナムなどとの補完で発展の可能性があろう。

最後に，**世界や日本で以下のような各種の大変革が起きており，日本企業は新たな国際経営**が求められており，これについて考察してみよう。

（1）情報・通信技術の発展

インターネットや情報技術（IT）の発展により，国際経営のありかたが大きく変わってきている。インターネットにより，海外と日本との通信は，ほぼ国内と差がなくなってきている。日本と海外との社内での各種の連絡，会議，発注，情報共有，等が瞬時に行えるようになった。また，日本で受注した製品を，インターネットで詳細な仕様を現地に送り，現地で短時間に生産することが出来るようになった。アセアン諸国は，地理的に近いため，日本への輸送の時間が短くコストも安い。インターネットの発達は，海外生産の有利性を飛躍的に向上させた。

アセアンは，製品や部品の製造拠点のみならず，情報関係の**ソフトの開発拠点**も担えるようになってきている。ソフトサービスの拠点であり，ベトナムなどが期待されている。アセアンは，ハードとソフトの生産・開発拠点としての位置づけである。

将来，**IoT（モノのインターネット）**，**通信5G**，**人工知能**，**ロボット**などの情報技術がさらに発展するであろう。そのような中で，**ハードとソフトの市場，**

生産・開発拠点としてのアセアンはますます重要となってくるであろう。

（2）e-commerce（EC：電子商取引）の発展

中国の**アリババ（Alibaba）**をはじめとするアジアの「**EC（e-commerce：電子商取引）企業**」の急速な成長などは，日本企業の国際経営戦略において，立地戦略の変化をもたらす可能性がある。具体的には，海外での現地生産や生産拠点の設置から，日本生産への移行である。すなわち，海外の顧客は，「**MADE IN JAPAN**」の日本製品を発注し，決済し，日本から輸出（現地で在庫を持つということもある），現地での配達により顧客に届けるという流れ，サービスとなる。従来の現地生産で現地市場で購入するのではなく，日本からの輸出という形になる。このような，電子商取引の増加による日本製品の輸出は，**日本国内での生産の増加要因**となる。

このような電子商取引の発展は，日本の貿易・直接投資などの日本企業の国際経営に大きな革命的インパクトをもたらす可能性がある。これから電子商取引の発展を見据え，好機に捉えて，国際経営戦略を構築すべきであろう。また，**中小企業も電子商取引により海外販売が伸びるチャンス**であるので，積極的に活用すべきであろう。

（3）MADE IN JAPAN 戦略の再評価，さらなる日本ブランド構築へ

日本企業の国際経営戦略の今後を展望するに当たって，当然ながら重要なことは，**ブランド構築**である。ブランド構築は，製品，サービスの重要な要因であり，これからもますます重要であるであろう。そのために，日本国内生産を再評価し，国内回帰，**MADE IN JAPAN** のブランド・品質にこだわるという戦略である。

訪日外国人の急増による日本製造品の人気，海外通販の発達による日本産の製品輸出の増大，MADE IN JAPAN のブランドの信頼性などにより，日本生産の優位性が高まってきている。日本生産は，コストの高さ，為替レートのリスクなどの不安要因が内在するが，むしろ **MADE IN JAPAN ブランドによる高品質の強調**により，戦略として打ち出すという策もある。例えば，キヤノンは，

インクカートリッジは，ほぼ日本製で，カメラについても中級品以上の機種については日本生産に切り替えるなどの戦略をとり成功している。日本生産では，人手を使わず，組み立てや製造を機械化することで対応している。理論的に考えても，**「資本集約的」な製品については，「労働集約的」な製品と比べると，労働コストの高さは大きな影響を与えない**。国内製造にするために，オートメーション化，機械化，ロボット，無人化，することで対応する必要があるであろう。

また，日本の工場は，**海外生産のマザー工場**，**生産技術移転拠点**，**海外従業員の研修拠点**として機能し得ることから，**日本での製造拠点を維持**することが望ましい。日本企業の今後の国際経営戦略において，アセアン，中国などの海外生産と日本生産のバランスをどうするかが重要となろう。

（4）国際観光の発展，訪日観光客の増加による国際経営の促進・発展

訪日外国人の増加や国際観光の発展は，日本での企業経営に大きなインパクトを与えている。国際的な人の交流の増加は，日本企業の経営のありかたも変化をもたらしている。訪日観光客の増加による日本企業の経営に与えるインパクトとして以下があるであろう。

第1は，訪日観光客が購入する**お土産の売上**が増加することによる企業の売り上げ増である。外国人訪日観光客が日本で買うのは，記念品・贈答品などとしてのお土産のみならず，医薬品，化粧品，家電，ファション，雑貨，などを購入する外国人も増加している。訪日外国人は，都市部のみでなく地方への観光も増加していることから，地方経済の活性化としての効果も大きい。

第2は，訪日外国人による**サービス・観光産業の発展**である。鉄道，バス，航空，宿泊，旅行などの事業者への寄与である。特に，ホテル，旅館などの宿泊産業において，外国人観光客の比重は高まっている。観光産業は，地域経済への効果も大きい。

第3は，訪日外国人は，**将来の日本製品の購入につながる可能性**があることである。日本滞在時の製品やサービスに満足し，日本製品に対する関心や好感が増せば，本国帰国後も，現地での店舗や電子商取引等により日本製品の購入が増える可能性があることである。また，訪日外国人の帰国後の口コミ効果も

大きい。いずれにしても，日本で購入した製品やサービスに高い満足を感じれば，日本企業の製品・サービスへの需要は増大するであろう。

第4は，**日本食の関心**が高まりかもしれないことである。訪日外国人が，すし，ラーメン，そば，うどん，おにぎり，定食，菓子，カレー，などの日本食をおいしいと思えば，帰国後も現地で日本食への関心が高まるであろう。日本食の専門店，飲食店，ファーストフード，ファミリーレストランなどの日本企業の海外進出が現地で受け入れられることになる。アセアンで成功している日本食の企業として，吉野家，すき屋，大戸屋，丸亀製麺，などがある。さらに，今後，海外での**日本食のテーマパーク**としての日本食屋台村，日本ビレッジ，日本祭り村，なども考えられるであろう。

第5は，**日本文化の関心**が高まる可能性があることである。日本のゲーム，アニメ，ソフト，キャラクター，音楽，文化などの需要が拡大するかもしれない。このようなコンテンツを持つ日本企業は，海外での事業展開が容易になる。

著者は，将来の日本経済の成長戦略において，**外国人観光客の誘致による観光産業の発展**は，極めて重要であると考えている。日本の GDP に占める観光関連産業の割合は，国際的に見るとまだ低いことから，観光産業はこれからの日本の成長産業であろう。日本企業においては，観光立国を促進し，活用するような経営戦略を重点的に行うべきであろう。

2020 年に起こった「**コロナ禍**」により，観光産業などは，大きな影響を受けた。しかし，中・長期的視点でみると，観光は成長のポテンシャルの高い産業であろう。国や地方は**観光振興政策**を推進するとともに，**観光産業の国際的競争力の強化**が課題となろう。

（5）外国人労働者，移民の増加

将来の日本の姿を考えると，最大の課題の1つが外国人移民，外国人労働者の問題であろう。図表6－10は，「**日本の年齢別人口の推移と予測**」をみたものである。**日本の生産年齢人口（15−64 歳）**は，1995 年の 8,660 万人をピークに減少し，2100 年には 4,256 万人になる見込みである。日本は今後急速に人口減が進み労働人口が減少する可能性がある。このような背景の中で，議論さ

図表6－10　日本の年齢層別人口の推移と予測

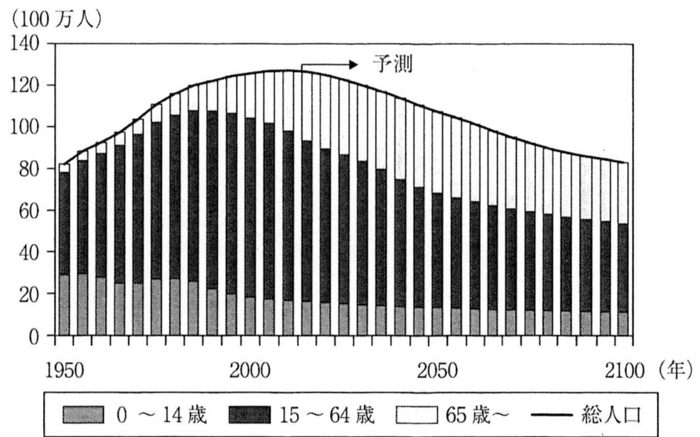

出所：日本貿易振興機構（ジェトロ）(2017)『ジェトロ世界貿易投資報告 2017年版』，105頁。

れているのは，外国人労働者と移民の問題である。日本は人口減が予想される中で経済を発展させていくことを考えると外国人の受け入れの問題は避けて通ることが出来ない課題である。

今後の日本の「**外国人労働者**」の受け入れについては，在日期間を限定した上で，**外国人高度人材**は受け入れるが**外国人単純労働者**は慎重に対応する，という方針で行くべきであろうと，著者は考えている。**外国人労働者や移民の大量流入**は，将来の社会的コストの増加，多民族・多文化による社会的摩擦の発生，治安等の問題が発生する可能性があるからである。

外国人の「**移民**」の受け入れについて参考になるのは**オーストラリアの移民制度**である。オーストラリアは，外国人移民の受け入れは，「**ポイントシステム**」に基づいて厳格に行っている。ポイントシステムとは，移民受け入れ基準を職種やカテゴリー別に規定し，必要な英語能力，技能，資格，経歴，年齢などに基づいて数値（ポイント）で評価し，合計で一定基準以上のポイントを得た者に**永住権**を与える制度である。最初の永住権は，付与された後も一定期間，滞在年数やその他の要因で取り消されることがある。永住権を得ると，オーストラリアで就職，住宅所有，教育，保健，年金などで，オーストラリア国民としての権利が与えられる。永住権を得た後に，本人が希望し，基準を満たせばオーストラリア**国籍**を取得することが出来る。このようなオーストラリアの移民制度は，ポイントシステムという**移民選抜制度**を基準としている。オーストラリアは，歴史的に移民国家として成立したということもあるが，このポイントシステムは，将来の日本の移民の受け入れ制度として参考となるであろう。

著者は，日本の将来の外国人の移民受け入れについては，厳格な移民受け入れ基準に従って，慎重な姿勢であるべきであると考えている。

(6) 製品のモジュール化・コモディティ化への対応

パソコン，スマホ，カラーテレビなどの製品で，「**製品のモジュール化**」が進展し，参入障壁が減少し，製品の価格競争が激化してきている。今後，電気自動車などが発展すると，自動車などもモジュール化が進展する可能性がある。**製品のモジュール化が進むと，部品・コンポーネントの競争が激化し，製品は単なる組み立てとなり，製品の優位性の差異化が難しくなり，製品の価格競争が激化する。**

日本企業が，このような製品のモジュール化に対応するためには，アセアン地域間，または**グローバルなレベルでの最適な部品・製品の立地戦略**が重要になる。さらに，日本企業やグローバルなレベルでの他企業との**戦略的提携**も重要となる。技術開発，特許，ライセンス供与，部品調達，長期取引，合弁会社の設立，マーケティング，など各種の戦略的提携も鍵となるであろう。

(7) 環境問題への対応，環境問題をビジネスに

日本企業は，**SDGs（持続可能な開発目標）**などもあり，今後ますます世界的に深刻な**環境問題**への対応・取り組みが必要であろう。アセアンにおいても，環境問題が深刻になり，その改善が日本企業のビジネスチャンスでもある。

大気汚染や地球温暖化への対応のための製品や設備，省資源や省エネ，リサイクル，海洋汚染を減らすためのプラスチックから紙製品の転換，など多くの環境ビジネスがある。日本企業の**環境技術の強みを生かしたビジネス**が，アセアンの国際経営戦略において今後ますます重要となるであろう。

（8）BOPビジネスの可能性

「**BOP（Base of the Economic Pyramid）ビジネス**」とは，最下層・貧困層市場でのビジネスをいう。東南アジアや南アジアの諸国では，依然として巨大な人口の最下層が存在する。**東南アジアのアセアン人口**は約7億人，**南アジア人口（インド，バングラデッシュ，パキスタン，スリランカ等）**は約17億人の巨大な人口を有している。それらのアジア諸国の所得分布をみると，その多くが最下層の低所得者層である。日本企業にとってBOPビジネスは無視できない市場であるが，貧困層を主な市場とするBOPビジネスは，市場の人口は巨大であるが，製品やサービスの単価は安く，利益率は低い，という特徴がある。

日本企業がBOPビジネスに参入するのは困難な面も多いが，工夫が必要であろう。例えば，現地生産で生産コストを安く抑えること，販売・流通・マーケティグ方法を再考すること，割賦やレンタルなどの販売金融を整えること，定価を安くするため品質を維持した上で余分なものは省くこと，製品を小分けにして価格を下げること，等の**BOPビジネスに適合した戦略**が必要であろう。いずれにしても，アジアのBOP市場は巨大で，成長率も高いので，今後日本企業は，BOPビジネスに対する戦略の検討が必要であろう。

（9）日本とアセアンとの共存・共栄

将来の日本企業の東南アジアでの国際経営で目指すべきは，日本とアセアンとの共存，共栄で，お互いに高められるような「**WIN-WINの関係**」を構築することである。日本企業の東南アジアでの役割はこれからも大きく，日系企業は現地企業として社会的責任を果たし，貢献することが何よりも大事である。アセアン諸国も，日本企業に対してこのような役割を期待している。

日本企業の将来の東南アジア戦略を展望すると，アセアンは単なる生産拠点だけではなく，研究開発，製品開発，設計，ソフト開発といった高いレベルでの企業活動がこれから徐々に求められていくであろう。また**日本企業の東南アジアでの社会的責任**として，現地従業員の**労働の人間化，ディーセントワーク，雇用の促進，法律の順守，地域貢献，環境問題**への対応などがさらに必要であろう。

日本と東南アジアは，本書で述べてきたように，長い歴史を持つ関係にあり，

将来も重要なパートナーであろう。日本企業の強みである高品質で信頼のある製品，省エネ，省資源，環境対応，擦り合わせ技術，ハードとソフトの融合，おもてなし，きめ細かなサービスなど，日本的モノづくり，サービスを今後とも進めて，新たなイノベーションに対して果敢に挑戦していくべきである。

東南アジア諸国は，多様な文化，社会，政治を持ちながらも，これからもアセアンとしての地域共同体としてまとまりを持ちながら発展していくであろう。日本企業は，**アセアンと共に共存・共栄**しながら，さらなる発展を目指していくべきである。

【注】

1）鈴木早苗編著（2016）『ASEAN 共同体―政治安全保障・経済・社会文化』，80 頁，及び 73-74 頁。
2）日本貿易振興機構（ジェトロ）（2018）『ジェトロ世界貿易投資報告　2018 年版』，176 頁。
3）鈴木早苗編著（2016）『ASEAN 共同体―政治安全保障・経済・社会文化』，11 頁。

参考文献

グエン・スアン・オアイン（丹野勲編訳）（1995）『概説ベトナム経済―アジアの新しい投資フロンティア』有斐閣。
日本貿易振興機構（ジェトロ）（2018）『ジェトロ世界貿易投資報告　2018 年版』日本貿易振興機構。
中山健・丹野勲・宮下清（2007）『知識経営時代のマネジメント―経営学のフロンティア』創成社。
中山健・丹野勲・宮下清（2018）『新時代の経営マネジメント』創成社。
鈴木早苗編著（2016）『ASEAN 共同体―政治安全保障・経済・社会文化』アジア経済研究所。
丹野勲（1994）『国際比較経営論―アジア太平洋の経営風土と環境』同文舘。
丹野勲（1999）『異文化経営とオーストラリア』中央経済社。
丹野勲（2005）『アジア太平洋の国際経営―国際比較経営からのアプローチ―』同文舘。
丹野勲・原田仁文（2005）『ベトナム現地化の国際経営比較―日系・欧米系・現地企業の人的資源管理，戦略を中心として』文眞堂。
丹野勲・榊原貞雄（2007）『グローバル化の経営学』実教出版。
丹野勲（2010）『アジアフロンティア地域の制度と国際経営― CLMVT（カンボジア，ラオス，ミャンマー，ベトナム，タイ）と中国の制度と経営環境―』文眞堂。
丹野勲（2014）「ベトナムのコーポレート・ガバナンス」（佐久間信夫・出見世信之編著『アジアのコーポレート・ガバナンス改革』白桃書房，第 7 章）。
丹野勲（2017）『日本企業の東南アジア進出のルーツと戦略―戦前期南洋での国際経営と日本人移民の歴史―』同文舘。
丹野勲（2018）『戦前の南洋日本人移民の歴史―豪州，南洋群島，ニューギニア―』お茶の水書房。
丹野勲（2021）『国際・歴史比較経営と企業論―モダン・情報化・グローバル化・SDGs と経営行動―』泉文堂。

第3編

日本の国際経営の将来・未来

第7章

日本企業の国際経営の課題と将来

はじめに

本章では，**現代日本の国際経営を概説**し，**将来・未来の日本企業のグローバル経営の課題**について述べる。日本の経済の国際化の進展により，日本の**多国籍企業**（Multinational Enterprise）も飛躍的に増加している。また，欧米をはじめ，アジア・中国においても多国籍企業が多く存在する。さらに，日本では，中小・中堅企業においても，国際化・多国籍化が進展している。

本章の第1節では，**国際経営戦略**に関して，①基本経営戦略，②価格政策，ブランド戦略，広告・販売促進政策，流通戦略を中心とした市場浸透戦略，③地域的拡大を中心とした市場開発戦略，④新製品の開発という製品開発戦略，⑤多角化戦略，⑥垂直的統合戦略，などについて理論的視点から概説する。

第2節では，**日本の貿易の課題と将来**に関して，①貿易の理論と現状，②貿易における外国為替問題と関税，③貿易と商社，④企業の輸出と輸入の戦略，などについて概説し，将来の日本の貿易の課題について考察する。

第3節では，**日本の海外投資の課題と将来**に関して，①海外直接投資と間接投資，②海外直接投資の性格・目的，などについて概説し，将来の日本の対外直接投資の課題について考察する。

第4節では，**日本の海外投資の所有戦略の課題と将来**に関して，完全所有子会社と合弁会社について概説し，将来の日本企業の所有政策の課題について考察する。

第5節では，**日本企業のグローバルな M&A と国際戦略提携の課題と将来**に関して，① M&A（合併と買収），②各種の国際戦略提携について概説し，日本企業のグローバルな M&A と国際戦略提携の課題と将来について考察する。

「おわりに」では，将来の課題である**日本の内なる国際化としての移民と国

際経営について考察する。

第1節　日本の国際経営戦略の課題と将来

1　グローバルな基本経営戦略

国際経営の基礎理論として**経営戦略論**がある。経営戦略論は，企業の将来の成長のために，どのような経営行動，戦略をおこなうべきかを研究する。**基本経営戦略**として，**市場**と**製品**の相違から分類した市場浸透戦略，製品開発戦略，市場開発戦略，多角化戦略が代表的なものである。**国際経営戦略**においても，この戦略が基本となる。

（1）グローバルな市場浸透戦略

市場浸透戦略とは，現製品で，市場占有率の拡大をめざす成長戦略である。その具体的戦略として，価格政策，ブランド戦略，広告・販売促進政策，流通戦略，生産戦略などがあり，国際経営戦略でも同様である。

価格設定の基本戦略として，原価志向価格設定[1)]，需要価格設定[2)]（知覚価値法，差別価格法，慣習価格法，威光価格法，端数価格法など），競争志向価格設定[3)]（実勢価格法，競争価格法など）があり，**新製品の価格戦略**[4)]として，上層吸収価格戦略，市場浸透価格戦略，複数製品の価格戦略として製品ミックス価格戦略[5)]（製品ライン価格戦略，オプション製品価格戦略，キャプティブ価格戦略など）などがある。

需要の価格弾力性が大きい製品（価格を引き下げると需要が急激に拡大する製品）では，**市場浸透価格戦略**による価格の引き下げが有効である。ただし，これは利益率を低下させ，過当競争に陥る危険性もあるので，慎重な配慮が必要である。**中進国や発展途上国の戦略**では，所得水準が低い層が多いので，現製品の無駄な点を省いたり，生産コスト等を削減するなどして，価格を引き下げるという戦略もある。付加価値やブランド価値の高い製品・サービスの場合，**上層吸収価格戦略**も有効である。海外市場での高所得層をターゲットとして，高品質・高価格戦略で利益率の高いマーケット戦略を採るのである。**発展途上国**でも，一定数の**高所得層**が存在するので，その市場を狙う戦略である。

ブランド戦略としては，個々の製品ライン別にブランドをつける**個別ブランド戦略**，企業の全製品やサービスに統一したブランドをつける**ファミリーブランド戦略**，企業の同一製品のカテゴリー・事業で2つ以上のブランドをつける**複数ファミリーブランド戦略**などがある。国際経営においては，ファミリーブランド戦略が一般的で，一部で複数ファミリーブランド戦略（トヨタとレクサスなど）を採る企業もある。なお，**個別ブランド戦略を採っている多国籍企業**として，スイスの時計メーカーである**スウォッチ・グループ**（ラドー，オメガ，ロンジン，テソット，スウォッチなどのブランド）などがある。日本企業は，将来における国際戦略として，高いブランド力をつけることが重要である。

広告・販売促進政策は，海外戦略でも有効である。テレビ，ラジオ，新聞，雑誌などの媒体による広告，看板広告，電車やバスの中吊り広告や駅張り広告，小売店舗でのPOP広告，店頭広告，電子メール・インターネットなどによる広告がある。販売促進政策として，キャンペーン，クーポン，ポイント，会員カード，ネット会員，景品，懸賞，店頭での試供品の提供，ティッシュ配布（海外ではほとんどない）などがある。さらに，近年では，口コミ・ネット・ECや訪日旅行での体験による購入なども注目されている。

流通戦略は，製造業者，卸売（数次にわたるケースもある），小売という流れが一般的であるが，製造業者が販売会社などを設立して自社や関連会社で行うケースがある。小売業者が独自の**プライベート・ブランド（PB）**製品を直接製造業者に作らせるケース（**ユニクロ**など）もある。近年世界的にインターネットによる取引（代表的国際企業として**アマゾン**（米），**アリババ**（中国）などがある）である**電子商取引（EC）**が急速に増加している。日本企業は，将来，国際的なEC戦略の構築が重要であろう。

生産戦略の将来の課題としては，製造業では工場の機械化，オートメーション化などにより，生産コストを引き下げ，製品の価格競争力を高めるなどの戦略がある。また，サービス業では，作業の効率化，各種のコスト引き下げなどにより，価格競争力を高める戦略がある。

（2）グローバルな市場開発戦略

市場開発戦略とは，現製品で，新しい市場を開発する成長戦略である。新しい市場としては，新しい顧客層の開拓，地域的拡大などが考えられる。

顧客層の開拓戦略として，年齢層，男女，マニアから一般層，法人から一般層，まったく新しい顧客を創造する，などの新市場を開発するのである。

地域的拡大戦略として，**国内販売地域**の新たな開拓のほか，直接投資などの海外進出や輸出・EC（電子商取引）などによる**新たな海外市場の開拓**がある。日本では市場が小さく成長が鈍化している製品であっても，世界市場という巨大なマーケットに進出すれば，成長する可能性がある。日本の企業が，ほぼ同一製品で世界の市場開発戦略をして成功し，多国籍化したケースとして，シマノ，マキタ，マブチ，キッコーマン，アシックスなど多く存在する。欧米企業でも，ネスレ，コカコーラ，マクドナルド，ブラウン，アマゾンなど多い。また，EC（電子商取引）によれば，**中小企業の輸出**も容易となる。

日本のみで販売していた製品を海外に輸出したり，現地生産することにより，巨大な世界市場での販売を拡大した興味深いケースとして，**日本食や日本的食習慣**がある。醤油，寿司，そば，うどん，ラーメン，緑茶，日本酒などの日本の伝統的食材・飲料，弁当箱（bento），おにぎりなどは，世界的な日本食ブームもあって世界中で販売されている。日本の固有文化といわれているものが，海外に市場拡大し，現地で受け入れられたケースである。将来においても，日本企業は，世界に目を向けて，新しい市場を開拓することが重要であろう。

（3）グローバルな製品開発戦略

製品開発戦略とは，現市場に対して新製品を開発する戦略である。現市場にまったく新しい製品を投入したり，現製品に代わる新しい製品を開発し，販売する戦略である。日本企業は**新製品**を出すことで，新たな技術を導入し，品質を向上させ，既存の製品を陳腐化させることにより，市場を拡大している。日本企業は，将来も今までになかった**革新的・イノベーティブな新製品を開発**することも重要である。そのためには，研究開発が大事である。

国際経営戦略において，特定の海外市場向けに新たな製品を開発・改良するという**海外製品開発戦略**もある。日本の自動車メーカーが，北米向け新型車を開発したり，東南アジア向けのアジアカーを開発し，現地販売するケースである。また，発展途上国のBOT市場への製品開発もあろう。このような製品開発は，海外での現地のニーズに適合した製品・サービスを提供することができる。

（4）グローバルな多角化戦略

多角化戦略とは，新製品を新市場に販売する戦略である。多角化戦略は，**製品のライフサイクル**（Life Cycle）が**成熟期**や**衰退期**で，これ以上成長が見込めない場合にしばしばとられる成長戦略で，新たな製品・サービスの開発とともに新市場に進出する戦略である。

多角化戦略には，マーケティングと技術との関連性から，4つに分類される。①マーケティングと技術にやや関連がある製品・事業への多角化としての**水平的多角化戦略**，②マーケティングに関連があるが，技術では関連が薄い製品・事業への多角化としての**マーケティング関連多角化戦略**，③技術に関連があるが，マーケティングでは関連が薄い製品・事業への多角化としての**技術関連多角化戦略**，④マーケティングと技術に関連をもたない製品・事業への多角化としての**コングロマリット的多角化戦略**，である。実際には，既存の事業でのマーケティングと技術の経験，資源を生かした，**シナジー（連結）効果**の発揮できる分野での多角化が多い。

ケースとして，水平的多角化ではセブン＆アイ・ホールディングスのスーパー，コンビニ，百貨店などへの多角化，マーケティング関連多角化では鉄道会社の不動産，観光，ホテル，スーパー，百貨店などへの多角化，技術関連多角化ではキヤノンのカメラ，コピー機，医療機器などへの多角化，コングロマリット的多角化ではソニーの金融，保険，映画，音楽などへの多角化がある。

国際経営戦略では，現製品の関連性が薄い製品・事業への多角化を行うために，**海外の企業を買収**して技術や製品を獲得し，多角化して成長するという戦略もある。ケースとして，**東南アジアの財閥**などに，自国と全く違う業種の海外企業を買収または合弁企業設立により，国際的に多角化した**コングロマリット的企業（集団）**も存在する。

将来，日本企業は，国際的な市場浸透戦略，製品開発戦略，市場開発戦略，多角化戦略といった基本経営戦略をどうするか重要な課題の１つであろう。

2　グローバルな垂直的統合戦略

垂直的統合戦略とは，原材料・部品の調達，加工，組立，流通といった企業活動プロセスの一部ないし全部を，自社に取り込むこと，つまり**内部化**することである。このプロセスで，原材料生産を**川上方向**，最終消費を**川下方向**という。国際経営には，この垂直的統合戦略を目的としたものもかなりあり，川上方向として製鉄会社や石油会社が海外の鉄鉱石や原油などの**天然資源開発**をするケース，川下方向として企業が海外での現地販売を海外直接投資などにより自社で運営するというケース，などがある。サービス産業でも，**セブンイレブン**のように，製品の製造（メーカーと共同開発したPBを含む），製品調達，倉庫，配送，店舗販売などを**（準）内部化**して成功しているケースがある。

企業の**垂直的統合の理由，動機**として，①**統合の経済性**（コスト削減），②**企業優位の差別化**，③**技術の習得**，④**販路や部品・原材料の安定的確保**，⑤**統合部門での情報共有化**，などがある。国際戦略のケースでは，石油・製鉄会社が，資源採掘・開発まで行えば，安定的に原料調達ができ，外部から購入するより不確実性を減らすことができる。また，川下方向の海外の現地販売部門を内部化すれば，ユニークで特色ある海外マーケティング戦略を展開することができる。しかし，垂直的統合戦略は，その戦略コストがかなり高い。海外での資源開発や海外販売の内部化は，一般的にその投資額は大きく，撤退障壁を高くする，また，場合によっては市場での購入より高い価格となる，などの問題もある。将来，日本企業は，**国際的な垂直的統合戦略**をどうするかも重要な課題であろう。

第２節　日本の貿易の課題と将来

1　貿易とは何か

貿易とは，国際間の取引で，**輸出や輸入といったモノやサービスの交易**である。貿易・交易は，本書で詳説したように最も古くからあった国際経営の形態で，歴史的にみても，外国人との交流，海外文化の流入，ベトナムの**ホイアン**やタイの**アユタヤ**等の海外日本人町の形成，**長崎・横浜等の外国人居留地**といった，多様な形で日本に影響を与えた。船舶による海外輸送の発展等により，明治維新以降頃から，日本は貿易が増大した。近年，大型船舶，航空機，国際通信，IT 技術などの発展，さらに**WTO（世界貿易機関）**への加盟，世界的な関税引き下げ，自由貿易協定，地域経済圏（ASEAN，EC 等）などがあり，飛躍的に貿易が拡大している。しかし，世界ではまだ依然として一部で，関税障壁，非関税障壁，輸出割当，輸入割当，輸出・輸入禁止，貿易制限などの**貿易障壁**が残っている。

将来の**貿易**において，成長が期待されるのは，サービス貿易と EC（電子商取引）貿易である。

貿易には，モノの貿易とサービスの貿易があるが，将来の世界貿易で重要となってくるのは**サービス貿易**である。サービス貿易には，以下の３つがある。第１は，**輸送サービス貿易**である。これは，航空機，船，貨物などの国際輸送サービスである。第２は，**旅行サービス貿易**である。これは，国際観光，海外旅行などのサービス貿易である。日本からみると，日本人の海外への観光は**サービスの輸入**となり，外国人の日本への観光は**サービスの輸出**となる。海外からの訪日観光者の増加は，サービス貿易の黒字となり，将来の日本経済にとってメリットが大きい。第３は，**その他のサービス貿易**である。これは，**国際的な特許・技術・ライセンス等使用料**，**建設**，**保険**，**情報**，**通信**などのサービス貿易である。

EC（Electronic Commerce：電子商取引）貿易とは，国際間のモノやサービスの取引をインターネット上で行うものである。EC には，**B to C（企業・消費者間：Business to Consume）**，**B to B（企業間：Business to Business）**，**C to C（消費者間：Consume to Consume）**，等の形態がある。米国の**アマゾン**，中国の**アリババ**などの巨大な EC 企業が出現し，将来，EC や EC 貿易は最も発展が期待されている商取引分野である。ただし，決済インフラ，関税，国際物流，リスク管理などの点で課題も多い。

2　貿易における外国為替問題と関税

歴史的にみると，どのような交換手段を用いて貿易を行うかは，重要であった。古い時代は，**物々交換**で貿易を行うという交易形態であったが，**貨幣制度**が発展するにつれて，貿易の取引において貨幣・通貨が用いられるようになった。その際の最大の課題は，各国の**通貨の交換レート**（**外国為替レート**）をどうするかという問題であった。1944（昭和19）年の**ブレトン・ウッズ体制**によって，**米ドルを基軸通貨**とする外国為替レートを固定するという，**固定為替相場制**となった。その後，1971（昭和46）年，**米ドルと金の交換を停止**するという**ニクソン**（**ドル**）**・ショック**があり，同年**スミソニアン協定**でドルの切り下げが行なわれ，1米ドル308円となった。しかし，その後も米ドルの信頼性が低下し，1973（昭和48）年から市場により外国為替レートが決定するという**変動為替相場制に移行**した。

外国為替レートの変化は，貿易や海外投資に大きな影響を与える。日本では，戦後すぐの1949（昭和24）年から外国為替レートは**1米ドルが360円の固定為替相場制**であったが，その後，1973（昭和48）年から変動相場制に変わった。変動相場制とは，原則として，外国為替のレートが市場により決められる制度であるため，外国為替レートが変動する。外国為替において，**円高**とは円の価値が上がることであり，例えばかつての1米ドルが360円から120円になることである。日本からみると，円高は輸出が不利で，輸入は有利となる。逆に，**円安**は円の価値が下がることであり，例えば，逆に1米ドルが120円から360円になることである。円安は，輸出が有利で，輸入が不利となる。近年日本は，貿易収支の黒字が続いており，貿易収支が大幅な赤字である米国から，米国国内での現地生産などの貿易黒字削減策が求められている。

また，外国為替は**海外直接投資**にも大きな影響を与える。**円高は，日本からの輸出が不利**になるため，日本企業は海外に工場を建てるなどの**直接投資を増やし**，為替が有利である海外工場から，世界に輸出する戦略をとる。逆に，**円安になると日本からの輸出が有利**になるため，生産拠点を海外から日本に移転させる圧力となる。日本企業の将来の重要な課題の1つとして，このような**外国為替レートの変化に対応できるような国際経営の体制**（国際的には最適な工場・生産立地，部品調達，工程分業，国内では生産性の向上等）が必要であろう。

貿易では，**国際取引の決済通貨**をどうするかという問題もある。現在，世界の貿易では，**米ドル**を国際貿易の決済通貨としているのが一般的である。近年，EU 諸国の通貨である**ユーロ**も決済通貨として使用されてきている。国際的にみると，**日本円**は，国際貿易の決済通貨として使用される割合は少ない。日本円での決済通貨の拡大についても，将来の課題の１つであろう。

３　貿易と商社

日本では，明治維新から現在まで，貿易において**商社**の役割が重要であった。明治時代から，輸出や輸入といった貿易活動の多くが商社によって担われていた。日本では，専門商社と総合商社といわれる商社があり，特に総合商社は規模が大きく，重要な存在である。**専門商社**は，繊維関連の分野が最も古く，江戸時代が源流という商社もあり，食品，機械，金属，水産など多様な分野にある。古くからある代表的な**総合商社**として，三井物産，三菱商事，住友商事，伊藤忠商事，丸紅，双日などがある。このような日本の総合商社は，世界的にみてもユニークな存在である。総合商社は，日本での製品の輸出や輸入といった活動以外でも，**第３国仲介貿易**，**海外での資源開発**，**直接投資による他企業との合弁会社の設立**，**企業支配を目的とした資本出資**，**貿易取引の資金的・保険的支援**，**大プロジェクトのコーディネーター**など多彩な活動を行っている。

将来の日本においても貿易立国であり続ける必要があり，貿易活動や海外事業活動における総合商社や専門商社の役割はこれからも大きいであろう。

４　企業の輸出と輸入の戦略

企業の国際経営活動において，輸出・輸入といった貿易活動は海外直接投資ともに重要である。

企業の輸出には，間接輸出と直接輸出に分類される。**間接輸出**は，企業が独自の貿易活動を行うのではなく商社や貿易業者などを通して輸出することをいう。**間接輸出のメリット**は，輸出，海外市場に関する経験，知識がなくても海外での販売が可能であり，さらに，初期投資が少なく，**サンクコスト（埋没費**

用）が少なく，結果としてリスクが少ないことである。**間接輸出のデメリット**は，貿易，現地販売を他の企業に依存していることから，価格，製品戦略，広告，ブランド構築，アフターサービス，流通チャネルなどにおいて，企業独自のマーケティング戦略が困難となり，海外マーケティング，海外販売に関する経営資源の蓄積が少ないことである。以上から，間接輸出は，海外市場での経験が乏しく，輸出量が少なく，海外市場でのリスクが高く，中小・中堅企業の場合に，戦略として有効であろう。

直接輸出は，企業独自に輸出部門，海外支店，海外販売子会社などを設立して，輸出活動を行うことである。**直接輸出のメリット**は，価格，製品戦略，広告，ブランド構築，アフターサービス，流通チャネルなどにおいて，企業独自のマーケティング戦略が可能となることである。**ソニー**は，早くから直接輸出をして成功した。**直接輸出のデメリット**は，初期投資が多く必要で，撤退障壁が高く，結果としてリスクが高くなる可能性があることである。以上から，海外市場での販売の増大，海外での経験の蓄積につれて，企業独自の販売の必要性が増大することから，直接輸出が有効となる。

日本企業の国際経営の経験が深まっていることから，**将来において直接輸出による戦略がより重要**となろう。その際，現地の事情を考慮しながら，現地に海外拠点を設立して，グローバルなレベルで統一したマーケティング戦略を強力に推し進めることが必要であろう。ただし，中小・中堅企業の場合，商社が輸出活動を担う間接輸出も依然として重要であろう。

企業の国際経営において，**移転価格（トランスファー・プライス）**の問題も課題となる。移転価格とは，各国の企業内グループ間の取引価格である。もし，日本の本社と海外の子会社との製品・部品の貿易において，海外子会社が安く輸出すれば利益は減り，本社は利益が増える。その逆もある。このように，移転価格により，各国の企業グループ内での企業の利益が違ってくる。その際，**ダンピング**（不当の安い価格で輸出すること）や**タックスヘブン**（税金の安い国に所得を移すこと）の問題にもなってくる。

5　将来の日本の貿易の課題

(1) サービス貿易

モノ以外の貿易である**サービス貿易の輸出**のさらなる拡大である。日本の製造業の強みを基盤とした製品などのモノの輸出は将来においても重要であることは言うまでもないが，これからはサービス輸出がより重要となろう。サービス貿易では，訪日観光客を中心とした**国際観光**，特許等の海外からの**技術収入**，キャラクター・意匠権・著作権・フランチャイズなどの**ライセンス収入**，**越境EC（電子商取引）**などがより重要となってくるであろう。

特に，**国際観光**は，金額が多く，日本経済に及ぼす影響も大きい。将来・未来においても，世界中の外国人が日本を訪れ，魅力的な滞在地であると感じてもらえるような官民挙げた**観光政策**が必要であろう。ただし，2020年に起きた**コロナ禍**は，日本の**観光産業**に大きなダメージを与えた。観光は，本質的に各種リスクに左右されることが大きい。しかしながら，長期的にみると国際観光は，日本にとって重要な成長産業で，サービス貿易においても大きな黒字をもたらす産業である。将来的にも，日本は**観光立国**を目指すべきであろう。

(2) 輸出品目の拡大

従来，日本からの輸出が少なかったが，将来海外への輸出が期待されるモノやサービスを発掘するのである。例えば，日本の食材，加工品，菓子，農産品，果物，日本茶，日本酒などの**日本的食品や飲料**，日本の伝統的な**職人による製品や工芸品**，**日本的デザインやオリジナリティーのある製品**，などがある。サービス分野の輸出も期待される。アニメ，ゲーム，ソフト，キャラクター，映像，音楽などの**文化的コンテンツ**などがある。

さらに，将来の成長が期待されている**ハイテク・環境分野**の輸出も課題であろう。ロボット，人工知能，電機・電子製品，省エネ製品，小型化した製品，電気・水素自動車，環境に配慮した製品，などの開発・輸出があろう。

(3) 輸出品の国際競争力のさらなる強化

輸出製品の戦略では，機械化，自動化，オートメーション化，ロボット導入，

IoT，などにより**生産性の向上によるコスト削減**が必要である。さらに，製品の品質・技術を高めるために，技術・製品開発，研究開発，デザイン，サービス，マーケティングなどのレベルを高め，**製品の高付加価値化**，**オリジナリティー化**が必要であろう。

日本が**工場の自動化**を進展させれば，高賃金，労働時間の減少，為替の円高，などであっても，工場生産性の向上により，日本は十分**輸出競争力を維持**できる。場合によっては，**海外生産から国内生産への回帰**も可能となり，結果として日本経済にも貢献する。将来の日本の製造業の最大の課題の1つは，製造工場の自動化による**生産性の向上**であると言える。

(4) 越境EC（電子商取引）の拡大

将来の発展が期待されるのは，**越境EC（電子商取引）**である。特に，日本の**中小・中堅企業が海外のECサイトに出店**することによる海外輸出という道が開かれ，このようなEC貿易は今後ますます発展が期待される。ただし，電子商取引は，企業間の国際的競争も激しいので，何らかの**差別化**をおこなって，競争優位性を高める戦略が将来大事となるであろう。

現在，**EC貿易**には，課税，関税，国際物流，海外倉庫，決済など多くの課題があり，国際・国・企業レベルでのEC貿易の環境整備が必要であろう。

(5) 輸出地域の拡大

日本企業は，従来，輸出していなかった地域への進出，または輸出が少ない地域への輸出を増やすのも将来の課題であろう。その際，企業は，独自で行なう**直接輸出**のみならず，商社や海外企業の仲介や提携による**間接輸出**，という国際戦略もあろう。

長期的にみて将来的に有望な輸出市場は，**東南アジア**，およびインド，バングラディシュなどの**南アジア**，**南米**，**アフリカ等の新興諸国地域**であろう。これらの地域は，人口が多く，経済成長が進んでいるためである。

（6）国際的貿易環境の安定化

「自由貿易体制」，**「外国為替レートの安定」**，**「各種貿易障壁の除去」**，**「自由貿易協定の締結」**，**「地域経済圏の構築」**，などが重要であろう。そのために，日本は，貿易環境が安定化するような各種施策が必要であろう。

特に，世界各国が自国主義になるのではなく，国際貿易や投資を促進させるような**国際協調体制の構築**が必要であろう。そのために日本は，積極的な働きかけが重要であろう。また，世界の自由貿易体制の制度維持としての**WTO**（世界貿易機関）の強化，**FTA**などの日本と他国・地域間での**自由貿易協定**の締結，**TPP（環太平洋パートナーシップ協定）**などの**多国間地域協定**，なども必要であろう。

（7）貿易インフラの整備

貿易のための物流，税関等のさらなる**貿易インフラの整備**が必要である。具体的には，港湾，船舶，航空，飛行場，トラック，鉄道といった**交通インフラ**，**倉庫**，**輸出保険**，**輸出金融**，**関税手続**きなどの拡充と改善である。

日本は，海に囲まれている国なので，将来的にも**海運と航空の利便性とコスト競争力の強化**が課題であろう。

（8）日本企業の国際的競争力を優位に保つ

日本は，将来にわたり**貿易立国**である必要がある。そのためには，日本政府の政策と共に，**企業の輸出競争力を維持・向上**する必要がある。基本的には国際的比較優位により，輸出競争力が決まるので，将来にわたり，日本企業は**国際的な優位性を維持**する必要がある。日本企業は，**技術**，**品質**，**価格**，**デザイン**，**ブランド力**，**サービス**，**オリジナリティー**，**イノベーション**などで**競争力のある製品やサービスを生み出す**ことが重要であろう。さらに，**日本的ものづくり**，**日本の伝統的技術**，**日本的サービス**などのさらなる進化も大切であろう。

第3節　日本の海外投資の課題と将来

1　海外直接投資と間接投資

国際経営において，貿易とともに重要なのは，**海外投資**である。海外投資は，一般的に直接投資と間接投資に分類される。

海外直接投資（foreign direct investment）とは，外国でモノやサービスの生産を主目的とする投資で，外国に設立，または買収した企業に対して，経営のコントロール（通常10%以上の株式取得）を伴う資本移動である。例えば，海外での**現地子会社の設立**，**支店・店舗・工場の設置**，**外国企業の買収**，などの海外投資である。直接投資は，通常このような資本の移動以外に，経営管理，技術，生産，マーケティングなどの**経営資源の国際移転**も含まれる。アジア，南米などの諸国では，**外資導入政策による経済発展**を目指したため，外国から多くの直接投資が行われた。また，米国や欧州でも多くの直接投資を受け入れた。

間接投資（portfolio investment）とは，経営のコントロールを目的としない証券・債券投資で，資産運用や**キャピタルゲイン**（**値上がり利益**）のための投資や，国債・社債などの投資や金融機関の貸付などによる資本移動である。すなわち，株式（原則10%未満の取得），社債などの証券への投資，国債・公社債などの債券投資，融資，借款などの国際的な資本移動である。

近年，国際的に日本を含めた先進国の機関投資家，個人などを中心とした証券・債券などの間接投資が急速に増加してきている。このような世界的な間接投資の急増は，将来の国際経済環境の不安定要因になる可能性がある。すなわち，間接投資による世界各国の株式市場・債券市場・外為市場などへの**機関投資家**などによる巨額な資金流入は，投機的な目的のものもあり，また，何らかの理由で短期間に流出することもあり，波乱要因になる可能性があるためである。このケースとしては，1997（平成9）年に起きた**アジア金融危機**（**通貨危機**）がある。この危機は，アメリカのヘッジファンドなどの機関投資家による，タイ，マレーシア，インドネシア，韓国などのアジア諸国の外国為替市場からの資金流出により生じ，日本の経済にも大きな影響を与えた。さらに，近年，**海外ファンド**や投資家などが，当初は企業の少数の株を取得し**キャピタルゲイン**（値上利益）を目的とするものであったが，後に株を買い増して「**ものを言う株**

主」として経営に関与するような事例が生じてきている。

2　海外直接投資の性格・目的

海外直接投資の主要な性格・目的として，現地市場型，輸出型，部品・工程分業型，製品分業型，資源開発型および販売拠点型などに分類できる。なお，現地への直接投資では，1つの目的のみではなく，複数の目的で設置される場合がある。

第1の**現地市場型の直接投資**とは，海外進出国の市場での販売・サービスを目的とした生産拠点を設置するための海外投資である。この形は，輸入から現地生産への転換であるため**輸入代替型直接投資**ともいわれる。**製造業**では進出国で工場を作り，現地子会社を設立する場合が多い。**サービス業**では，進出国で店舗，施設，拠点等を設置して事業活動を行うケースがほとんどなので，現地市場型が多い。現地市場型投資は，①**大規模な市場**，②**今後成長が期待される市場**，③**関税の付加への対応**，④**貿易摩擦回避**，⑤**現地市場のニーズへの対応**，などの目的で行われる。

第2の**輸出型の直接投資**とは，完成品，部品などの輸出拠点として設置するための海外投資である。この型での主要な動機は，進出国での各種のコスト優位性を利用することによって国際的な輸出競争力を高め，企業の優位性を獲得しようとする海外生産戦略である。輸出型の投資には，①**労働コスト削減**，②**原材料コスト削減**，③**部品コスト削減**，④**タックスヘブン**（**租税回避**），⑤**国際的リスク分散**，⑥**国際地域拠点**，⑦**関税回避**，などを目的とする。

第3の**部品・工程分業型の直接投資**とは，国際的なレベルで，部品・工程の分業を目的とする海外投資である。この型での主要な動機は，進出国での各種のコスト優位性を利用することによって，部品・工程生産の最適立地を狙った投資である。また，ソフトの開発やコールセンターといったサービスの一部を海外で行うという企業もある。

第4の**製品分業型の直接投資**とは，完成品の生産を国際的に分業することを目的とする海外投資である。製品分業には，先進諸国間，先進国と中進国間などで技術レベルがそれほど違わない製品を各国で分担生産する形，および先進国と中進国・発展途上国間などで技術レベルの異なる製品（**高度技術製品と標準化製品**等）を分担生産する形などがある。

第５の**資源開発型の直接投資**とは，原油，天然ガス，鉱物，木材，畜産物，農業などの資源開発のための海外投資である。資源開発会社，石油会社，総合商社などの日本企業は，資源を求めて多くの海外直接投資を行っている。

第６の**販売拠点型の直接投資**とは，進出国の市場での販売拠点，サービス拠点の設置を目的とした海外投資である。現地に販売・アフターサービス拠点を設置することにより，現地の消費者のニーズ，需要動向等をダイレクトに把握することができる。

３　将来の日本の対外直接投資の課題

（１）生産の国際的最適化

生産・工場などを中心とした**生産の国際的最適化**である。日本の企業でも多国籍化が進んでいる企業は，生産拠点がかなりの数存在している。そのような場合でも，将来の世界の変化に対応するために，生産拠点の国際的最適化を継続的に行う必要がある。その際，**日本生産と海外生産との分担**をどうするか，どの国・地域で生産するか，**グローバルな部品・工程分業や部品調達**をどうするか，などを検討する必要があろう。

特に将来重要なのは，将来の日本での国内生産と海外生産との分担である。**日本の生産拠点**は，将来的にも，**国内向けや高度技術製品の製造**，**基幹部品の製造**，**海外従業員の研修拠点**，**日本人海外工場派遣社員の育成拠点**，**実験工場**，**製造技術やノウハウの開発**，**研究拠点**，などとして残していくことが望ましい。

（２）各種リスクへの対応

海外や日本では，政治，経済，外国為替，衛生・感染病，部品・原材料調達，震災・自然災害などのリスク要因が多く存在する。そのため，生産拠点や部品調達などのリスクに対応するため，**地域的なリスク分散**をはかる必要がある。さらに，**部品・原材料等の調達先の複数化**も課題であろう。例えば，**中国とアセアンの２拠点体制**，**日本生産と海外生産の分担**，２か所以上の**部品・原材料**

調達の多様化，などによるリスク分散の対応策をとることも重要であろう。また，海外で何らのリスクが生じても，日本国内で最低限生産を継続できるような体制づくりも課題の１つである。

2020年に発生した**コロナ禍**は，リスク管理の重要性を再認識させた。**アフター・コロナの時代**においては，日本企業はあらゆるリスクに対応できるような準備をしておくべきであろう。

（3）企業活動の海外移転とMADE IN JAPAN戦略

日本企業のどの事業活動プロセスを海外に移転するかという戦略である。すなわち，企業の活動には，製造業の場合，部品・原材料，生産，販売という一連のプロセスがある。また，会計・財務，人事，広報，情報，福利厚生，総務，研究・開発などのスタッフの部門もある。そのどのプロセスを海外移転するかということである。日本企業は，生産の一部を日本から海外に移転するというケースが多い。労働コストの安い発展途上国に生産拠点を設置するのはこの代表的ケースである。また，コールセンター，情報，研究・開発などを海外でおこなうというケースもある。

しかし，生産の海外移転はせず日本生産にこだわるという「**MADE IN JAPAN戦略**」もあり得る。**資本集約的な製品**や日本の**職人などが作る製品**の場合，海外直接投資をせず，自国で生産を続けるという戦略もあり得る。そのような企業であっても，販売部門は海外直接投資により海外子会社を設け，多国籍化するという企業もある。このように，安易に日本生産から海外生産に移転すると，**日本国内で生産空洞化**が起き，結果として日本企業の国際的競争力が弱まるということも起こりうる。日本企業は，将来においても，**日本国内での生産や技術で国際比較優位を持つ**ことが重要である。

（4）地域統合への対応

国際的な地域統合（ASEAN，AFTA，EU等）の動きへの対応である。たとえば，**ASEAN（東南アジア諸国連合）**での**AFTA（アセアン自由貿易地域）**，**NAFTA（北米自由貿易協定）**，**MERCOSUR（南米南部共同市場）**，などの進展によって，日本企業は，地域統合内での最適立地に基づく生産や部品の集約や再編の動きが顕著となっている。将来，このような国際的な地域統合が増える可能性があるので，日本企業は，立地戦略の見直しを含めた，戦略的な対応をすべきであろう。

将来的に，日本の多国籍企業は，**地域統合ごとに少なくとも1拠点の製造拠点を設ける**のが望ましい。ASEAN，EU，NAFTA，MERCOSURなどの地域統合地域内では，関税，部品，輸出入などでメリットがある場合が多いので，国際的立地戦略として有効である。

(5) サービス業の海外進出

サービス産業の海外直接投資による進出の促進である。サービス産業は，従来，進出国での規制から進出できないケースが多かったが，近年規制が緩和されサービス業の進出が可能となってきている。サービス産業の海外直接投資は，それを提供する国でビジネスを行うケースがほとんどで，比較的小規模でも進出しやすく，**ライセンス**，**フランチャイズ**といった形態でも進出できる。日本のサービス産業の海外直接投資は，デパート，スーパー，コンビニ，専門店，ファーストフード，飲食，不動産，ホテル，観光，運送，金融，IT (情報)，金融，教育，ソフト，など多様なサービス関連の企業が進出し，将来もその成長可能性は高いであろう。

サービス産業の海外進出は，製造業に比較すると少ない金額で出来，撤退も比較的容易なケースが多い。そのため，**サービス産業は，海外進出を経営の「チャレンジ」，「経験蓄積」，「実験」としてとらえて，「漸進的に海外進出」するという戦略**も有効であろう。

(6) 中小・中堅企業の直接投資

中小・中堅企業の海外進出の促進である。国際化戦略として，独力で進出するのみならず，**商社・貿易会社の活用**，**EC (電子商取引)**，**外国企業との提携**，などの戦略も考慮する必要がある。また，タイ，ベトナム，ミャンマー (現在は軍事政権でリスクもある) など，これから成長が期待される諸国に進出するという道もあろう。その際，**公的機関**（**国，地方，ジェトロ，商工会議所，中小企業基盤整備機構など**）の各種支援もあるので，それを有効に活用すべきである。

中小企業は，資金的余裕がなく，海外経営の経験も少ないことなどから，ベトナムなどの発展途上国に進出する場合，小規模の金額で，リスクが少なく，容易に進出できる**工場団地**および**レンタル工場**などを借りて進出するという方策もあろう。

(7) 国際戦略提携の活用

国際戦略提携とは，後に詳述するが，ライセンス，契約生産，OEM，委託加工，技術提携，フランチャイズ，コンソーシアムなどの，各種提携といった契約による国際経営戦略である。日本企業は将来，海外直接投資と共に，このような国際戦略提携の有効な活用が必要であろう。なお，これについては，第5節で詳説する。

(8) フロンティア市場への進出

フロンティア市場とは，東南アジアではベトナム，ミャンマー，カンボジアなどの諸国，インドやバングラデッシュ等の南アジア諸国，南米，アフリカなどである。フロンティア諸国は，成長のポテンシャルは高いが，インフラの整備，各種リスク，消費市場などに課題がある国が多いことから，進出には慎重な配慮が必要であろう。

特に**インドなどの南アジア諸国**は，日本との文化的・社会的差異が大きく，直接投資による現地経営は困難をきわめる。これに対して，ベトナムやミャンマーなどは，比較的日本企業は現地経営がやりやすいようで，将来的にも期待される国である。**ベトナム**は政治的には共産党支配の国であるが，かつては漢字文化圏で，国民の教育水準が高く，勤勉で，仏教文化である，などのため，日本との文化的差異が比較的少ないこともその理由である。**ミャンマー**は，かつては英国の植民地であり，国民の教育水準も高く，敬虔な仏教徒が多い。軍事政権の時代が長かったが，近年民主化が進みリスクが減少していた。しかし，2021年，**軍部によるクーデター**が起きた。ミャンマーは，外資導入政策を採り，インフラも徐々に整備され，経済発展も著しいことから，中・長期的には，日本企業の投資先として有望であろう。このようなことから，日本企業は，東南アジアではベトナムとミャンマーが最も注目される投資国となっている。

（9）BOPビジネス

BOP（Base of the Economic Pyramid）ビジネスへの参入である。BOPとは，発展途上国や後発途上国の人口の多くを占める所得の最下層の市場に対するビジネスである。BOP市場は，人口は多いが，所得水準が低いため，低価格品の開発，新しいサービス・金融・流通，マーケティングなどの工夫が必要である。BOP市場は，売上高は拡大する可能性があるが利益率が低いという特徴があり，日本企業が参入する場合，進出国・地域への社会貢献，地球環境問題としての**SDGs（Sustainable Development Goals：持続可能な開発目標）**という視点も必要であろう。

BOPビジネスは，食料品，生活必需品，工業製品などで，高品質より一定以上の品質，無駄な機能を省く，製品の少量化など，**貧困層にも買えるような低価格**にする必要がある。また，**社会貢献**から，水，電力，通信等の社会インフラ，医療，農業・水産，などの関連する製品やサービスを安く，便利に提供することも課題である。これらを行うために，貧困層の消費者が購入しやすいように割賦販売，リースの導入，各種金融支援，なども必要であろう。さらに，流通チャネルを多くし，消費者が買いやすいように販売代理店の設置，田舎の多くの店でも販売できるような工夫が要求されよう。

（10）海外人材の育成

将来の海外での現地経営の成功の鍵となるのは，人材である。日本人の海外事業要員の育成とともに，現地人従業員の教育訓練，外国人留学生の活用，などが重要であろう。特に，**現地人従業員の教育訓練**は大切で，技術，技能，品質管理，経営学，語学（日本語や英語）などの企業内教育訓練とともに，日本や海外への研修なども有効であろう。

日本人海外派遣社員の養成・育成については課題も多い。最近の若者は，リスクが多く，文化も違う海外，特に発展途上国への赴任を望まない者も増えてきている。日本人海外赴任者については，**英語能力などの語学力はもちろん重要な要素**であるが，赴任国の文化・社会・経済に関心を持ち，海外での仕事にモチベーションを強く持ち，仕事能力の高い人が望ましい。**社内で海外赴任に関する公募**をするとか，希望者を募るなどの制度も検討に値するであろう。海外赴任の前に，**出張ベースで多くの海外経験を積ませる**などの方策もあろう。

(11) グローバルな組織構造への変革

日本企業は，国際化の進展につれて，**グローバルな組織構造に変革**する必要がある。本社の海外事業の組織構造は，理論的にみると，グローバル化の進展とともに，輸出部組織，国際事業部組織，グローバル事業部組織に変わっていく。

輸出部組織とは，マーケティング部門の中に国内事業とともに国際事業をおく組織構造である。

つぎに**事業部組織構造**に通常変わっていく。事業部組織構造とは，独立採算を基本にしつつ，担当する事業の運営に責任を持つ，分権的な組織構造である。企業の国際化の進展では，まず国際事業部を置くことが一般的である。**国際事業部組織**とは，事業部として独立して，独立採算を基本にしつつ，国際的事業の運営に責任を持つ組織構造である。

つぎに国際化が進展すると，以下のような**グローバル事業部組織**に変わっていく。**グローバル製品別事業部組織**は，世界的規模で製品ライン別に事業部を組織する組織構造である。**グローバル地域別事業部組織**は，世界の地域別の事業に責任を持つ組織構造である。グ**ローバル職能別組織**は，職能別（販売，生産，財務など）に世界的規模で責任を持つ組織構造である。**グローバル・マトリックス組織**は，製品別，地域別，職能別などの単一の軸ではなく，世界的視点で，複数の軸を基準としてグリット別に組織する組織構造である。

さらに企業の国際化が進むと，世界の地域別に**地域統括本社**をおき，その地域の事業に関して責任を持つという組織構造になることもある。いずれにしても，将来，日本企業は，グローバル事業の拡大につれて，このようなグローバル事業部組織や地域統括本社への組織構造の変革が課題となろう。

4　日本の将来にわたる国際的競争優位の維持

以上のように，日本の将来の対外直接投資の課題は多いが，基本的に最も重要なのは，日本企業が将来・未来にわたり国際競争力・国際的比較優位を維持することである。そのための戦略として，**価格競争を超えた製品・サービスの差別化**，すなわち，ブランド，品質，技術，機能，品質，デザイン，などの高度化・**オリジナリティー化**が重要であろう。また，さらなる国際的競争優位を維持するため，研究開発（R&D）の強化，必要であれば**海外での研究開発拠点の設置**も考慮すべきであろう。

なお，将来の**日本の対内直接投資**（直接投資の受け入れ）の課題としては，外国企業の直接投資の受け入れ環境に関する整備，外国企業受け入れのため規制緩和された**特別区の設置**，などがあろう。対内投資の拡大は，日本企業との競争が激化するが，日本経済の活性化，雇用の増加，など日本にもメリットがある。将来・未来においても，外国企業の投資環境として魅力のある日本を作っていくべきであろう。

第４節　日本の海外投資の所有戦略の課題と将来

1　完全所有子会社と合弁会社

海外直接投資により海外子会社を設立する際の所有政策として，100％出資の**完全所有子会社**と，現地企業などと共同で出資して設立する**合弁会社**（Joint Venture）の形態がある。本国企業がコントロールの程度を最大化したい，輸出拠点を設置する，現地での経験が蓄積されている，などの場合では完全所有子会社を選好する。一方，現地政府の資本や外資規制が存在する，市場でのリスク・不確実性が高い，現地経験が少ない，現地市場での販売を目的とする，現地企業と戦略的提携を行う，などの場合に合弁事業は１つの選択肢となる。

完全所有子会社形態では，本国の親企業が現地経営者を選任し，マーケティング，生産，販売，調達，財務，人事などで海外子会社を直接統制することができる。また，合弁事業でのパートナーとの対立などのリスクを回避することができる。しかし，完全所有は，独力で現地事業をしなければならない事，損失のすべてを負担しなければならない事，現地で政治的・文化的摩擦が生ずる可能性がある事，などのリスクがある。

合弁企業（事業）形態（Joint Venture）とは，現地パートナーなどと共同で出資する海外子会社形態である。合弁企業は，本国の親企業の出資比率によって，過半数所有（50％以上の所有），半数所有（50％所有），少数所有（50％未満の所有）の形態がある。発展途上国への進出では，この形態によるものがかなりある。

合弁企業形態の利点は，現地パートナーとの**シナジー効果**（連結効果）が得られる可能性である。合弁事業は，現地パートナーと資本とリスクを共有している。さらに現地パートナーの貢献として，土地，部品・原材料，流通，許認可・規制への対応，などがある。**合弁企業形態の欠点**は，**現地パートナーと利害対立が生じる可能性**である。例えば，事業戦略，資源配分，国際移転価格，技術，マーケティング，ブランド，調達，利益処分，配当，投資決定，増資，撤退などの点で，利害対立が生ずる場合がある。さらに，現地パートナーの反対により，**撤退**ができにくい可能性があることである。このような合弁事業の撤退に関して多くの紛争が生じており，国際的再立地戦略の障害になっているケースがある。

将来的には，このような撤退に関する障害の少なさ，日本企業の海外経験の蓄積，最適な国際生産立地戦略の強化などにより，**完全所有の形態**の割合が増えていくであろう。

2　将来の日本企業の海外子会社への所有政策の課題

(1) 完全所有形態の増大

日本企業は，発展途上国などでの特有の事情から現地資本との合弁形態での海外進出もかなりあったが，先進諸国への進出も増え，今後完全所有の形態の割合が増えていくであろう。

理論的にみると，**海外経営と海外子会社への所有政策**との関係について以下のようになる。**完全所有を選好する企業**は，以下の経営戦略をより重視している企業である。第1は，グローバルな視点でのマーケティング志向企業である。

第2は，グローバルな視点で各国間での工程分業・製品最適化戦略を行っている企業である。第3は，高度技術企業，研究開発志向型企業である。

日本企業は，国際経営の経験が蓄積してきていること，海外子会社間での工程分業・製品最適化戦略が進んでいること，徐々に進出国での出資規制が緩和されてきている事，などもあり，今後，**日本企業の所有政策は完全所有での形態が増えていく**であろう。その際，現地に存在する合弁企業の日本側出資を引き上げる，合弁企業を完全所有形態に転換する，合弁企業を清算する，または合弁会社を存立しつつ，新たに完全所有子会社を設立する，などの戦略がある。

(2) 地域本社制（地域統括会社）

将来，日本企業のグローバル化がさらに進展すると，**地域本社制**（**地域統括会社**）の設立が課題となろう。地域本社制とは，**アジア本社**，**アメリカ本社**，**ヨーロッパ本社**などのように，地域での事業に責任をもつ**グローバルな複数本社制**である。

地域本社制は，地域別に責任が委譲されていることから，地域に密着した経営戦略を行使することができる。日本の本社が統制しつつ，出来るだけ現地化していくという方向性の中で，地域本社制を採用する企業が増加するであろう。

(3) 国際事業拠点の再編と撤退

将来，世界経済は大きな変化をとげるであろう。このような変化に対応するために，日本企業は大胆に**世界的視点で事業拠点を見直す**必要がある。その際，**新たな拠点の設置**のみならず，事業拠点の国際的移転，必要であれば**合弁事業の撤退**も考慮すべきである。海外合弁企業の現地パートナーが撤退に反対するケースや，法的トラブルになるケースが生じるかもしれない。日本企業は将来，撤退戦略が重要な課題の1つとなろう。

第5節　日本のグローバルなM&Aと国際戦略提携の課題と将来

1　グローバルなM&Aとは何か

グローバルな**M&A**（**Merger & Acquisition**）とは，国際的な合併と買収である。すなわち，**合併**とは2つ以上の会社が統合して1つの会社になることで，**買収**とは企業が他の企業の経営権を取得することである。国際的な合併のケースは少ないが，**国際的な買収は近年増加**している。企業買収では，**株式の取得による買収**と，**事業譲渡による買収**がある。特に買収では，**TOB**[6]（**Take-Over Bid：株式の公開買い付け**）によるケースも多くなってきている。なお，**事業譲渡**とは，他の会社の一部の事業を購入することで，通常，生産拠点などの事業資産，人材，技術などを取得する。

M&A戦略の主要な目的として，以下がある。第1は，類似した製品やサービスを生産している会社をM&Aし，市場シェアや地域などを拡大するという**水平型M&A**である。第2は，原材料や部品（川上方向），生産工程，販売や流通経路（川下方向）といった垂直的統合を目的とする**垂直型M&A**である。第3は，製品や事業に関連がある企業をM&Aし，技術的シナジー効果や製品ラインを拡張する戦略が**技術関連型M&A**である。米**グーグル**社は，積極的に企業買収をおこなうことで，貪欲に技術を獲得している。さらに，アジア企業などが先進国の企業を主に技術獲得を目的として買収する事例もある。第4は，異質の製品と相違した市場を持っている企業をM&Aする**コングロマリット型M&A**である。

なお，**企業買収の資金**としては，**自己資金**，**融資**，**新株の発行**，などがある。また，**買収の方法**として，買収企業が被買収企業の**株式を取得**することによる買収，買収企業が被買収企業を**TOB**（**株式公開買い付け**）することによる買収，被買収企業の増資を**第3者割当**（**増資**）等で買収企業が引き受けるという**新株引受による買収**，などがある。さらに，**敵対的買収の防衛策**として，被買収企業が**新株発行による増資**を行って，その新株を友好的株主に取得させること，被買収企業が自社の重要な資産を**ホワイトナイト**（**友好株主**）に売却し買収企業の意欲をそぐこと，株主にTOBに応じないように説得すること，などがある。

将来的には，**グローバルな M&A** が増加するであろう。**日本企業は，海外企業の買収を今後の重要な経営戦略の課題**とすべきであろう。また逆に，日本企業が海外企業などから買収されることも増える可能性がある。その場合，友好的な M&A はあまり問題がないが，**敵対的な買収ではその予防策・対抗策**を日頃からしっかり行っていく必要があろう。

2　国際戦略提携とは何か

戦略提携（strategic alliances）とは，パートナー企業が相互のニーズや共通の目的を達成するために，2社や多数企業間で，共同事業，グループ，協定，協力関係などの各種の提携関係を構築することである。その基本的形態として，合弁企業の設立，長期取引関係，ライセンシング，共同技術・製品開発，契約生産，OEM，委託加工，フランチャイジング，販売・マーケティング契約，コンソーシアムなどがある。なお，さらに戦略提携を強化するため，資本出資を行うこともある。将来的に，この戦略提携は重要な経営課題となるであろう。

（1）国際的合弁企業

合弁企業（joint venture）とは，2つ以上の独立企業が資本を出資して，新たに会社を設立することである。合弁会社の設立の目的として，新しい地域の開拓，費用・リスクの分散，新技術・新製品の共同の開発・製造，などがある。日本企業の海外での直接投資の形態として，100％日本側出資の**完全所有子会社**，および主に現地側資本との**合弁企業**がある。

国際的合弁企業では，**現地資本企業との合弁**が一般的で，日本側と現地側で**利害対立**を生ずることがあることが，最大の問題である。また，**撤退**が困難になる可能性があるなどの問題もある。国際的合弁企業のありかたも，将来の課題であろう。

（2）グローバルな長期取引関係

長期取引関係とは，パートナー企業相互の信頼を基礎とする継続的な顧客関係による提携である。これは，部品・原材料調達，中間品などでみられる。特に日本企業は，**系列会社**，**関連会社**，**下請企業**などの企業ネットワークとしての**準内部組織**が，近年崩れつつあるものの，歴史的にかなり発展していた。

海外の現地生産では良質で，安価な部品・原材料の調達が必要であることから，**現地の部品・原材料企業との長期取引関係の構築**は１つの将来の重要な生産戦略である。そのために，**現地資本サプライヤーへの技術指導や協力**なども必要かもしれない。

日本企業は，海外での現地生産の場合，従来から自社の日本での部品や原材料などのサプライヤー企業の現地生産を奨励してきた。すなわち，**日系の現地サプライヤー**からの調達戦略も重視することである。この場合，この現地日系サプライヤーとは，長期取引によることが多く，品質の優れたものを安定的に供給する点で，海外での日本メーカーの強みとなっている。日本企業は，将来，他企業（現地や海外）からの調達のみならず，このような日系サプライヤーとの長期取引による調達も課題となるであろう。

（３）グローバルなライセンシング

ライセンシング（licensing）とは，企業（供与企業）が他企業（受入企業）に対して，特許，ノウハウ，商標，運営権，著作権などの固有の権利，技術を提供する契約である。これには，金銭的支払（**ロイヤリティー**）と，その使用期間が明記されるのが一般的である。

ライセンシングの供与企業のメリットとして以下がある。第１は，輸入や直接投資の制限がある国など，他の方法では参入が難しい市場に有効である。第２は，ライセンシング料の収入確保である。第３は，海外マーケット進出におけるコストやリスクの少なさである。第４は，グローバルな**業界標準・規格標準化**（**デファクトスタンダード**）の戦略のためである。多数の企業にライセンスを与えることにより，市場での規格標準のシェアを高め，規格標準の優位性を確保する。

ライセンシングの供与企業のデメリットとして最も問題なのは，ライセンシング受入企業が，将来，**供与企業の競争相手**となる可能性があることである。受入企業がその技術を獲得し，改良して，新たな製品を開発・製造し，市場に参入するかもしれない。

なお，共同研究開発や製品開発のために，企業間でのライセンシングの相互交換という**クロス・ライセンシング契約**がある。

なお，最近ライセンスを無料で公開して，誰でも使えるような戦略を採る企業も現れている。その多くは，そのライセンスをグローバルなデファクトスタンダード化させようとするのが目的である。例えば，スマホの基本ソフト（OS）で**グーグル**が開発した**アンドロイド**は，そのケースである。グローバルなライセンシング戦略は，**デファクトスタンダード**，**特許**など，将来の企業経営を左右する最も重要な経営課題の１つであろう。

（4）グローバルな共同技術・製品開発

共同技術・製品開発とは，２つ以上の独立企業が共同で，ある特定の技術開発や製品開発を行う提携である。

近年，技術開発の高度化，研究開発費の巨額化，製品の**コモディティ化（汎用品化）**，製品の**モジュール化**，環境技術開発，省エネ技術開発，などの背景から，世界的に企業間での共同技術・製品開発の必要性が高まっている。

共同技術・製品開発は，メリットもあるが，**競合他社に技術が流出する可能性**があるというデメリットがあるので，将来の国際経営においてこの点の配慮も必要であろう。

（5）グローバルな契約生産

契約生産（contract manufacturing）とは，企業が他企業の特定製品を製造する協定である。海外で一般的なのは，海外企業（**契約生産供与企業**）が現地企業（**契約生産企業**）に対して生産に必要な技術を提供して，特定製品を生産する契約である。日本でも戦後初期，日産が英オースチン車，日野自動車が仏ルノー車の契約生産（**ノックダウン**）を行うことで技術習得したという経験がある。この契約生産した製品については，海外企業ブランドで販売するケースと，現地企業のブランドで販売するケースがある。

グローバルな契約生産のメリットとして以下がある。第１は，現地企業との契約による生産のため，供与企業は新たな海外直接投資や資金投下をせずに，現地での生産が可能である。第2は，輸入や直接投資の制限を行っている国など，他の方法では参入が難しい市場に有効である。日本では，戦後賠償によるミャンマー等での契約生産のケースがある。

グローバルな契約生産のデメリットとしては以下がある。第1は，現地契約生産企業が，将来，競争相手となる可能性があることである。第2は，現地契約生産企業が技術・生産面で不充分であると判明した場合，供与企業が技術・生産指導等の支援サービスを提供しなければならず，予想以上の経営資源の投入が必要になる可能性があることである。

契約生産は，このようなメリットとデメリットがあるので，将来の国際経営において慎重に検討した上の戦略決定が要求されよう。

(6) グローバルなOEM

OEM (Original Equipment Manufacturing) とは，契約生産企業に製品を生産してもらい，それを委託元企業の自社ブランドで販売することである。電気製品，パソコン，スマホ，スポーツ用品，自動車など国際的OEMはかなり多い。ケースとして，米**ナイキ**のスポーツ用品は，ほぼすべて海外でのOEMによって調達している。

グローバルな**OEMの委託元企業の目的**として以下がある。第1は，製品ラインの品揃えを豊富にするため，自社に欠けている製品をOEM調達する。第2は，得意分野に製品・事業を特化し，それ以外の分野の製品・事業についてはOEM調達する。第3は，OEM製品が自社で製造するより安いコストで調達できる場合，コスト削減効果を期待できる。

OEMの契約生産企業の目的として以下がある。第1は，OEM供給することにより，製品の生産量が増大し，規模の経済性によりコストが引き下げられる。第2は，工場に生産余力がある場合，OEM生産により有効活用が可能となる。第3は，グローバルな**業界標準・規格標準化**の手段としてOEMが有効である。多数の企業にOEM供給することにより，市場での規格標準のシェアを高め，規格標準の優位性を確保する。

米**アップル**のスマホのように，OEM 戦略が成功しているケースがあるが，安易に OEM に依存することで，結果として企業競争力が弱まるケースもある。そのため，将来の日本企業の企業戦略としての OEM は，企業競争力の向上という観点から慎重に意思決定すべきであろう。

(7) グローバルな委託加工（貿易）

委託加工（貿易）とは，必要な場合，原材料・部品などを海外から現地に持ち込み，現地企業が加工して製品として，海外の委託発注企業が引き取る方法である。主に，人件費の安い発展途上国でかなり行われており，縫製，衣服，雑貨，加工食品などの分野で多くみられる。委託加工は，現地企業に対して製品仕様，デザインなど指示を行い，現地の低賃金の労働力を活用し，労働集約的な製品の加工を委託することで，発注企業は安いコストで製品の調達が可能となる。

小売企業のブランドである**プライベートブランド（PB）品**（**ユニクロ**，**良品計画**，**ダイソー**などが代表的）でも，委託加工による形が多い。このように，将来，サービス産業を中心として，委託加工を有効に活用すべきであろう。

(8) グローバルなフランチャイジング

フランチャイジング（franchising）とは，本部企業が加盟事業主に対して，商品，サービス，商標，ブランド，商業的ノウハウなどの包括的な事業運営に関する契約である。それには，スタッフの訓練，サービス，品質管理，その他の諸要件に関して締結する規則の遵守を条件とし，加盟事業主の売上げの一定割合を，本部に支払うのが通常である。コンビニ，ファーストフード，専門店，飲食店，ホテルなどの**サービス産業**に多い。

日本企業の国際化戦略において，フランチャイジングは，最小の投資で効果的に海外の市場に事業展開ができるというメリットがある。ただし，フランチャイジングの問題点として，一部の加盟事業者のサービスが悪い場合，全体のブランド力が低下してしまう危険性がある。そのため，本部側は加盟事業者を統制・監視し，さらにサービスの質を保つために従業員教育や各種の支援が不可欠である。

フランチャイジングは，このようなメリットとデメリットがあるので，将来の国際経営においてデメリットを最小限にするような施策が必要であろう。

(9) グローバルな販売・マーケティング契約

販売・マーケティング契約とは，販売経路，共同プロモーション，販売促進，販売ノウハウ，販売要員などの活用，相互品揃え，共同販売，共同事業，委託事業などの協定である。たとえば，航空会社グループの共同運航やマイレージサービス（スターアライアンス，ワン・ワールド，スカイチームなど），国際的な銀行間のATMの相互利用契約，コンビニのサービス（公共料金払込，宅配，保険，チケット，クリーニング，レンタサイクル，ATMなど）などがある。

最近，世界的に，企業間での競争のみならず，お互いにメリットがあれば協力しようという，「**競争と協調**」という動きがあり，各種企業間でのグローバルな販売・マーケティング契約が注目されよう。

(10) グローバルなコンソーシアム

コンソーシアム（consortium）とは，特定のプロジェクト実行のため，独立企業が分担を行い，多数の企業と共同して行う形態である。将来においても，コンソーシアムは重要となるであろう。

コンソーシアムは，航空機開発，建設，インフラ，資源開発，鉱業などの大規模プロジェクトにおいて，グローバルなレベルで広がってきている。コンソーシアムには，リスクの分散，専門知識の共有，コストの削減，完成時間の短縮などのメリットがある。ハイテク，資源開発，インフラ建設，航空機開発といった大規模プロジェクトでは，グローバルなコンソーシアムがますます一般的となりつつある。たとえば，**ボーイング社**は，新型航空機開発において，日本の三菱重工，川崎重工など多くの日本企業が部品生産を担うというコンソーシアムをおこなっている。

(11) グローバルな資本出資

資本出資とは，提携関係をさらに強化するために，相手会社の株式の取得，企業相互の株式を持ち合い，などを行うことである。これは，戦略提携の契約に加えて，資本参加を行い，提携関係をさらに深める戦略である。資本出資には，企業同志で少数の株式の持ち合う形，および，一方の企業が他企業の株式を少数取得するという形がある。この資本出資の割合が高まると，**企業買収**や**子会社化**となる。近年，国際競争力の向上のための資本出資が増えている。

たとえば，**トヨタ自動車**は，**スバル**，**マツダ**，**スズキ**，各社の株式を少数所有し，戦略的提携関係を構築している。将来，戦略的提携において，このような株式を少数所有するような形態も１つの選択肢として重要となるであろう。

3　日本のグローバルな M&A と国際戦略提携の将来・未来

(1) 日本企業による海外企業の買収

今後，**日本企業の海外企業の買収**は増えていくであろう。最近（2020年）の日本企業による大型買収として，**セブン＆アイ・ホールディングス**が，完全子会社である米セブン-イレブンを通して，米国の石油精製会社マラソン・ペトロリアムのコンビニエンスストア併設型ガソリンスタンド「スピードウェイ」部門を210億ドル（約2兆2,200億円）で買収するというケースがある。これまでの日本企業の欧米企業への大型買収をみると成功したケースもあるが，失敗したケース（例えば**東芝による米 WH 社の買収**）もかなりある。海外企業買収戦略は，重要な国際経営戦略であることは言うまでもないが，大きなリスクもあり，今までの歴史を顧みると日本企業は慎重に対応すべきであろう。

理論的にみると，国際的な企業買収の最大の利点は，海外での新会社設立に比較して，現地市場へのアクセスを得る迅速な方法であることである。海外企業が持つ人材，ブランド，流通，生産，技術などを獲得することができる。しかし，**海外企業の買収は大きなリスク**も伴っている。企業文化の相違，海外での現地経営が最も困難な問題である。さらに，老朽化した工場や施設，隠れ債務，古びたブランド，困難な労使関係など，問題が生じる可能性である。さらに，買収後に設備・施設改修などの追加費用がかかることもあり，企業買収は非常にコストの高いものとなり得る。良い候補は通常，身売りを望まない。もし望んでいても，買収は高いものとなる。他の企業もその買収に関心を示し，その結果厳しい入札競争になることも多い。

このようなリスクが多くあるため，今後の日本企業は，大規模な海外企業買収においては，慎重な考慮が必要であろう。

（2）海外企業による日本企業の買収

今後，M&A 関連で増加していくと思われるのは，**海外企業による日本企業の買収**であろう。欧米などの先進国企業による日本企業買収のみならず，将来，注目すべきは，中国やアジア企業などによる日本企業の買収の動向である。中国・アジア経済や企業の成長もあり，一般的に**日本企業の株価時価総額**が他国と比較してそれほど高くなく，むしろ割安感もあり，海外企業は日本企業を買収しやすい環境となってきている。

中国やアジアの企業のブランド，技術，市場，人材，資金などの獲得を主目的とした日本企業の買収は，増加する可能性がある。業績不振や株価の安い日本企業は，海外企業が買収しやすくなる。もし**海外企業が敵対的買収を仕掛けた場合の買収の防衛策**なども日頃から考慮しておくべきである。その防衛策として，**高い株価の維持**，**安定株主の確保**，**非上場化**，**友好的な株主への特殊な新株予約権の付与**（ライツプラン），**第3者**（友好株主）**割当による増資**，などがある。

（3）国際経営戦略としての契約生産，OEM

国際的契約生産，**OEM** を，将来の企業の競争力維持の重要な戦略として位置づける必要があろう。その際，どの製品にするか，どの工程にするか，設計や開発を含めて行うのかなど，企業の競争力優位の維持という観点から決定すべきである。

その成功のケースとして米**アップル**社がある。アップルは，生産・組み立ては全て契約生産により海外企業（台湾の**ホンハイ**など）が行っており，部品もほとんどが外部企業からの調達である。しかし，アップルは，スマホの設計および基本ソフトの作成は自社で行っており，マーケティングも自社で行い，それが競争力の核となり，強みとなっている。

理論的にみると，契約生産やOEMの委託元企業は，製品供給を契約生産企業に依存することになることから，各種の問題点が生ずる可能性がある。将来の競争上の重要な要素となる製造という付加価値をコントロールできないという問題である。さらに，自らの技術開発力の可能性を喪失し，将来の事業活動の発展性に支障が生じることにもなりかねない。この問題を回避するためには，以下の方法がある。

第1は，委託元企業側が，**設計および技術力を開発し，そのレベルを向上させる**ことによって，契約生産・OEM製品の品質，特徴を確立するために仕様書，設計図によって製品を製作させることである。これにより，契約生産企業に対して大きなコントロール能力を保持することが可能となる。この戦略の成功事例として，前述したアップルがある。第2は，委託元企業が，**代替しうる他の契約生産企業を開拓**するのも，コントロール能力を確保するのに有効である。可能であれば，契約生産企業は複数であるのが望ましい。第3は，委託元企業が，長期的な事業戦略として，**契約生産企業に資本参加**することである。

以上のように，将来の日本企業が安易にグローバル契約生産・OEMを行うと，むしろ自社の競争力を落とすことにもなりかねないので，自社の競争力を向上させるような戦略を採るべきであろう。

(4) 戦略的提携による長期的取引関係の重視

グローバルなコストコスト競争が激化している中で，企業は短期的な部品・原材料の調達コストの安さのみに注目している傾向にあるように思われる。長期的視点で，特に製造業の製品の品質を考える場合，**部品の信頼性**は極めて重要である。すなわち，製品の品質・耐久性は，部品の品質に多くを負っていると言える。**部品調達戦略**として，グローバルに多くのメーカーから，品質が一定水準以上で最も安い製品を調達することが，短期的にみると最善であると考えられている。しかし，長期的にみると，耐久性，信頼性，故障率などで，価格の安い部品が優れているとは限らない。

長期的取引関係による部品・原材料の調達戦略をとると，取引企業間相互の信頼関係により，結果的に信頼性があり品質が優れた部品・原材料を安定的に調達できるということになることも多い。日本企業の品質重視という戦略を採るということを考えると，長期的取引関係の重視は重要であるように思われる。特に，日本企業が海外で自動車・機械・電機などの耐久製品を現地生産する場合，日系企業からの調達以外に，**現地の部品メーカーとの長期的取引関係を構築**し，メーカーが直接現地の部品メーカーに品質・技術などで指導することにより安定的に信頼のある部品を調達するという施策もあろう。

（5）国際戦略提携における「競争と協調」

グローバルな戦略提携，特に**国際的アライアンス**といわれる緩やかなグローバル企業グループは，近年重要性が増し，将来においてももっとそうであろう。国際的アライアンスとは，企業間での競争は独立して行われるが，互いにメリットがあれば協力しようという，**「競争と協調」**という動きである。国際的アライアンスは，マーケティング，技術，生産，サービス，運航などの側面での契約形態が一般的であるが，さらにそれが進むと**資本出資**のような形に進展することもある。ケースとして，航空会社グループ（ワン・ワールド，スター・アライアンス等）の共同運航やマイレージサービス，海運会社のアライアンス，などがある。

世界的に環境問題が深刻化し，**SDGs（持続可能な開発目標）**の重要性が叫ばれており，将来の企業の社会的責任として，環境問題への対応が必要となっている。そのため，世界的に企業は**環境技術の開発やその普及**は喫緊の課題となっており，企業間の協調としてのアライアンスは重要となってきている。

将来，グローバルなレベルで，企業間の競争は激化するであろうが，一方，お互いのメリットがあれば企業間で協調しようという動きも益々重要となっていくであろう。

おわりに―移民と国際経営

本書で考察したように，日本の歴史や国際経営をみると，**海外交流**と**移民**は重要であった。日本は，島国ということもあり，海を渡る日本人と外国人の果たした役割は大きい。

古代，**中世**は主として中国を中心としたアジアとの国際交流であった。**近代**は，アジアと共に，欧米とも国際交流するようになった。**江戸期**は，鎖国時代が長かったが，長崎の出島でのオランダとの交易・国際交流は文化・社会的にも重要なものであった。**明治以降から戦前期**までは，日本人の海外移民の増加，欧米・アジアとの国際交流，植民地の形成などが特徴である。**戦後日本**は，世界との国際交流，近年は外国人労働者・移民が流入しているという特徴がある。

将来の日本の重要な課題の１つは，このような**外国人移民**の問題であろう。企業経営においても同様である。日本は少子高齢化が続けば，日本人の労働（生産）可能人口は減少する。そのため，外国人労働者や移民の必要性が増大するであろう。

人類の歴史をみると，移民の多くは，貧しい国から豊かな国への移動であった。日本の歴史をみても，**明治維新から戦前期まで**は，日本人が海外に出かけ移民するという，日本は**移民の送り出し国**であった。戦後に入り，**日本が高度経済成長期**となる頃から，日本は外国人労働者や外国人**移民の受け入れ国**へ変わっていった。このような移民の動きは，歴史的流れである。将来，日本が豊かな国であり続ければ，外国人移民の流入圧局は強まるであろう。

将来の日本の**移民政策**をどうするか。日本は，多民族国家になるか。日本企業は，移民に対してどう対応すべきか。まず，このような日本の移民政策を論ずる場合，移民と外国人労働者を区別して議論する必要がある。厳密に言うと，**移民**は外国人が**国籍**を取得して日本人になることである。外国人が**永住権**を取得した場合，日本に永住でき一部の権利を除いてほぼ日本人と同じ権利を持つ。移民を広く捉えると，移民は国籍取得者と永住権取得者となる。移民の子供などの場合，日本は２重国籍を認めていないため，一定の年齢になると国籍を洗濯しなければならない。

一方，**外国人労働者**は，外国人実習生，留学生，日本での外国人雇用者（企業，スポーツ団体，教育・福祉機関，農業等が雇用）などである。外国人労働者は，短期・中期の日本滞在外国人であり，日本政府は日本の状況を慎重に精査しながら，外国人労働者の受け入れを行うべきである。また，外国人留学生については，優秀な外国人を多く確保し，教育していくことが必要である。今後，外国人労働者の中で，一部が移民として日本人になるであろうが，その際，資格・能力・技能などを考慮した慎重な対応が必要である。

著者は，将来，日本が移民を受け入れる際に重要なのは，**移民の選択的受入**であると思う。外国人移民の大量流入は，社会に大きな弊害をもたらす可能性がある。この点は，欧米などの諸外国の事例を見ても明白である。

将来の日本の移民政策を考えると，**オーストラリアの移民政策**が参考となる。オーストラリアの移民政策は，**ポイントシステム**という客観的評価点数に基づいた選択的な移民政策を採っている。オーストラリアでは，毎年，移民が必要な職業・職種分野を決めて，その分野別に外国人移民の人数を決めて，ポイントシステムという客観的評価方法で，外国人移民を選考している。

日本は，今後，好む好まないにかかわらず，**内なる国際化**，**多民族化**が進むであろう。しかしながら，欧米，オーストラリアなどの多民族国家であっても，**多国籍企業のアイデンティティーはまだ本国**にあるのが一般的である。例えば，アメリカの多国籍企業はやはりアメリカ企業であり，ドイツの多国籍企業はやはりドイツ企業である。日本企業は，未来はわからないが，短・中期的には，内なる国際化が進展しても，日本的なアイデンティティーは維持すべきである。

日本企業の本格的な海外進出は，多くが戦後であるが，かなりの長い歴史を有し，経験も蓄積している。さらに，日本企業は世界の多くの国に拠点を持つ多国籍企業が出現し，外国人の従業員や役員も増加している。日本の本社，および海外子会社において，日本企業のこのような**多様な人材**を有効に活用し，育成することが将来の重要な課題であろう。

【注】

1）**原価志向価格設定**とは，原価を基準として価格を決める方法である。この代表的方法として，コストプラス法がある。コストプラス法は，製造コストおよびマーケティングコストに一定の利益を上乗せして価格を決定する方法である。

2）**需要志向価格設定**とは，消費者の知覚・心理や需要を基準に価格設定をおこなう方法である。この代表的方法として，知覚価値法，差別価格法，慣習価格法，威光価格法，端数価格法などがある。

知覚価値法とは，製品の価格を顧客がどう考えるかという知覚価値を測定して，それを基準に価格を設定する方法である。この戦略の事例として，100円ショップなどがある。

差別価格法とは，市場のセグメントが可能で，セグメントごとに需要強度が異なる場合，原価は変わらないものの，価格を変える方法が，差別価格法である。セグメントが可能な顧客層別に，製品形態，場所，時間により違った価格を設定する方法である。例えば，製品の表面仕上げ・デザインの違いなどによる製品形態別，チケットの座席などによる場所別，季節・曜日・時間帯などによる時間別に，価格を変えるという価格戦略である。

慣習価格法とは，消費者に製品の価格が長期間一定しているような，慣習化した価格があるため，この価格を設定する方法である。例えば，清涼飲料水，菓子などの製品にしばしばみられる。

威光価格法とは，製品やサービスのステータス・高品質を強調するために，あえて高めに価格を設定する方法である。例えば，高級時計，高級乗用車，宝飾品などの，いわゆるブランド品の価格戦略としてしばしばみられる。

端数価格法とは，980円，1,980円，19,800円のように，端数をつけた価格を設定することにより，大台より安く　感じさせる方法が，端数価格法である。

3）**競争志向価格設定**とは，競争企業が設定する価格を基準に価格設定を行う方法である。この代表的方法として，実勢価格法，競争価格法などがある。

実勢価格法とは，業界の平均価格を基準として価格を設定する方法である。これは，製品が比較的同質の場合，競争の激しい業界でも寡占業界でもしばしばみられる。例えば，競争が激しく，値下げ競争が激烈な液晶テレビやパソコンなどの業界では，実勢価格による価格決定がみられる。

競争価格法とは，競争企業の価格を基準として，それよりも低い価格を設定する方法である。競争企業より低めに価格を設定することで，マーケットシェアを高めようとする価格戦略である。中国や韓国企業で，競争企業としての日本企業の価格より安い価格を設定し，シェアを伸ばそうとする戦略である。

4）**新製品の価格戦略**として以下がある。

上層吸収価格戦略は，新製品に対して，価格に敏感でない顧客を対象に，高価格を設定する戦略である。利益を十分確保する価格を設定するため，開発に要した費用を早く回収することができる。上層吸収価格戦略は，顧客にとって非常に価値のある製品で，市場の不確実性が高い場合に，しばしばとられる戦略である。

市場浸透価格戦略は，新製品に対して，低めの価格を設定し，高い市場占有率を確保し，規模の利益を確保しようとする戦略が，市場浸透価格戦略である。価格が下がれば需要が急拡大する，需要の価格弾力性が高い製品，また生産量が増えればコスト優位性が拡大する，規模の経済性がはたらく製品などで，この戦略がしばしばとられる。

5）**製品ミックス価格戦略**とは，製品価格を設定する場合，複数の製品全体としての製品ラインを考慮した戦略である。製品ミックス価格戦略では，製品全体で利益を最大化する価格設定をおこなう。主要な製品ミックス価格戦略として以下がある。

製品ライン価格戦略は，ある製品ラインについてまとまった価格帯が形成されている場合，その価格帯に合わせて価格を設定する方法が，製品ライン価格戦略である。

例えば，自動車市場をみると，高級車の価格帯，中級車の価格帯，大衆車の価格帯など，価格帯がほぼ形成されており，この価格帯を基準として製品価格を決定するのである。

オプション製品価格戦略は，製品やサービスの本体と，オプションの製品・付属品やサービスを組み合わせて販売する方法である。通常，本体にオプションを加えた合計価格を低めにしている。例えば，乗用車と付属品，パソコンとソフト，スマホと通話料，ホテルとテーマパーク，宿泊と食事などがある。

キャプティブ価格戦略は，本体価格を低めに価格に設定して，本体に必ず必要な製品（補完製品）やサービスを販売することにより利益を得る方法である。例えば，プリンターとインク，ゲーム機とゲームソフト，コピー機とトナーや用紙，携帯電話と通信サービスなどがある。

6）**株式の公開買付け（TOB）**とは，企業買収の代表的方法で，不特定かつ多数の者に対し，公告により株式を買うという勧誘を行い，証券市場外で株式の買付けを行い株式の多くを取得し買収することである。株式の公開買付けでは，A社がB社の株を一定の期日までに，1株いくらで，発行株式の何パーセント買い付けます，というような公告を出す。そして，期日までに目標の株式が集まれば，それらの株式を取得する。もし，目標に達しない場合は，一定期間延長するか，中止する。中止しても，応募した株式を買い取る義務はない。公開買付けの株式価格は，通常，時価より高めに設定して，公募しやすくしている。このような株式の公開買付けは，株式市場で徐々に株式を取得した場合に比較して，株価の高騰や失敗のリスクが少ないので，買収側企業にとっては有利である。

参考文献

丹野勲（1994）『国際比較経営論―アジア太平洋地域の経営風土と環境―』同文館。

丹野勲（1999）『異文化経営とオーストラリア』中央経済社。

丹野勲，原田仁文（2005）『ベトナム現地化の国際経営比較―日系・欧米系・現地企業の人的資源管理，戦略を中心として―』文眞堂。

丹野勲（2005）『アジア太平洋の国際経営―国際比較経営からのアプローチ―』同文館。

丹野勲・榊原貞雄（2007）『グローバル化の経営学』実教出版。

丹野勲（2010）『アジアフロンティア地域の制度と国際経営― CLMVT（カンボジア，ラオス，ミャンマー，ベトナム，タイ）と中国の制度と経営環境―』文眞堂。

丹野勲（2012）『日本的労働制度の歴史と戦略―江戸時代の奉公人制度から現代までの日本的雇用慣行―』泉文堂。

丹野勲（2017）『日本企業の東南アジア進出のルーツと戦略―戦前期南洋での国際経営と日本人移民の歴史―』同文舘。

丹野勲（2018）『戦前の南洋日本人移民の歴史―豪州，南洋群島，ニューギニア―』お茶の水書房。

丹野勲（2021）『国際・歴史比較経営と企業論―モダン・情報化・グローバル化・SDGsと経営行動―』泉文堂。

索　引

ナ

《著者紹介》

丹野　勲（たんの・いさお）

1954年東京生まれ

筑波大学大学院社会工学研究科経営工学専攻博士課程単位取得満期退学

博士（経営学）

専門：国際経営，歴史比較制度，アジア・太平洋地域研究

1987年筑波大学社会工学系準研究員，1989年神奈川大学経営学部専任講師，1991年神奈川大学経営学部助教授，1997年神奈川大学経営学部教授。経営行動研究学会理事，経営関連学会評議会評議員。

主要著書

『異文化経営とオーストラリア』（中央経済社，1999年），『ベトナム現地化の国際経営比較―日系・欧米系・現地企業の人的資源管理，戦略を中心として』（原田仁文氏と共著，文眞堂，2005年），『アジア太平洋の国際経営―国際比較経営からのアプローチ』（同文舘，2005年），『アジアフロンティア地域の制度と国際経営―CLMVT（カンボジア，ラオス，ミャンマー，ベトナム，タイ）と中国の制度と経営環境』（文眞堂，2010年），『日本的労働制度の歴史と戦略―江戸時代の奉公人制度から現在までの日本的雇用慣行』（泉文堂，2012年），『日本企業の東南アジア進出のルーツと戦略―戦前期南洋での国際経営と日本人移民の歴史』（同文舘，2017年），『新時代の経営マネジメント』（共著，創成社，2018年），『戦前の南洋日本人移民の歴史―豪州，南洋群島，ニューギニア』（お茶の水書房，2018年），『国際・歴史比較経営と企業論―モダン・情報化・グローバル化・SDGsと経営行動』（泉文堂，2021年）。

（検印省略）

2021年5月10日　初版発行　　　略称―国際経営の歴史

日本の国際経営の歴史と将来
―アジアとの交易・投資の通史と国際交流―

著　者　丹野　勲
発行者　塚田尚寛

発行所　東京都文京区春日2-13-1　株式会社 創成社

電　話　03（3868）3867　　FAX　03（5802）6802
出版部　03（3868）3857　　FAX　03（5802）6801
http://www.books-sosei.com　振　替　00150-9-191261

定価はカバーに表示してあります。

ISBN978-4-7944-2583-6　C3034
Printed in Japan

組版：ワードトップ　印刷：エーヴィスシステムズ
製本：エーヴィスシステムズ
落丁・乱丁本はお取り替えいたします。